KB216860

비즈니스와 마케팅

로봇 비즈니스의 현주소와 문제점을 진단하고
로봇이 그려낼 미래를 전망한다

박희선

박영사

PROLOGUE

2009년 개봉된 브루스 윌리스 주연의 영화 써로게이트(Surrogates)를 보면 모든 인간이 집 안의 방구석에 누워 자신을 대신하는 이상적인 외모의 로봇을 원격 조종하며 사회생활을 이어가는 미래상이 그려진다. 로봇이 인간을 돕는 것 이상의 존재로 발전해 인간을 대체하는 상황까지 이를 수 있다는 극단적이면서 모순적인 비인간화의 세상을 풍자하는 내용이다. 과연 영화 속 써로게이트와 같은 일들이 실제로 나타날 것인가? 급속도로 발전하는 AI와 로봇 기술 속에서 우리는 기대와 희망을 느끼는 한편, 불안과 공포라는 양가적인 감정을 동시에 느끼고 있다.

미국의 미래학자 토머스 프레이는 '2030년까지 로봇으로 인해 전 세계에서 20억 개의 일자리가 사라질 것이다'라고 말한다. 현시대 사람들이 로봇에 대해 가지고 있는 공포와 우려를 단적으로 표현한 말이라 할 수 있다.

'로봇의 시대'라 부를 수 있을 만큼 산업 현장에서뿐 아니라 일상생활의 다양한 분야에서 로봇이 유용하게 쓰이면서 그 어느 때보다 편리함과 유용성이 커지고 있지만, 그에 비례해 로봇이 가져올 인간의 어두운 운명에 대한 염려 또한 커지는 이중적인 모습들이 나타나고 있다.

로봇의 등장으로 인해 분명 없어지는 직업이 있는가 하면 특정 산업군 자체가 통째로 사라지는 일도 발생하고 있다. 그러나 그것이 반드시 로봇이 인간의 자리를 차지하고 인간을 밀어내기 때문이라는 이분법적인 사고로만 해석할 필요는 없다. 어느 시대든 문명과 과학이 발달함에 따라 도태되는 직업이 있는가 하면 새로 생겨나는 일과 직업도 있기 때문이다.

필자는 지난 수년간 실내외 배송, 방역, 안내, 웨어러블, 시니어돌봄, 4족 보행, 스마트체어, 농업로봇 등 수많은 로봇 서비스를 기획하고 운영하면서 로봇이 실제 많은 사람의 일자리를 대체할 것이란 생각을 해 왔다. 하지만 동시에 로봇을 만들고 운영하며 로봇을 활용한 새로운 비즈니스를 만드는 일에 많은 사람의 투입이 필요하며 그것을 통해 더 큰 부가가치를 창출할 수 있다는 기회를 보기도 했다. 즉 로봇의 등장과 광범위한 활용은 누구에게는 위협이 될 수도 있겠지만 또 누구에게는 새로운 기회이자 삶의 원천이 될 수 있는 것이다.

1920년 체코의 극작가 카렐 차페크가 쓴 희곡에서 로봇(Robot)이라는 말을 쓰기 시작한 이래로 최근의 몇 년간 로봇은 그 어느 때보다 큰 주목과 기대를 받고 있다. 그것이 가능했던 이유는 물리적인 기술의 발달과 함께 AI와의 만남이 있었기 때문이라 할 수 있다. 기존의 로봇이 정해진 공식에 따라 움직이는 단순한 물리적인 기계 운동에 속한 것이었다면 반복 학습으로 고도화된 인공지능의 로봇은 사람이 생각하는 것처럼 유연하게 사고하고 판단함으로써 영혼이 있는 생명체와 같이 움직이는 경지에까지 이르고 있다.

무섭게 성장하는 AI 로봇으로 인해 일자리 상실의 우려와 인간성 소멸 같은 사회적 문제가 거론되기도 한다. 하지만 인간의 역할을 대신하는 로봇이라는 도구의 유용성과 통제 가능한 변수들을 생각한다면 로봇에 대한 공포는 지나친 기우라고 할 수 있다. 자동차가 처음 등장했을 때 말을 키우던 마부들이 가졌던 막연한 두려움을 현시대의 우리가 다시 되새길 필요는 없다. 로봇의 가치와 활용에 대해 올바르게 이해하고 그것을 우리의 비즈니스에 연결해 사업과 서비스의 완성도를 높이는 것에 필연적으로 중점을 두어야 할 때가 도래한 것이다. 현대의 비즈니스와 마케팅에서 AI와 로봇은 관념적인 기술의 발달만이 아니라 우리 사업의 성공과 실패를 판가름 짓는 중요한 요소로 자리를 잡고 있다.

이제는 로봇이 제조공장의 조립 공정에서만 활용되는 것이 아니다. 제조, 가공, 건축, 물류 등 전 산업과 서비스업 그리고 개인의 일상생활에서까지 AI와 로봇의 도입은 필수적이며 누가 먼저 어떻게 도입하느냐만이 과제로 놓여있을 뿐이다. 연구소의 연구원들과 개발자들만 AI 기술을 이해하고 로봇과 같은 머신을 설계해서는 사업의 성공을 장담할 수 없다. 어떤 비즈니스에 종사하는 사람이든 지금부터는 우리의 사업과 서비스에 어떤 방식으로 로봇을 도입하고 최신의 AI 기술을 접목할 것인지 고민해야 할 때가 왔다. AI, 로봇과 결합한 우리의 사업과 서비스가 고객에게 전달하는 핵심 가치가 무엇이고 어떤 활동으로 그것을 배가시킬 수 있는지를 알아내려면 우선 로봇에 대한 이해와 고찰이 필요하다. 깊지 않더라도 AI와 로봇의 원리와 기술, 트렌드를 이해하고 그 활용법을 익혀 나간다면 틀림없이 로봇과 우리 비즈니스와의 연결 고리를 찾아낼 수 있을 것이다. 그리고 그것이 가능해질 때 막연하기만 했던 우리 미래에 대한 불안과 불신의 장막도 서서히 걷혀갈 것이라 확신한다.

CONTENTS

CHAPTER

1

로봇이 온다

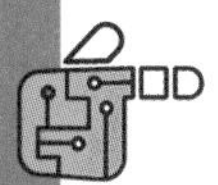

'로봇'하면 무엇이 떠오르는가?

바쁘게 돌아가는 공장의 컨베이어벨트 위에서 열심히 조립과 용접을 하는 로봇팔의 모습이 떠오르는 사람도 있을 것이고 SF영화 속에서 사람의 형태를 갖추고, 무엇이든 필요한 일을 대신해 주는 요술램프의 지니 같은 존재를 떠올리는 사람도 있을 것이다. 로봇은 이제 자동차나 전자제품을 제조하는 공장의 특수 공정이나 스크린 속 SF영화에만 존재하지 않는다. 우리 생활의 아주 깊숙한 곳까지 자리를 잡아 가고 있다. 굳이 로봇청소기를 언급하지 않더라도 생활의 편의를 도와주는 각종 서비스 로봇들부터 무엇이든 질문하면 음성으로 친절하게 대답해 주는 온라인상의 로봇인 챗봇(ChatBot)까지 인간을 대신해, 또는 그 이상으로 일을 해 주는 로봇은 이제 우리의 생활에 없어서는 안 될 삶의 동반자이자 필수재가 되어가는 느낌이다.

하지만 지금까지 우리가 경험한 로봇의 편리함과 이를 가능하게 하는 로봇 산업의 발전은 시작에 불과하다. 급속도로 발전하는 전동화된 구동 기술과 하드웨어, 센서들이 AI(Artificial Intelligence)라는 최첨단의 소프트웨어를 만나, 모든 산업과 서비스의 근간을 바꾸고 있다.

이전까지 경험해 보지 못한, 상상하지 못했던 로봇의 시대가 우리 앞에 성큼 다가왔다. 로봇과 거리가 멀었던 우리의 비즈니스와 일상에서도 로봇을 생각하고 어떻게 로봇을 받아들일지 고민해야 한다.

일상 속으로 들어온 로봇

국제로봇연맹(IFR)이 발표한 '2023년 세계 로봇공학' 보고서에 따르면 전 세계의 산업 현장에는 약 390만 대의 로봇이 있고, 매년 높은 도입 성장세를 그리고 있다고 한다. 그리고 그중에서도 로봇이 가장 많이 쓰이고 있는 나라로 한국이 꼽혔다. 한국의 로봇 밀도(노동자 1만 명당 로봇 대수)는 1,012라고 알려졌는데 이는 노동자 10명당 로봇이 평균 1대 이상 쓰이고 있다는 뜻이다. 국제로봇연맹은 한국의 산업용 로봇이 자동차 산업을 중심으로 매년 6% 이상의 성장세를 보이고 있다고도 했다. 산업 현장에서의 로봇 도입은 거부할 수 없는 대세로 보이며, 조만간 완전 무인화가 이루어진 공장도 속속 등장할 것으로 예측된다. 그렇다면 최대 로봇 생산국은 어디일까? 높은 인구수로 인해 로봇 밀도에서는 5위를 차지한 중국이, 세계에서 가장 많은 로봇을 생산하고 있다고 한다. 아이러니하게도 많은 인구와 그로 인한 낮은 임금의 중국이 오히려 인건비를 절약할 수 있는 로봇의 최대 생산국인 셈이다. 중국 정부는 로봇을 국가 전략 산업으로 지정하고, 정부 차원의 지원을 아끼지 않고 있다. 반대로, 고가의 정밀 로봇의 경우는 일본과 독일이 시장에서의 높은 점유율을 보이며, 독보적인 입지를 다져 가고 있다.

성숙기에 다다른 산업용 로봇 시장의 발달과 더불어, 최근 몇 년간은 서비스용 로봇 시장의 성장도 눈에 띈다. 일찌감치 자리를 잡은 로봇 청소기와 같은 가전에서뿐 아니라 식음료 매장과 호텔 등에서 사용하는 안내로봇, 서빙로봇, 운반로봇 등이 본격적인 상용화의 길로 접어들었으며, 일부 분야에서는 경쟁이 과열되는 양상까지 보이고 있다.

로봇 산업이 발전하는 이유

2023년 기준으로 산업용이 아닌 서비스용으로 개발·보급된 전 세계 로봇 시장의 규모는 약 110억 달러(14조원)에 이르는 것으로 추산되며, 2028년에는 약 350억 달러(45조원) 규모로 성장할 것으로 전망되고 있다. 연평균 성장률(CAGR)이 20% 이상에 달하는 이 수치는, 서비스 로봇이 상업 공간에서 쓰이는 전문 서비스 로봇과 가정에서 쓰이는 개인 서비스 로봇 모두 괄목할 만한 성장을 이룰 것임을 보여준다.

로봇이 이처럼 각광을 받게 된 이유는 무엇일까? 몇몇 이유를 살펴보면 다음과 같다.

고령화, 인구절벽 등으로 인한 노동 인구의 감소

1950년 4.48명이던 세계 가정의 평균 출산율은, 2021년에는 2.23명으로 줄어들었다. 이런 추세는 향후 계속 심화될 것으로 예측된다. 세계의 인구를 현재 상태로 유지하기 위해서는 평균 출산율이 2.1명은 되어야 하지만 2100년에는 1.59명까지 하락할 것이라는 전망이다. 출산율은 줄어들지만, 의료의 발달로 인해 1970년대 이후로 한국의 평균 수명은 늘어나 인구의 고령화가 급속히 진행되고 있다. 2023년 기준 한국 남성의 평균 기대수명은 80.6세, 여성은 86.4세로 과거와 비교하면 많이 늘었으며, 이러한 증가세는 앞으로도 계속될 것으로 보인다. 출산율 저하와 고령 인구 증가의 추세가 겹치면서 전체 인구에서 노동 가능 인구의 비율은 급속도로 줄어들고 있다. 즉, 산업 현장과 서비스업에서 일할 사람을 구하기가 점점 어려지고 있다는 의미이다. 인구 감소에 따른 대안으로 인간을 대신할 로봇이 떠오르는 것은 당연한 수순이라 할 수 있다.

인건비 등 인력 사용에 따른 비용 증가

노동 인구 감소와 맞물려, 사람을 고용하고 운영하는 비용 역시 증가하고 있다. 사람을 구하기도 어려운데 어렵게 구한 사람의 이탈을 막기 위해 지불해야 하는 직·간접적인 비용이 점점 늘어나며, 구조적 악순환이 계속되고 있는 것이다. 로봇은 24시간 가동하고 주말에 잔업을 시킨다고 해서 비용이 추가로 발생하거나, 근로 시간에 대한 문제가 생기지 않는다. 이에 따라 생산과 서비스 비용 절감을 위해 로봇을 도입하는 기업들이 점점 늘어나고 있다.

비대면 수요 증가

코로나19 팬데믹의 과정을 겪으면서 사람들은 비대면(비접촉) 서비스에 대한 관심과 선호가 높아졌다. 식당에 가면 키오스크를 통해 주문하고 마트에 가서는 셀프계산대에서 스스로 계산하는 풍경이 일상화되고 있다. 사람들의 비대면 및 자동화에 대한 선호는, 실내외 배송을 포함해 다양한 서비스에서 사람을 대신하는 로봇 솔루션에 대한 관심으로 이어지고 있다. 업장에 도착하면 안내 로봇이 따뜻한 인사말로 맞이하고, 자리에 앉아서는 테이블 오더로 주문하며, 서빙로봇이 음식과 다과를 가져다주는 것이 점점 익숙해지고 있다. 이러한 로봇 서비스는 사람들의 심리적 부담을 줄이고, 응대 시의 발생할 수 있는 휴먼에러(human error)로 인한 실수까지도 감소시킨다. 비대면 선호가 강해진 사회에서는 로봇의 도입이 더 이상 선택이 아니라, 필수로 여겨지고 있다.

종사자의 정신적/육체적 피로 감소와 사고 예방

감정 노동으로 인한 고통에 늘 노출되어 있는 서비스 업종에서 로봇(봇)은 종사자들을 도와 업무를 수행함으로써 정신적·육체적 피로를 줄여주고, 그로 인한 각종 사고도 예방할 수 있어 긍정적인 반응을 얻고 있다. 전화 응대로 인한 정신적·감정적 스트레스는 AICC(로봇 고객센터)로 종사자의 개입을 최소화함으로써 완화될 수 있게 되었으며, 무거운 짐을 옮기거나 불안정한 자세에서 오랫동안 작업해야 하는 사람들에게는 웨어러블 로봇이 피로도와 부상의 위험을 크게 줄여 주고 있다.

AI와 로봇 기술의 발달

이전에는 생각지도 못했던 서비스들이 AI와 로봇 기술의 발달로 비교적 손쉽게 구현할 수 있게 되면서, 로봇이 대부분의 일을 수행하는 미래 사회의 모습이 한층 가까워지고 있다. 최근 몇 년 사이에 크게 진보한 인공지능(AI)은, 사람의 사고와 크게 다르지 않은 수준에 도달했고, 고효율의 배터리와 정밀한 구동 기술, 임무 수행에 최적화된 센서의 발전, UI/UX의 구조화 등도 로봇의 투입 가능 영역을 빠르게 확대시키고 있다. 또한, 다른 IT산업과 마찬가지로 효율이 높아진 고사양의 솔루션이 등장하면서 로봇 구현을 위한 구성품의 가격이 급속도로 낮아지고 있어, 본격적인 대중화를 가로막는 가격 장벽 또한 서서히 사라지고 있는 중이다.

환경 및 규제 이슈

모빌리티를 비롯해 각종 운반, 이동수단이 로봇화의 길을 걷게 된 것에는 친환경 이슈로 대표되는 전동화의 영향이 크다고 할 수 있다. 로봇이 구동하고 작업을 수행하는 모든 과정은, 사람의 인체에 피가 순환하듯 전기가 공급되어야 가능하다. 이는 하드웨어와 소프트웨어가 유기적으로 작동해야 하기 때문이다. 유해 가스와 소음 등이 발생하는 화석연료를 대신해 전기를 주 연료로 활용하려는 세계적 흐름은, 각종 제도와 기술의 발전을 동반하며 로봇 산업의 성장에 결정적인 역할을 하고 있다.

로봇을 활용할 것인가, 로봇에게 활용될 것인가?

2020년 이전까지만 해도 로봇은 주로 제조업의 공장에서 인간을 대신해 물건을 만들어내는 기계라는 인식이 주를 이루었다. 가정용 로봇이라고 해 봐야 로봇청소기가 유일했을 뿐, 실생활에서 로봇이 활용되는 사례는 많지 않았다. 그만큼 로봇은 아이들을 위한 장난감이나 SF영화 속에나 등장하는, 실제 구현이 요원한 인간의 로망 정도로 여겨져 왔다. 하지만 세상은 변했고, 지금도 빠르게 변화하고 있다. 모터, 배터리, 센서와 같은 하드웨어의 발달과 인공지능(AI)을 필두로 한 소프트웨어의 발달은 이전에는 상상도 못 했던 기능을 갖춘 제품, 즉 다양한 형태와 기능을 지닌 로봇의 등장을 가능하게 했으며, 이러한 로봇들은 우리가 생각하는 것보다 훨씬 더 포괄적으로 인간의 일상에 스며들고 있다.

로봇이란 인간과 동물을 대신해 일하거나 인간을 돕는
유형, 무형의 장치와 소프트웨어 구성체 일체를 말한다

인공지능(AI)과 더불어 로봇(Robot)은 이제 오프라인뿐 아니라 온라인을 포함한 전 산업 분야에 걸쳐, 하나의 진화 방향이자 선제적으로 도입을 검토해야 할 필수 아이템으로 자리를 잡아 가고 있다. 로봇청소기로 상징되는 생활 가전 업계에서만 로봇 비즈니스가 만들어지고 있는 것이 아니다. 의료 업계에서는 로봇 수술과 같은 전문적인 영역에서부터 혈당측정기 같은 진단기와 물리치료 기기들에 이르기까지도 자동화와 데이터 축적을 기반으로 한 로봇 서비스가 속속 도입되고 있다. 요식업에서 음식을 테이블로 서빙하는 로봇이 더 이상 낯설지 않은 풍경이 되었으며, 주방 내부에서도 주방장을 돕는 조리용 로봇들이 빠른 속도로 진화하고 있다. 예를 들어, 능숙하게 로봇팔로 커피를 내리는 바리스타 로봇, 반죽한 튀김을 튀김기에 넣고 온도에 맞추어 건져낸 뒤 기름을 빼는 튀김 로봇, 국수의 면발을 뽑고 알맞은 온도로 삶아내는 국수제조 로봇까지 등장하고 있다. 이처럼 로봇으로 구현되는 솔루션들은 보다 구체적이고 효율적인 방향으로 모습을 드러내고 있다.

호텔에 가면 벨보이를 대신해 짐을 옮겨주는 로봇이 있고 룸서비스를 요청하면 어느새 문밖에 로봇이 도착해 알람을 전해준다. 힘든 제조공장이나 건설 현장에서 일하는 종사자들은, 자동(Active) 또는 반자동(Passive) 웨어러블 로봇을 착용해 고질적인 근육통과 부상의 위험으로부터 벗어날 수 있는 가능성을 모색하고 있다.

또한 건설과 물류, 농촌의 현장은 어떠한가? AGV(무인운반차량)의 뒤를 이은 AMR(자율주행로봇)이 구간 물류 운송 업무를 대신한 지는 오래되었으며, 인구가 감소하고 있는 농촌 지역에서 과실을 재배하고 수확하는 작업을 드론과 로봇에 맡기려는 실험이 계속되고 있다. 농업 로봇 역시 본격적인 상용화를 앞두고 있다.

로봇의 등장은 비단 오프라인 서비스 현장에만 국한되지 않는다. 24시간 전화나 온라인으로 고객 상담을 가능하게 하는 AI 고객센터, 즉 AICC(AI Contact Center)의 도입은 감정 노동에 한계를 느끼는 인간 상담원을 대체하거나 보조하는 로봇의 또 다른 형태라고 할 수 있다. 보이스봇(Voicebot), 챗봇(Chatbot)과 같은 봇(Bot)이 하는 일이 물리적인 도움을 주는 것은 아니지만 인간의 사무와 서비스를 도와주는 기능을 한다는 점에서 로봇의 일종으로 분류할 수 있다.

이처럼 온·오프라인에서 유형, 무형의 로봇이 등장해 인간이 하기 힘들고 어렵거나 불편해했던 일들을 대신 처리하는 흐름은 거스를 수 없는 대세가 되어가고 있다. 이런 추세 속에서 늘 함께 따라다니는 이슈는 '인간이 이것을 어떻게 받아들이고 어떻게 행동해야 할 것인가'라는 것이다.

로봇의 등장으로 일자리를 잃거나 인간성이 상실되는 등의 부조리가 있다고 해도, 이러한 변화를 막을 수는 없다. 로봇에 대한 부정적인 시선으로 극단적인 거부 의사만 표현한다면 해당 산업과 서비스는 결국 도태될 수밖에 없다. 로봇의 등장을 거부하거나 간과하다면, 고부가가치의 일은 로봇이 수행하고, 오히려 인간이 로봇의 도움이 필요 없는 허드렛일만을 맡게 되는 역할과 지위의 역전 현상이 벌어질 수 있다. 즉 끔

찍한 영화 속 결말처럼 대다수 인간이 로봇에게 활용되는 존재로 전락할 가능성 또한 배제할 수 없다는 말이다.

우리의 삶, 그리고 사업과 서비스, 브랜드를 성공시키고 미래의 지속성을 보장받는 것은 이제 로봇 솔루션을 얼마나 빠르게 수용하고, 어떤 방식으로 적용, 확장해 나가느냐에 달려 있다고 할 수 있다. 즉 피동적인 자세로 로봇에게 지배를 당하는 것이 아니라, 선제적으로 로봇을 지배하고 활용할 줄 알아야 한다.

로봇 사업에서는 산업용과 서비스용, 오프라인과 온라인의 경계가 점차 모호해지고 있으며, 그 범위가 날로 확장되고 있다. 미국, 유럽, 일본, 중국에서는 앞다투어 제조산업에서 축적한 기술력을 바탕으로 미래 로봇 기술을 선도하고 있으며, 첨단 기술 분야에 대한 적극적인 투자와 전문 인력 양산, 각종 지원 정책을 아끼지 않고 있다. 우리나라 역시 국가 12대 첨단 전략기술 중 하나로 '첨단 로봇'을 지정하고, 중앙정부와 지자체 차원에서 중점 경쟁 산업 분야로 집중 육성하고 있다. 이런 추세에 힘입어 제조산업에서 주로 활용되던 로봇들이 이제는 서비스와 개인 생활 영역으로까지 확대되고 있으며, 발 빠른 기업들은 이를 실제 비즈니스에 즉각 적용하고 있다.

모든 개인과 기업들은 경쟁력 확보와 지속적인 성장을 위해 로봇으로 눈을 돌리는 것은 물론, 인공지능(AI), 로봇과의 협업에 대해 진지하게 고민해야 할 때가 왔다. 우리의 미래는 로봇을 선제적으로 이해하고 받아들여 적극적으로 활용할 것인가, 아니면 비판과 관망에 머무르다가 로봇에게 활용되는 신세로 전락할 것인가로 양분될 것이다. 로봇을 활용한 것인가, 로봇에게 활용될 것인가? 당신의 선택에 당신의 미래가 달려 있다.

로봇이 만들어낸 새로운 비즈니스

로봇에 대한 수요가 처음 발생한 곳은 산업 현장이었다. 이는 로봇의 구현이 기술적으로 어렵고 고가였기 때문이기도 했지만 소규모 상점이나 가정보다 산업 현장에서 인력 대체 또는 보조 효과가 더 크게 나타났기 때문이기도 하다. 이제는 공장의 조립·가공 공정에서 로봇을 사용하지 않는 곳이 오히려 화제가 될 정도로, 로봇의 사용이 일반화되었으며, 그 과정에서 로봇 기술 또한 눈부신 발전을 이루었다.

인구 소멸과 비대면 추구의 트렌드, 인공지능(AI)과 같은 소프트웨어의 발달에 힘입어 공장 밖으로 나온 로봇은 다양한 비즈니스 기회를 만들어내고 있다. 일의 효용을 높여주는 전문서비스 영역에서의 로봇은 더욱 고도화, 정교화되고 있으며 각종 서비스를 제공하는 로봇이 우리의 일상 속으로 깊숙이 자리를 잡아 가고 있다. 따라서 로봇을 우리의 비즈니스에 본격적으로 도입하기에 앞서, 현재 어떤 서비스들이 새롭게 태동하고 있는지 먼저 살펴본다면 큰 도움이 될 것이다.

일의 효율을 높여주는 전문서비스 로봇

산업용 목적에 따라 비대칭적으로 발전해 온 로봇은, 2000년대에 들어서면서 제조 공정 외의 분야 중에서도 먼저 전문서비스 영역으로의 확산을 도모하고 있다. 출산율 저하로 인한 절대 노동 인구의 감소는 제조업뿐만 아니라, 사회 각 분야 전문서비스 영역에서도 심각한 종사자 감소 문제를 야기하고 있다. 과거, 공장 로봇에 대한 수요가 기술 발전과 공급 확대를 견인했듯이, 값싼 노동자가 주로 종사하던 전문서비스 분야에서도 로봇 수요가 급격히 증가하고 있으며, 역사는 짧지만 전문서비스를 수행하는 로봇들이 속속 등장하고 있다. 물론, 아직 본격적인 상용화에는 미진한 영역도 존재하지만, 산업용 로봇이 그랬듯 분명 미래 서비스업에서도 필수적인 요소로 자리매김할 것이며 이미 강한 존재감을 드러내고 있는 분야들도 생겨나고 있다.

조립/가공 로봇

2024년 3월, 협동 로봇의 선두주자로 알려진 덴마크의 유니버설 로봇(Universal Robots)이 대표적인 AI기업 엔비디아(NVIDIA)와의 협력을 공식 발표했다. 전 세계 9만여 개 제조 현장에 조립·가공용 로봇을 공급하고 있는 유니버설 로봇의 솔루션에 엔비디아의 AI 솔루션이 결합한다면 이전과는 차원이 다른 획기적인 성능 개선과 함께 조립·가공 로봇에서의 패러다임을 변화시킬 것이라 기대된다.

세계경제포럼(World Economic Forum)은 제조업 중에서도 로봇 등 4차 산업혁명 기술을 선도적으로 적용하는 사업장을 선별해 '디지털 등대 공장(Digital Lighthouse Factory)'으로 지정하고 있다. 그중 하나인 지멘스

(SIemens)의 에를랑겐(Erlangen) 공장은 지난 4년간 첨단 로봇 솔루션 도입으로 69%의 생산성 증가와 함께 42%의 에너지 소비 절감을 달성했다고 공식 발표함으로써 놀라움을 불러일으켰다.

지멘스 사례처럼 극적인 성과는 아니더라도, 조립·가공 분야에서 로봇을 도입할 경우 인건비는 30~50% 절감이 이루어지고 생산 속도는 20~25%가량 증가한다는 분석이 있다. 이러한 수치는, 코봇(Cobot)이라 불리는 조립·가공용 로봇의 도입 니즈에서 인건비 절감이 핵심 목적이며, 생산성 향상이 그다음이라는 점을 보여준다.

조립·가공 로봇 사업을 기획한다면, 첫 단계는 고객들이 어떤 점에서 어려움을 겪고 있으며 어떤 것을 원하고 있는지, 고객의 니즈를 파악하는 일에서부터 시작된다. 조립·가공의 제조산업에서는 인력 부족과 높은 인건비, 생산성 저하 등이 로봇을 통해 개선돼야 할 과제이자 핵심 니즈라 할 수 있다. 다음 단계는 각각의 수요에 해당하는 로봇 기술의 적정성을 판단해 투입 가능 여부를 확인하는 과정이 필요하다. 새로운 기술이라 하더라도 인건비를 줄이기 위해 도입하는 로봇의 가격이 지나치게 높다면, 언론의 주목은 받을 수 있을지 몰라도 실구매자들에게는 외면받을 가능성이 크다. 결국 고객의 니즈를 정확히 파악하고 니즈 충족을 위해 투입 가능한 기술로 핵심 기능을 구현해 낸다면 당연하게도 그것이 곧 로봇 비즈니스에서의 기획이 된다.

최근 신생 로봇 기업 중에는 이전에 없던 새롭고 파격적인 솔루션을 내놓아 언론의 주목을 받았지만, 그것이 어떤 곳에 가장 적합하게 쓰일지를 찾지 못한 채 투자금만 소진하고 파산해 버리는 경우를 종종 보게 된다. 훌륭한 로봇 기획이 되기 위해서는 새로운 로봇을 만들어 수요를 선도하겠다는 생각보다 수요자가 원하는 형태와 제품을 가장 적합하고 쉽게 합리적인 가격에 제공하려는 관점이 필요하다.

산업용 조립·가공 로봇의 마케팅에서 가장 효과적인 소구 포인트는 단연 우수한 기술을 앞세우는 것이다. 우수한 기술로 인해 인건비를 절약하고 생산성을 향상시킬 수 있다는 기본적인 스토리라인을 전제로 해야 한다. 가장 설득력 있는 방법은 동일하거나 유사한 산업군에서의 로봇 도입 사례를 인용하고, 로봇 도입 전후의 변화와 도입하지 않은 현장과의 차이를 리포팅하는 것이다. 이를 통해, 로봇이 해당 산업의 고질적 문제를 실질적으로 해결할 수 있다는 믿음을 형성하는 것이 중요하다. 막연한 이미지 광고나 홍보보다 컨퍼런스 참여와 웹 세미나를 통해 적용 성과를 사례와 함께 설명하는 것도 도움이 될 수 있다.

이미지 제고를 위해서는 유니버설 로봇이 엔비디아와 제휴를 선언한 사례처럼, 이종의 유수 기업과 전략적 파트너십을 맺어 전통적인 조립·가공 로봇의 이미지를 뛰어넘는 가치를 전달할 수 있음을 직간접적으로 내세우는 방법이 효과적이라 할 수 있다.

ⓒ Created by AI

물류 로봇

조립·가공 분야에 이어 산업 내에서 로봇이 가장 활발히 사용되고 있는 분야가 바로 물류 영역이다. 미국의 유통 기업 아마존(Amazon)은 2012년, AGV(Automated Guided Vehicle)인 키바(Kiva)를 물류 현장에 투입했다. 그리고 2022년 6월, 고품질의 라이다를 장착하고 다른 로봇과의 충돌을 회피하며 똑똑하게 움직이는 AMR(Autonomous Mobile Robot)인 프로테우스(Proteus)를 투입했다. 이로써 일반 사업장과 비교했을 때 종사자의 사고 및 부상률을 15% 이상 줄이고 물류 효율성을 높일 수 있었다. 기존 AGV 키바는 작업자들과 함께 운영할 수 없는 단점이 있었으나 AMR 프로테우스는 작업자를 인식하여 우회하는 등 함께 일할 수 있어 물류 시스템의 혁명을 일으켰고 이와 유사한 자율주행 로봇들이 현재 전 세계 물류 창고 곳곳에서 빠르게 확산되고 있다.

그 어느 산업보다 인력 의존도가 높았던 물류 산업에서, 로봇 기술의 혁신은 더욱 두드러질 것으로 예상된다. 로봇팔을 이용한 픽업로봇, 분류로봇, 적재로봇 등으로 그 적용 범위가 빠르게 확장되어 가고 있다. 물류 로봇의 기획은 인건비 절감, 작업의 안전성 향상, 운영 효율성 증대에 초점을 맞추어 진행되어야 한다. 독일의 DHL이 AMR 로봇을 도입해 50% 이상의 생산성을 향상하고 덴마크의 Maersk가 하역 속도를 30% 이상 증가시켰으며 미국의 Walmart가 재고 관리 로봇과의 협업을 통해 매장 내 재고 부족 문제를 30% 이상 감소시켰다는 리포트는 이를 잘 말해주고 있다.

물류 로봇은 단순히 배송 창고 내에서 물류를 운반하는 로봇만을 의미하지 않는다. 이들은 재고 관리 시스템과 연계하여 물건을 자동으로 분류하고 적재, 배송하는 로봇들과 서로 정보를 주고받으며 통합적인 관리 시스템하에서 운영된다. 로봇 운영을 위한 기반 및 장치의 규모가 가장 큰 분야라고 할 수 있다. 때에 따라서는 물류 창고 전체를 허물고 로봇 시스템에 맞게 다시 설계해야 하므로 가장 복잡하고 큰 프로젝트가 될 수도 있다.

원활한 물류 운영을 위해 단순히 로봇을 투입하는 것만으로는 충분하지 않다. 물류 현장 구조 변경과 전체 시스템 설계가 함께 수반되어야 하므로 물류 로봇 마케팅에서는 총 투자 비용 대비 확보 가능한 효용(ROI: Return on Investment)을 명확하게 제시하고, 이것을 중심으로 커뮤니케이션을 전개해야 수요자들의 공감과 설득을 이끌어낼 수 있다. 미국의 로커스로보틱스(Locus Robotics)는 이러한 방식의 대표적인 성공 사례로, 고객사의 현장에 대해 면밀히 조사한 후 투자 대비 효용을 수치와 사례 중심으로 상세하게 제시하는 전략으로 유명하다. 이들은 비용 절감과 생산성 향상을 데이터로 상세하게 제시하고 케이스 스터디와 웹 세미나를 통해 성공 사례를 공유함으로써 많은 고객을 유치할 수

© Created by AI

있었다.

물류로봇의 수요가 커짐에 따라 이를 공급하는 기업도 많아지고 새로운 방식의 로봇을 만들어 뛰어드는 스타트업도 활발히 등장하고 있다. 물류로봇의 핵심 가치는 '막대한 비용 대비 효과'이므로 해당 사업장에 적용함으로써 얻게 되는 ROI와 동종 업계의 사례 제시를 기본 전략으로 삼아야 한다. 여기에 타 물류로봇 대비 차별화된 특장점의 기술적 요소를 결합한다면 물류로봇 기업으로서의 경쟁력 확보는 물론 소기의 성과를 기대할 수 있을 것이다.

의료 로봇

산업용이 아닌 전문 서비스 분야에서 로봇 도입에 적극적이며 높은 수준의 기술력을 확보해 가고 있는 분야로는 단연 의료계를 들 수 있다. 의료 로봇은 매년 높은 성장세를 보이는데 이런 수치는 무엇보다 전 세계적으로 로봇 수술에 대한 선호도가 꾸준히 높아지기 때문으로 풀이된다. 수술용 로봇은 최초, 의사의 집도를 도와주는 단순한 보조 기구에 불과했으나 인공지능(AI)의 고용량 데이터 학습, 판단 기능에 의해 수술 부위 절개와 치료, 봉합까지의 전 과정을 스스로 해결할 수 있는 수준으로까지 발달해 가고 있다.

물론 윤리적인 이슈와 책임의 한계에 대한 문제가 함께 대두되고 있기는 하지만 로봇 수술의 경우 절개 부위가 작아지고 통증이 적으며 회복 시간이 빠르다는 장점으로 전 의료계에서 적용이 활발히 논의되고 있으며 상용화 역시 빠른 속도로 진전되고 있다. 로봇에 의한 진단과 수술 도입은 의사인 사람의 판단에 의존할 경우 발생할 수 있는 오진을 예방할 수 있다는 측면에서 윤리적인 리스크에도 불구하고 환자들의 선호를 끌어내고 있으며 향후 고가의 로봇이 출시되어도 성능이 충분히 입증된다면, 수용도가 높은 유망 분야로 평가받고 있다.

의료 로봇에서 수술용 로봇이 높은 비중을 차지하고 있기는 하지만 수술용 로봇이 의료 로봇의 전부는 아니다. 재활과 건강 관리 분야에서도 로봇의 개발과 도입이 활발하게 진행되고 있으며, 오히려 수술 분야 이상으로 발전 가능성이 크다고 할 수 있다. 보행이 어려운 장애인을 위해 걷고 뛰는 것까지 가능하게 해 주는 보행보조 로봇과 혈당, 혈압, 활동지수 등을 수시로 체크하고 관리해 주는 헬스케어 로봇 등이 대표적인 사례이다.

미국 인튜이티브서지컬(Intuitive Surgical)은 복강경, 심장 수술 등 외과 분야 수술용 다빈치 로봇 수술 시스템(Davinci Surgical System)으로 시장을 선도해 나가고 있으며 스트라이커(Stryker)는 무릎 및 고관절 수술 특화 로봇인 마코 서지컬 로봇(Mako Surgical Robot)으로 잘 알려져 있다. 이처럼 특정 전문 분야에 집중해 수술 로봇을 개발하고 깊이 있는 연구를 지속하는 것이 성공 가능성을 높이는 전략이 될 수 있다. 하지만 전문적인 수술 로봇의 기획하기 위해서는 전문 의료진이 프로젝트에 참여해야 하고 상당 기간 임상시험을 거친 후에야 범용적인 상용화가 가능하므로 로봇 개발 이상의 난이도를 가지고 있는 것이 현실이다. 이는 곧, 거대한 투자 자본이 투입되어야 하는 '자본의 싸움'으로 이어질 수밖에 없다는 현실적인 한계를 의미한다.

의료 분야 로봇을 처음 기획하는 기업이라면, 고난이도의 작업과 자본이 필요한 수술 이외 미지의 의료 분야에서 로봇을 기획하고 개발하는 것이 더 큰 효용과 가능성을 가져올 수 있다. 예를 들어, 미국의 엑소바이오닉스(Ekso Bionics)와 이스라엘의 리워크로보틱스(ReWalk Robotics)

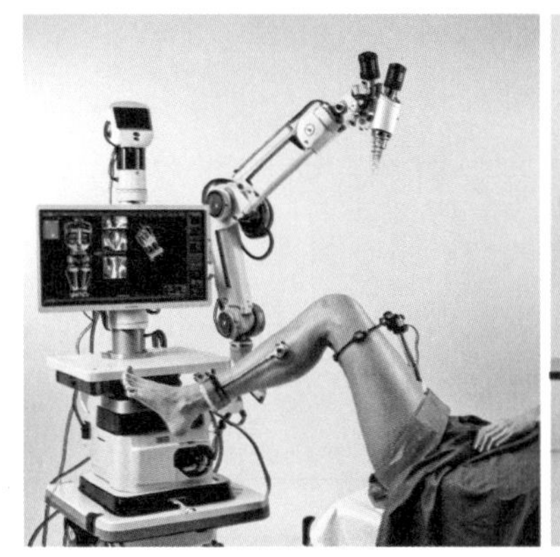
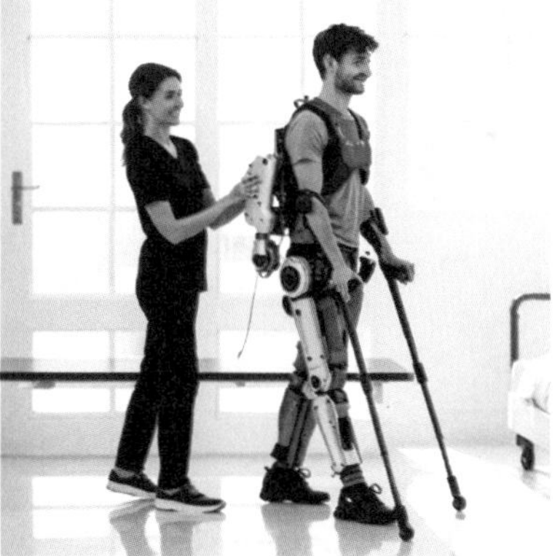

ⓒ Created by AI

는 선천적이거나 후천적인 사고로 하반신이 마비된 환자들이 독립적으로 일어나 걸을 수 있는 의료용 외골격 로봇을 개발, 보급하고 있다. 전 세계적으로 다양한 장애 극복용 로봇에 대한 연구 또한 수술용 로봇 못지않게 활발히 진행되고 있다. 단순한 기술을 넘어, 신체적인 장애라는 한계에 부딪힌 인간에게 꿈과 희망을 심어주고 일상으로의 복귀를 가능하게 해 주는 감동적인 스토리에 기반한 도전이자 시도이기에 주목받고 있기도 하다.

미국의 아이캐드(iCAD)는 방사선 판독의 속도와 정확도를 개선해 유방암 검출(조기진단율 40% 이상 향상)에 특화된 AI 기반 진단 로봇을 개발해 시장에 내놓았고 싱가폴의 바이오포미스(Biofourmis)는 웨어러블 디바이스로 수집된 생체 데이터를 AI로 분석해 질병 예측과 진단을 할 수 있는 로봇을 상용화했다. 의료용 로봇은 이처럼 수술과 재활뿐 아니라 각종 검진과 투약, 치료에 이르기까지 물리적인 형태로 모든 의료 분야에 적용할 수 있으며 개발 시 고객(환자와 의료진)의 호의적인 인식과 수용도가 높은 분야이므로 매우 유망한 시장으로 평가된다.

방범/경비 로봇

과거, 대표적인 인력 투입 서비스 업종이었던 방범, 보안, 경비 시장의 무인화가 가속화되고 있다. 각 건물의 입구마다 경비원을 위한 초소가 마련되어 있고 밤새 시간별로 순찰하던 광경을 이제는 찾아보기 힘들게 됐다. 무인 경비의 중심에는 역시 CCTV(Closed Circuit Television) 카메라가 있으나 단순히 영상을 촬영하고 저장하는 것만으로는 범죄 예방과 조치를 선제적으로 할 수 없다는 지적이 있다. 게다가 CCTV의 사각지대를 악용하는 범죄도 등장하면서, 이제는 물리적 대응 능력을 갖춘 무인 경비 시스템, 즉 보안 경비 로봇의 도입 필요성이 대두되고 있다.

방범/경비 분야의 로봇은 인파로 혼잡한 구역에 가시적인 경비원(Guard) 로봇을 투입해 각종 소요와 범죄를 예방하는 활동을 하기도 하고 인적이 드문 경비 구역 내에서 365일 주야간, 악천후에 상관없이 다양한 장비로 순찰하는 로봇의 형태로 개발과 시험이 진행되고 있다.

순찰 로봇의 도입은 단순히 범죄 예방 등 인사 사고의 예방과 증거 수집에만 국한되지 않는다. 사람이 직접 접근하기 어려운 좁은 지하 하수관, 방사능 오염 구역 등 고위험 지역에 투입되어, 오염도를 측정하거나 로봇팔을 활용해 간단한 조치를 수행하는 등 '위험도 탐지 및 대응' 또한 로봇의 중요한 역할 중 하나다. 기능이 업그레이드된 로봇은 열화상, 적외선 카메라 등 감지 장비를 이용해 육안으로 식별할 수 없는 댐의 크랙(금)이나 벽의 바깥에서 벌어지고 있는 상황까지 측정해 조치하기도 한다.

미국 내에 이미 7,000여 개가 넘는 방법/경비 로봇을 보급하고 있는 나이트스코프(Knightscope)는 2023년 자사의 이동형 순찰 로봇에 총격 자동탐지 기능을 추가했다. 총기 소지 합법화로 크고 작은 사고가 끊이지 않는 미국에서 반드시 필요한 기능을 보완한 것으로 기존의 영상 녹화 위주 순찰에서 벗어나 적극적이고 구체적인 위험감지와 능동적인 기능을 추가한 것이다. 나이트스코프는 총기 사고 감지 업그레이드를 통해 불안에 떨고 있는 학교와 기업, 공항, 호텔, 지자체의 호응을 얻어가고 있다.

경비 로봇은 시각적 노출로 심리적인 안정감을 제공하고 범죄자의 범죄 욕구를 사전에 억제시키는 목적과 사람이 상시 순찰하기 힘든 지역과 인적이 드문 곳에서 정밀한 감시 활동을 통해 사고 예방을 담당하는 목적으로 그 형태와 기능을 나누어볼 수 있다.

경비 로봇의 경우 등장 자체로 상황을 압도할 수 있도록 외형은 경찰이나 경비원이 연상케 하는 시각적 요소를 갖추고 있으며, 카메라 녹화, 양방향 대화 기능 추가 등을 통해 최대한 사람들과 소통하며 문제해결 또는 예방하는 방향으로 개발이 이루어지고 있는 것이 특징이다. 최근에는 AI 빅데이터를 활용한 안면 인식 기능 등을 통해 현상 수배범과

© Created by AI

같은 용의자를 색출해 내는 고도의 작업에도 투입되고 있다. 미국의 대표적인 경비로봇 개발업체 나이트스코프는 로봇을 공급하면서 시급 7달러의 대여료를 책정했다. 일반 경비원 월급의 4분의 1이라는 저렴한 급여로 24시간 한눈팔지 않는 저비용 고품질의 경비가 가능함을 강조해 시장을 넓혀 가고 있다. 나이트스코프는 자사 로봇을 투입한 공원에서 전년 대비 범죄 신고가 46% 감소했으며 범인 검거율이 27% 증가했다는 자료를 마케팅에 적극 활용하고 있다.

사람이 출입하기 어려운 환경에 투입되어 관찰과 측정을 수행하는 특수 임무 로봇의 개발도 활발하게 진행되고 있다. 우주 공간에서 사람을 대신해 시료를 채취하고 분석하는 등 임무를 수행하는 것도 그 일환이며 좁고 깊은 지하 공간이나 건물 붕괴 현장, 방사능 노출 구역, 험준한 산악 지대 등 사람이 쉽게 접근할 수 없는 지역에 들어가 상황을 관찰, 판단하고 해당 데이터를 송출하는 특수 임무도 로봇이 수행한다. 그 형태는 특수 환경을 고려해 4족 보행 로봇이 될 수도 있고 무한궤도를 가진 캐터필러 로봇, 때에 따라서는 공중을 날아다니는 드론의 형태가 될 수 있다.

안내 로봇

서빙 로봇과 함께 대중적인 서비스 분야에서 눈에 띄는 로봇은 안내 로봇이다. 박물관이나 미술관, 공항과 역사, 도서관, 호텔, 쇼핑센터, 병원 등에서 이제 안내용 디스플레이를 가지고 다니며 각종 정보를 제공하고 홍보하는 로봇의 모습을 쉽게 볼 수 있다. 콘텐츠만 확보되어 있다면, 특정 구역에서 배회하거나 고정형으로 운영되는 안내 로봇은 구동체와 센서의 결합으로 비교적 쉽게 구현이 가능한 영역이라 할 수 있다. 로봇의 하드웨어적인 기술과 기능은 단순한 편으로 인공지능(AI) 엔진의 성능과 제공되는 정보의 질, 음성 인식 및 매끄러운 답변과 같은 고객 인터페이스가 경쟁 요소가 된다.

문화체육관광부는 최근, 국립중앙박물관 등 14곳의 박물관에 투입했던 인공지능 문화해설 안내 로봇 '큐아이'를 전국적으로 확대하겠다는 계획을 발표했다. '큐아이'는 박물관 내에서 자율주행하며 기본적인 안내 서비스를 제공함은 물론이고 수어와 다개국어를 사용하는 해설사의 역할도 수행한다. 대응 인력이 부족하고 방대한 정보를 막힘없이 전달하기에 한계가 있던 박물관, 미술관, 전시관 등에서는 이제 안내 로봇이 없어서는 안 될 필수재로 자리를 잡아가고 있다.

향후 모든 대형 건물의 로비에 위치한 안내 데스크가 모두 다양한 형태의 안내 로봇으로 교체될 것으로 예상된다. 이러한 안내 로봇은 휴일과 상관없이 24시간 낮은 비용으로 운영할 수 있으며 출입 관리 기능까지 겸비한 안내 로봇 시장은 중소로봇 기업들도 수요처를 세분화해 도전해볼 만한 아이템이라 할 수 있다.

미국 노스캐롤라이나주립대의 도서관에는 사서가 없다. 앨리(Ally)라고 불리는 인공지능 로봇 북봇(Bookbot)이 있을 뿐이다. 앨리는 도서 관련 정보를 제공해 주는 것에 그치지 않고 도서관 내 약 200만 권의 도서 중 원하는 책을 요청하면 단 5분 만에 이용자에게 전달해준다. 앨리가 주문을 받으면 방대한 크기의 서가에서 로봇팔이 달린 보조 로봇들이 종횡무진 이동하며 원하는 책을 찾아 사용자에게 자동으로 전달하는 방식이다. 기존의 안내로봇이 로비와 복도를 배회하다 만난 사용자에게 정보를 제공해 주는 것에 그쳤다면 최근의 안내 로봇은 앨리와 같이 이종의 다른 로봇과 결합해 한 단계 더 나아간 물리적 서비스를 제공해 주는 방향으로 발전해가고 있다.

안내 로봇은 병원에서도 활약을 하고 있다. 진료과의 위치 등을 알려주는 기본적인 서비스도 제공하지만 코로나19 팬데믹 시대에는 열 감지 센서를 이용해 내방자의 체온을 측정하며 알려주는 것으로 고객에게 작은 감동을 안겨 주었었다. 최근에는 한 걸음 더 나아가 병원의 시스템과 연동된 인공지능(AI)기반 네트워크를 활용해 환자가 스캔하거나 입력한 정보를 토대로 환자의 예약 도착 알림 정보를 해당 진료과에 전송하는 것은 물론, 체혈검사 등 사전 검사가 필요하면 해당 사항을 고지하고 등록 절차까지 수행한다. 또 진료가 끝나면 주차등록과 함께 약국 안내, 나아가 보험청구까지 처리하는 모든 업무를 원스탑으로 제공하고 있다.

우리나라 명동에도 진출한 일본의 호텔체인 헨나(Henna Hotel)의 호텔 프런트에는 손님을 맞이하는 직원이 없다. 기네스북에 등재되기도 한 헨나 로봇 호텔의 프런트에서는 안내 로봇이 고객 응대를 전담한다. 뿐만 아니라, 헨나 호텔에서는 짐을 옮겨주는 로봇부터 객실 내의 룸컨디션을 조절하는 컨시어지 로봇, 룸서비스로봇, 청소 로봇 등 다양한 로봇이 투입되고 있는데 모든 로봇들은 프런트의 안내 로봇을 통해 유기

ⓒ Created by AI

적인 서비스를 제공하고 있다. 안내 로봇이 프런트 업무 이외의 복합 서비스 창구 기능까지 수행하고 있는 것이다. 안내 로봇은 단순히 디스플레이와 커뮤니케이션 기능을 갖추고 영상이나 텍스트, 보이스의 정보만을 전달하는 것이 아니라 고객이 안내를 통해 얻고 싶어 하는 가치의 서비스까지 연계하여 제공하는 통합 관제 중심의 플랫폼으로 기획·개발되고 있다.

조리 로봇

최근 F&B(Food & Beverage) 박람회를 방문하거나 요식업계 관계자들을 만나보면 요식업계의 최대 화두가 곧 '무인화' 또는 '로봇화'라는 것을 실감할 수 있다. 요식업계에서 인력 확보가 어렵다는 것은 어제오늘의 일이 아니지만, 최근 들어 주방에서 일할 실력 있고 성실한 요리사를 구하는 일은 점점 더 어려워지고 있다. 이는 단순한 인력 부족을 넘어, 사업의 성패를 좌우할 만큼 중요한 요소지만 좀처럼 쉽게 해결되지 않는 미완의 과제로 남아 있다.

요식업계 종사자들의 숙원과 맞물려 많은 산업용 로봇 기업에서는 조리기기와 로봇팔의 조합 등을 통해 주방에서 사용 가능한 다양한 형태의 요리하는 로봇을 만들어 보급하려는 노력을 지속해 오고 있다. 이러한 추세는 인력 수급의 문제 외에도 식품 안전 및 위생에 대한 우려 증가, 식음료와 연관된 산업 자동화에 따른 연동 필요성, 요리 외 매장 서비스 로봇의 증가 영향, 조리 로봇의 기술 혁신, 인공지능의 발달 등에 기인한 것으로 풀이된다. 식음료 프랜차이즈뿐 아니라 개인 매장의 운영자 입장에서는 배달 플랫폼의 등장으로 배달원 운영에 대한 부담을 덜어낸 것처럼 조리라는 영역에서도 로봇의 도입으로 인력 운영에 대한 부담이 사라지길 희망하고 있다. 매장 운영이 숙련된 주방장 1인에게 좌우되는 구조에서 벗어나고자 하는 점주들이 많기 때문에, 로봇의 완성도만 충분히 확보된다면 글로벌 조리 로봇 시장은 앞으로 더욱 큰 성장 탄력을 받을 것으로 전망된다.

로봇이 햄버거와 피자를 만들고, 고객이 주문한 맞춤형의 샐러드를 제공하며 닭을 튀기고 삼겹살을 굽는 모습은 더 이상 낯선 풍경이 아니다. 물론 초기에는 많은 기업들이 대규모 투자를 받았음에도 불구하고 수익 모델을 확립하지 못해 사업을 접는 사례도 적지 않았다. 그럼에도 불구하고 해당 분야에 도전하는 기업은 줄어드는 것이 아니라 오히려 늘어나고 있으며 솔루션도 고도화되어 가고 있다. 로봇이 거듭되는 상용화와 실패의 과정을 거치며 진화하고 발전해가는 성장기의 모습을 고스란히 보여주는 곳이 바로 요식업에 투입되는 조리 로봇 분야라 할 수 있다.

2016년 미국에서 설립된 미소로보틱스(Miso Robotics)는 패스트푸드 체인점 공략을 목표로 다양한 로봇을 개발·보급하고 있다. 화이트캐슬(White Castle), 칼리버거(CaliBurgur), 잭인더박스(Jack in the Box)와 같은 지명도 높은 패스트푸드점에 시간당 100바구니 이상의 감자를 튀겨내는 로봇 플리피(Flippy)를 보급하며 큰 호응을 얻었다. 2023년 미소로보틱스의 새로운 CEO로 취임한 리치헐(Rich Hull)은 "식당의 주방에서 인간을 없애는 일은 절대 없을 것이고 또 그렇게 하고 싶지도 않다. 인간이 즐겨 하지 않는 작업을 자동화할 뿐이다"라고 말하고 있다. 그의 말은 조리 로봇의 한계와 역할을 분명하게 밝혀주는 가이드라 할 수 있다. 인간을 대체하는 것이 아니라 인간이 다른 일에 좀 더 집중할 수 있도록 도와준다는 로봇의 철학이 조리 분야에도 투영되는 것이다.

ⓒ Created by AI

2024년, 풀무원은 미국의 스타트업 요카이익스프레스(Yo-Kai Express)와 협업해 '출출박스 로봇셰프'라는 즉석조리 로봇 플랫폼을 선보였다. 2019년 내놓았던 무인 판매 플랫폼 '출출박스'를 업그레이드한 것인데 짬뽕, 라멘과 같이 국물이 있는 음식을 생면으로 즉석에서 조리해 준다. 물론 인간을 본뜬 형상도 아니고 로봇팔이 오가지는 않는다. 그러나 사람이 만든 것처럼 따뜻한 국물의 면 요리를 즉석에 조리해 주며 휴게소, 학교, 구내식당에서 24시간 고객들을 맞이할 것으로 기대된다.

조리 로봇의 성공 여부는 궁극적으로 사람이 만든 것과 동일한 시간과 품질의 식음료를 만들어 낼 수 있느냐에 달려 있다. 단순히 신기하고 재미있는 모습의 연출에만 초점을 맞춘다면 성공하기 어렵다. 그런 퍼포먼스는 주방이 아닌 홀과 입구의 키오스크, 그리고 서빙 로봇만으로 충분하다.

서빙/호텔 로봇

현재까지 산업용 분야에서는 조립·가공로봇이, 가정용에서는 로봇

청소기가 가장 보편적으로 보급된 로봇이라 한다면 서비스용 로봇 중에서 가장 많이 보급된 로봇은 주로 실내에서 고객에게 물건을 가져다주는 서빙·호텔 로봇이라 할 수 있다.

통계청에 따르면, 2021년 국내에 약 3천 대에 불과했던 서빙 로봇의 보급 대수가 2023년 약 5천 대에 이어 2024년 약 1만 1천 대를 훌쩍 넘어서는 것으로 조사되었다. 최근에는 테이블에서 주문과 호출을 하는 태블릿인 테이블오더와 단짝을 이루어 식당과 레스토랑에 투입되고 있다. 마커 트래킹 방식의 중저가 모델부터 3D 라이다(LiDAR)와 고가의 센서를 장착하고 큰 중량의 무게까지 견디는 높은 사양의 모델까지, 서빙 장르의 로봇은 국내외의 다양한 모델들이 경합을 벌이고 있다. 절대적으로 높은 가격 장벽으로 인해 한동안 주춤하는 경향이 있었지만, 단순한 '서빙' 기능을 넘어 인력 부족 보완, 고객 응대의 재미 요소, 브랜드 마케팅 수단 등으로 활용되면서, 서빙 로봇의 보급은 앞으로도 지속적으로 증가할 것으로 전망된다.

최근의 서빙로봇 트렌드는 단순히 식음료를 전달하는 역할에 그치지 않고 AI와 음성 인식을 이용해 고객과 대화를 하는가 하면 그동안 캐셔의 고유 업무였던 결제 업무까지 처리하는 등 오롯이 종업원 1인의 임무를 훌륭하게 소화해 내는 것으로 확장되어 가고 있다.

최근 몇 년 사이 많은 로봇 기업들이 서빙 로봇 시장에 뛰어들면서, 다른 서비스용 로봇 시장에서는 찾아보기 힘든 과열 경쟁의 양상으로까지 치닫고 있다. 음식을 테이블로 가져다주는 것 외에 빈 그릇을 받기 위해 테이블 사이를 도는 순회 모드, 고객을 테이블로 인도하는 안내 모드 등의 추가 기능이 있다고 하지만 대부분의 로봇이 유사한 형태와 유사한 기능을 제공하고 있는지라 로봇 기업이 자리를 잡기도 전에 가격 인하 경쟁에 휩싸여 도약하지 못하고 주저앉는 현상마저 벌어지고 있다. 가격 경쟁에서 밀리지 않기 위해 기능 고도화나 신규 기술 도입조차 시도하지 못하는 악순환이 반복되고 있다.

하지만 차별화를 통해 가격을 낮추지 않고도 경쟁력을 갖출 수 있는 요인은 의외로 멀지 않은 곳에 있다. 일부 로봇 기업들이 테이블오더와 같은 매장 내의 이종 기기와의 연동을 통해 결합을 시도하는 것은 좋은 예라고 할 수 있다.

사실 서빙 로봇이 앞다투어 매장에 도입되기 시작한 것은 종사자를 대체하려는 실용적인 목적보다 다분히 마케팅 효과를 노린 측면이 더 컸다. 신장개업한 매장들이 경쟁 매장과의 차별화를 위해 눈에 잘 띄는 서빙 로봇을 전면에 배치하는 전략이 통했다. 서빙 로봇의 도입으로 아르바이트를 줄일 수 있다고 생각하는 매장 운영자는 많지 않다. 아르바이트가 하는 일은 단순히 음식을 테이블 앞으로 가져가는 일에 그치지 않기 때문이다. 그들은 식사 후 테이블 정리와 청소, 고객 응대, 계산, 심지어는 창문 닦기, 바닥 청소, 설거지까지 맡는 다기능 인력에 가깝다. 결국, 서빙 로봇 도입으로 인력을 절감할 수 있다는 주장은 현실

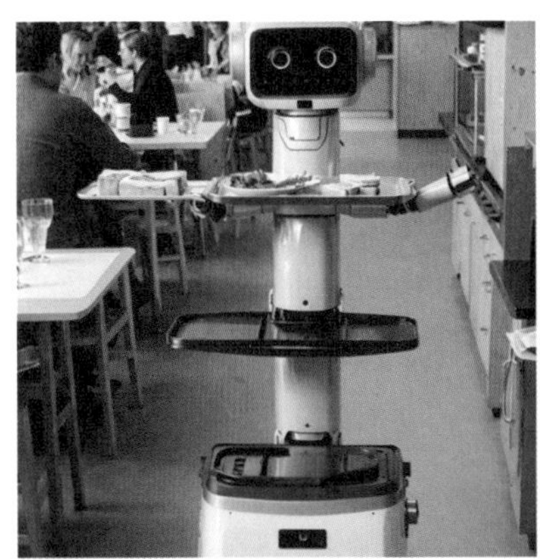

ⓒ Created by AI

과는 거리가 있는 '마케팅성 슬로건'에 가까웠으며, 이는 구매 유도를 위한 과장된 메시지로 작용해 왔다고 볼 수 있다.

서빙 로봇은 이목을 집중시키고 고객의 방문을 유도하는 효과로서의 효용이 가장 큰 마케팅 아이템이었고 지금도 일정 부분 그런 역할을 하고 있다. 특히 부모님의 손을 잡고 나타난 아이들에게 호응이 좋은 마케팅 수단이기도 하다. 서빙 로봇은 식음료를 서빙하고 고객이 필요로 하는 물건을 가져다주는 본질적인 서비스를 제공하는 것이 첫 번째 존재 목적이지만, 고객들에게 그 식당과 그 호텔의 이미지를 전달하는 마케팅에서의 첨병 역할을 해야 한다는 점을 간과할 수 없다. 많은 서빙 로봇에 음성 멘트, 배경 음악, 표정 변화 기능 등이 탑재되어 있는 이유도, 단순한 전달자 역할을 넘어 브랜드 경험을 증폭시키는 접점으로 설계되었기 때문이다.

군사 로봇

주로 민간이 아닌 국가 주도로 진행되며 각국의 정부에서 막대한 예산을 들여 육성을 도모하는 전문서비스 로봇 영역이 있으니 그것이 바로 군사용 로봇이다. 방범·경비 로봇이 민간 영역에서 침입 감지 및 경고 등의 소극적인 재난 방지 업무에 충실한 로봇이라면 군사용 로봇은 그보다 적극적으로 업무를 수행하며 군인을 대신해 전투까지 수행할 정도로 고도의 첨단 기술이 적용된다.

군사용 로봇은 군사용 위성, 무인 스텔스 첩보기와 같은 우주항공 분야의 감시 로봇부터 지뢰·철조망 탐지 및 제거와 같은 안전 확보 로봇, 군인 대신 전투를 수행하는 무인 전투 장갑차, 손톱만큼 작은 크기로 적진에 들어가 도청과 촬영까지 하는 스파이로봇에 이르기까지 그 형태와 장르가 가장 광범위하다. 전통적으로 군사용 로봇의 개발은 무기 개발의 연장선상에서 정부와 산하단체 또는 거대 방산 기업 주도로 진행되어 왔지만, 최근에는 다목적 로봇을 개발하는 스타트업에서 군사용 로봇에 대한 특허를 내고 각국의 군사부처에 기술과 로봇을 판매하는 사례들도 늘어나고 있다. 이는 군사용 로봇 시장이 확실한 수요 기반과 국가 간 방위력 경쟁이라는 명확한 성장 요인을 지니고 있기 때문이며, 기술력만 확보된다면 대규모 수익을 기대할 수 있는 고부가가치 산업으로 평가되고 있다.

절대적인 인구 감소로 인해 군 입대 인원이 줄어들고 있으며, 위험을 감수해야 하는 군의 업무 특성상 인적 자원 소요와 위험 부담을 줄이기 위해 각국에서는 군대의 로봇화가 필사적으로 추진되고 있으며, 실제 전장 투입을 전제로 한 고성능 군사용 로봇의 개발과 실전 적용 사례가 빠르게 확산되고 있다.

군사용 로봇을 기획할 때는 그 범위가 방대하므로 어떤 분야, 어떤 기술에 집중할지를 먼저 결정짓고 깊이를 조절해 가는 것 바람직하다. 지상, 지중, 항공, 우주, 해양의 활동 공간을 중심으로 크게 방향을 분류하는 방법이 있을 것이며 감시, 정찰, 위험 제거, 분석 및 식별, 교란, 전투 등 구체적인 임무 위주로 분류하는 방법도 있다.

군사용 로봇은 완성품을 제작하기 위해 막대한 자본과 인력이 투입되어야 하므로 최종의 완성품을 개발하는 데에는 현실적인 한계가 크다. 그 누구도 시도하지 못했던 새로운 방식의 요소 기술이나 부분 제품을 타깃으로 기획을 하는 것도 중소기업이나 스타트업이 군사 로봇 분야에 진입하는 방법이 될 수 있다. 예를 들어 생화학 무기를 즉각 감지할 수 있는 센서를 만들거나 폭탄을 싣고 공격해 오는 드론을 감지, 전

ⓒ Created by AI

파를 이용해 무력화시키는 요소 기술들이 그러한 기술 사례이다. 이런 요소 기술들을 조합해 다기능의 군사용 로봇이 만들어질 것이므로 그 출발점을 특정 분야의 요소 기술에 두는 단계적 접근이 군사 분야에서는 더욱 유용하다고 할 수 있다.

이스라엘 방위군(IDF)는 이미 2012년, 로봇 군대의 창설을 선언하고 다양한 로봇을 실전 전투에 투입하고 있다. 요르단강 서안지구의 경비탑에는 최루탄과 섬광 수류탄, 스펀지 총탄 등을 발사할 수 있는 로봇이 배치되어 운용 중이며 무인 전투 차량 로봇인 '재규어(Jaguar)'를 가자지구에 투입해 감시 임무를 수행하고 있다. 또 이스라엘 로봇 기업 로보티칸(Robotican)이 개발한 정찰 로봇 '루스터(Rooster)'는 지상과 공중을 오가며 정보를 수집하고 있다. 특히 루스터는 도심의 시가전에서 위험이 예측되는 건물에 먼저 투입되어 잠재 위협을 사전 식별함으로써, 병력의 안전을 확보하는 데 실질적인 효과를 발휘하고 있다.

군사 로봇의 발전이 군인들의 목숨을 지킨다는 긍정적인 측면도 있지만 반대로 민간인과 적국 군인들의 목숨을 무차별로 공격할 수 있다는 윤리적인 문제와 통제 불능 시의 위험 또한 제기되고 있다. 최근에는 인공지능(AI)이 스스로 판단을 내리는 자율 무기 시스템이 등장하면서, 영화에서 보던 위협이 성큼 다가왔다는 경각심이 커지고 있다. 결국 어떤 방향과 목적을 가지고 로봇을 만드냐에 따라 인류 모두에게 유익한 도구가 될 수도 있고, 반대로 인류 멸망을 재촉하는 재앙이 될 수 있음을 유념하며 기획과 개발을 해야 할 분야라고 할 수 있다.

농업 로봇

국내외를 불문하고 농업은 농업에 종사 가능한 노동 인구의 급속한 감소로 인해 커다란 어려움을 겪고 있다. 특히 우리나라의 경우 젊은 세대 인구의 절대적 급감과 도시로의 인구 집중, 농촌 인구의 고령화라는 삼중고를 겪고 있다. 이러한 상황에서 자급자족까지는 아니더라도 독립적이고 안정적인 식량 생태계 구축과 미래 경제, 지역 간 균형 발전을 위해 농업의 지속 가능성을 확보하고 나아가 생산성 향상을 위한 방법을 강구해야 하는 것이 국가의 시급한 과제가 되고 있다.

현재 전문서비스 로봇은 주로 도심, 특히 실내 공간에서의 서비스에 집중되어 발달하고 있지만 정작 로봇화가 절실히 필요한 곳은 농업 분야라 할 수 있다. 농업에서의 무인화와 자동화는 군사 분야와 함께 국가적 필수 과제로 자리매김하고 있다.

유엔 식량농업기구(FAO) 등 국제기구의 발표에 따르면 사람의 투입이 최소화되는 농업 로봇(농기계) 솔루션의 진화로 인해 세계 곡물 생산량이 크게 증가하고 있는 것으로 나타나고 있다. 인구 감소로 인한 인류의 미래 식량 위기가 로봇화를 통해 극복될 수 있음을 시사하고 있는 것이다.

농업 로봇은 세계 각국의 농기계 생산 전문 기업 주도로 활발히 진행되고 있다. 최근에는 단순히 기계적인 편리함을 넘어 인공지능(AI)과의 결합을 통해 농작물의 생육 환경을 관찰, 조성하고 병충해 방제, 선별 작업을 통한 수확에 이르기까지 기술집약적인 고도화가 이루어지고 있다. 이러한 기술 발전은 기술에 특화된 신생 기업과 IT, 바이오 기업의 관심으로 커다란 성장의 변화를 예고하고 있다.

영화와 SNS, 그리고 일부 기업의 미래 농업에 대한 홍보 영상들을 보면 미래 농업이 이미 우리의 식탁 위에 현실화된 것처럼 착각하게 되는 경우가 있다. 하지만 로봇이 주행하거나 비행하며 비전 분석 기술을 이용해 과일의 숙성도와 당도를 측정하고, 손상 없이 능숙하게 수확해 바구니에 담는 영상 속 장면은 아직 상용화와는 거리가 있는 것이 현실이다. 앞서 로봇 기술의 극복 과제에서 언급한 바와 같이 빅데이터 분석에 기반한 인공지능(AI)에 의해 수만 가지 종류 작물의 수확 시기를 판별하고 물리적인 수확까지 하는 작업은 투입 비용과 속도, 채산성 면에서 아직 갈 길이 멀다. 바꾸어 말하면 기회와 무한한 가능성이 열려 있다는 점을 시사한다.

축산과 임산업을 제외한 농업에서의 로봇화는 크게 두 부류로 구분되어 발전하고 있다. 첫 번째는 수직 농업이라 불리는 시설 내 재배 솔루션인 스마트파밍(Smart Farming)이고, 두 번째는 논과 밭, 과수원 같은 노지에서의 아웃도어용 농작업 로봇 분야이다.

스마트파밍의 장점은 날씨, 일조량, 강수 같은 외부 환경의 변수에 휩쓸리지 않고 실내 로봇의 운용과 같은 정해진 규격의 장소에서 다양한 IoT 기기와 솔루션의 도움을 받아 안정적인 작업이 가능하다는 점을 들 수 있다. 데이터를 분석하고 잘 조성된 이동로를 따라 로봇이 이동하며 관찰, 생육, 수확까지 마칠 수 있다는 점에서 미래 농업의 참모습이

ⓒ Created by AI

라 평가되곤 한다. 비교적 접근이 쉽다는 점도 농업에 익숙하지 않은 신생 기업들이 참여하기 좋은 시장으로 분류된다. 하지만 스마트파밍은 일종의 장치산업이다. 그렇다 보니 수요자의 초기 투자비와 운영비가 과도하게 많이 들고 인공지능(AI)과 같은 소프트웨어의 성능을 제외하고 솔루션의 차별화가 쉽지 않다는 단점이 있다. 아직까지 농업의 본류라고 할 수 있는 노지에서의 농업로봇은 기존 트랙터, 콤바인, 이앙기, 스피드스프레이어(SS기), 운반기, 리프트와 같은 농기계의 전동화 및 자동화와 인공지능(AI)과 결합한 생육 분석 및 모니터링, 드론과 자율주행 AMR, 매니퓰레이터 등을 기반으로 한 새로운 로봇 솔루션의 등장으로 다시 나누어볼 수 있다. 기존 농기계의 로봇화는 전문 농기계 기업들을 중심으로 진행되고 있지만 농업에서의 혁신을 가져올 로봇의 개발은 새롭게 도전하는 신생기업에게도 기회가 있는 유망 분야라고 할 수 있다.

실외 배송 로봇

고객에게 물건을 전달하는 역할을 실내에서는 서빙·호텔 로봇이 담당하고 있다면 실외에서는 실외 배송 로봇이 담당하고 있다. 물건을 전달해 주는 가치는 동일하지만, 로봇 기술에서 실내용과 실외용은 하드웨어뿐 아니라 자율주행의 방식과 부속 구성품에 이르기까지 전혀 다른 것이라고 할 수 있다. 예를 들어, 실내용 서빙·호텔로봇은 사전에 파악해 둔 지도(Simultaneous Localization and Mapping: SLAM)를 토대로 라이다(LiDAR)와 같은 레이저 센서를 이용해 통로를 인식하며 자율주행을 실현한다면 실외용 배송 로봇은 정밀 GPS와 내비게이션을 통해 가보지 않은 길까지 자율주행으로 찾아가는 자율주행 자동차와 유사한 방식을 채택하고 있다.

배달 플랫폼 산업의 성장으로 배달에 대한 수요가 증가했지만 다른 산업에서와 마찬가지로 배달 인력을 확보하는 것이 점점 더 힘들어지고 있으며 이에 비례해 배달 수수료 또한 가파르게 상승하고 있다. 특히 인건비에 대한 부담이 큰 미국을 중심으로, 이러한 문제를 해결할 대안으로 실외 배송 로봇이 주목받고 있으며, 현재 가장 유망한 로봇 응용 서비스 분야로 각광을 받고 있다.

배송 로봇 기술의 핵심 과제는 라스트마일(Last Mile)이라 불리는 물류의 최종단 서비스를 제공하는 것이며 그 완성도는 아직 미지수다. 배송 로봇의 본고장이라고 할 수 있는 미국에서도 많은 기업들이 이 분야에 진입했다가 기술적 한계와 경제성 문제로 사업을 철수하거나 구조조정하는 사례가 잇따르고 있다. 서비스의 완성도와 함께 인력 대비 비용, 속도, 안정성 등 상용화에 대한 논란이 지속되고 있는 상황이다. 이처럼 로봇에서 배송이라는 개념이 등장한 지는 수년이 흘렀으나, 미국 이외의 국가에서 보편적인 서비스로 자리를 잡지 못하고 있는 이유는 결국 '사람처럼 완벽한 라스트마일'을 구현하기에는 아직 기술적·환경적 장벽이 존재하기 때문이다.

미국과 같이 도로가 잘 정비되어 있고, 단층 주택 위주의 저밀도 주거 환경이 일반적인 지역에서는 배송 로봇 운용에 최적의 조건이 마련되어 있다. 하지만 아파트 단지가 보편적인 주거의 중심으로 자리 잡은 우리나라 같은 경우는 보안 게이트와 엘리베이터, 단차 높은 계단의 복합적 장애 요소들이 배송 로봇의 자율주행과 물류 도달을 물리적으로 제약하고 있다.

실외 배송 로봇은 공용 도로를 주행해야 하는 특성상, 도로교통법·공원녹지법·개인정보보호법 등 다양한 법률의 적용을 받게 된다. 최근 일부 규제가 완화되고 있다고는 하지만 아직까지 갖가지 제약과 기술적 한계로 인해 본격적인 상용화까지는 극복해야 할 난관들이 남아 있다. 법규가 개선되고 엘리베이터, 보안 게이트를 통과할 수 있는 추가의 솔루션과 기술들이 개발되고 있으므로 향후 혁신이 이루어진다면 이보다 더 유망한 로봇 활용 분야는 또 없을 것이라는 전망도 가능하다.

배송 로봇 활성화의 제약을 극복하기 위해 드론 로봇을 활용한 공중 배송, 전용 출입구 및 전용 엘리베이터의 등장, 구간별 이종 로봇 활용 등이 대안으로 제시되고 있다. 이러한 방안들이 실현된 경우, 배송의 전 구간을 인간의 개입 없이 임무를 완수할 수 있으며 또 그 서비스가 편차 없이 보편적으로 다수의 수요자에게 적용될 수 있다는 조건만 충족된다면 발전 가능성은 무궁무진하다 하겠다.

로봇 배송은 코로나19 팬데믹 같은 특수한 상황이 아니더라도 대면 서비스에 불편함을 느끼는 많은 사람의 호응을 얻는 매력적인 비대면 서비스임에 분명하다. 아마존(Amazon)의 배송 로봇 스카우트(Scout)는 사업을 본격적으로 추진하기에 앞서 배송 로봇이 지역 사회의 일원으로 받아들여질 수 있도록 긍정적인 이미지를 구축하는 데 집중했다.

ⓒ Created by AI

배송 수요가 없는 시간에도 이웃들과 인사를 나누듯 거리를 돌아다니게 설계되었다. 본격적인 서비스를 앞두고 고객들과의 친근함을 형성해 로봇의 존재에 대한 낯섦을 줄이고, 배송 로봇을 활용한 서비스를 선택하게 하려는 적절한 마케팅 전략이었다. 배송 로봇은 이동형 광고 매체의 역할도 할 수 있으므로 완전한 기술적 서비스 구현 이전까지는 제2의 비즈니스 모델(BM)과의 적절한 결합을 통해 점진적으로 효용성을 증대시켜 나가는 것도 훌륭한 전략이 될 수 있다.

건설 로봇

로봇은 본래 인간이 수행하기 힘들고 어려운 일을 대신하기 위해 만들어졌다. 힘들고 어려운 일의 대표적인 분야로는 단연 건설 산업을 들 수 있다. 게다가 건설업은 최근 노동 인구 감소의 직접적인 영향을 가장 크게 받고 있는 분야이기도 하다.

건설 현장에서의 로봇은 야간 순찰에 동원되거나 건설 자재를 옮기는 일, 폐기물을 반출하는 일을 하는 단순한 물류 보조의 역할도 수행하지만, 라이다(LiDAR)와 고성능 3D카메라, 열화상 카메라를 장착하고 현장의 결함을 감지하거나, 설계도와 일치 여부를 확인하는 등 고난도의 작업까지 수행할 수 있다.

4족 보행 로봇 '스팟(SPOT)'으로 유명한 보스톤다이나믹스(Boston Dynamics)는 일찍이 미국의 건설업체 스위노튼(Swinerton), 국내의 GS건설과 협력하여 건설 현장에서의 로봇을 시범 적용한 바 있다. 이 시범사업에서 스팟을 현장에 투입해 전 구역을 돌아다니며 LiDAR 스캐닝으로 3D 도면을 생성했으며, 이를 설계 도면의 BIM(Building Information Modeling)과 비교해 실제 현장의 오차를 찾아낼 수 있었다. 스팟은 작은 몸집에 4개의 다리로 계단과 단차를 넘어갈 수 있었기에 사람이 들어가기 어려운 공간으로 들어가 배관의 이상 유무를 점검하고 디지털트윈(Digital Twin)을 만들기 위한 정보 조사 용도로도 활용됐다. 이처럼 건설 현장에서의 로봇은 물리적인 노동을 대신하는 것 외에 육안으로 식별이 힘든 검사를 진행하거나 결함을 발견해 조치하는 등 다양한 곳에서 활용될 수 있다.

건설 현장에서 로봇은 설계 초기부터 시공, 유지관리까지 거의 모든 단계에 투입될 수 있으며, 각 공정별로 다음과 같은 역할을 수행한다.

① 건설 전 오차 없는 측량과 설계 작업

② 기존 건축물 해체와 철거

③ 철근 조립 및 골조 작업

④ 콘크리트 타설 및 조적(벽돌쌓기)

⑤ 건설 자재/폐기물 운반

⑥ 외벽 청소 및 도색

⑦ 주야간 경비 등 모든 현장 투입

특히 로봇의 진가는 인명 사고가 빈번하게 발생하는 위험한 현장에서 더욱 빛을 발한다. 일례로 재건축의 효율성을 높이기 위해 고층 건물 철거 시 폭파의 방법을 많이 쓰고 있는데 폭파 후 재붕괴의 위험이 도사리고 있는 곳에 무인 포크레인 로봇을 먼저 투입해 안전을 도모하고 빠른 후속 작업을 가능하게 할 수 있다. 이처럼 건설에서의 로봇은 안전성 향상과 함께 생산성을 증대시킬 수 있고 정확성과 시간 절약을 통한 효율성도 높일 수 있다.

건설 현장에서 활용되는 로봇의 형태는 목적에 따라 달라질 수 있는데 측량과 관측, 감시를 위한 작업에는 자율주행 기능을 갖춘 4족 보행이나 드론의 형태가 적합하며, 철거와 운반이 목적이라면 기존의 중장비에 카메라와 센서, 자율주행 모듈, 인공지능(AI) 기술을 조합해 운전석이 없는 형태로 전환하는 방식이 사용된다. 또한 고층 건물의 외벽이나 창문 청소나 도색 작업을 위해서는 벽을 이동할 수 있는 특수 형태의 기획과 디자인을 요할 수도 있다.

2022년, 미국의 빌트로보틱스(Built Robotics)는 기존 건설 장비인 굴착기를 자율로봇으로 개조해 주는 시스템만으로 6,400만 달러(832억

ⓒ Created by AI

원)의 투자를 유치했다. 빌트로보틱스는 기존의 수동식 굴착기를 자율주행으로 만들어 주는 키트(kit)인 엑소시스템(Exosystem)을 만들어 보급하고 있는데 이미 시장에 존재하고 있던 건설장비를 로봇화하는 비즈니스 모델로 성공한 사례다.

또 다른 미국의 건설업체 아이콘(ICON)은 3D 프린팅 건설 기술로 주목받고 있는 스타트업이다. 아이콘은 텍사스주에서 100채 규모의 3D 프린팅 주택 단지를 건설중이며, 특수 개발된 콘크리트 재료와 3D 프린팅 로봇으로 사람의 개입 없이 주택을 생산하고 있다. 이 기술은 빠른 공정 진행이 가능하고 설계 도면대로 자유로운 시공이 가능하므로 복잡한 구조의 건물도 손쉽게 지을 수 있다는 장점을 가지고 있다. 아이콘은 미항공우주국(NASA)과 협업 프로젝트를 통해 달 표면에 착륙장과 대피소, 구조물을 지을 계획도 추진하고 있다. 아이콘은 기존에 없던 건설장비를 로봇의 개념으로 새롭게 창출해 인력을 줄이는 새로운 비즈니스 창출의 사례로 귀감이 되고 있다.

삶의 질을 높여주는 서비스 로봇

산업용 로봇의 수요 증가와 함께 발전해 온 로봇은 이제 전문서비스 영역을 넘어 전자제품처럼 가정 또는 일터에서 누구나 구매해 사용할 수 있는 일상의 보조 기구로서의 위상을 정립해 가고 있다. 기관이나 전문서비스 업종에서 쓰이는 로봇이 생산성 향상을 위해 인간의 역할을 대체하는 방향으로 개발되는 반면, 일상생활에서 사용하는 로봇은 인간을 대신하기보다 인간이 좀 더 편안하고 안전하게 생활을 영위할 수 있도록 돕는 반려 로봇의 개념으로 개발이 진행되고 있다.

현재 일상용 로봇으로 로봇청소기가 대중화되어 있기는 하지만 아직까지 로봇청소기를 제외하고는 산업용이나 전문서비스 로봇만큼 본격적인 개발과 도입이 이루어지지는 않고 있다. 그러나 생활의 불편을 해소하고, 가족을 대신해 집안일을 수행하며 때론 개인의 건강을 점검, 관리해 주는 생활 속의 로봇은 막대한 기회 요소들에 대응해 아직 적정한 수준의 로봇이 보급되지 않고 있으므로 미래 로봇 산업 분야에서 어마어마한 성장세를 이룰 것으로 기대를 모으고 있다.

청소 로봇

국내외를 불문하고 일상생활 보조 로봇 시장에서 규모가 가장 크며 그만큼 치열한 경쟁의 양상을 보이는 분야가 바로 청소 로봇이다. 현재 실내 로봇에 적용되고 있는 주행과 매핑 기술의 발달은 대중화된 로봇청소기의 개발 경쟁 속에서 탄생했고 이를 통해 지속적으로 고도화되어 왔다.

로봇청소기는 최초 출시 당시 큰 관심을 모았지만, 짧은 작동 시간, 낮은 흡입력, 제한적 먼지통 용량의 한계 등으로 오늘날처럼 대중화될 것이라고 기대되지 않았다. 하지만 리튬이온 배터리 기술의 발전으로 작동 시간이 길어지고 2D LiDAR와 센서를 활용한 매핑, 주행 기술의 발전, 강력한 흡입력의 BLDC모터, 자동 충전 도킹 시스템의 개발로 단점을 극복하고 생활 필수 가전으로 괄목할 만한 성장을 이루었다.

경쟁이 치열해짐에 따라, 로봇청소기는 이제는 단순히 먼지 흡입이라는 기본 기능 외에 물걸레(습식) 청소, 자동 먼지통 비움 및 걸레 세척, 공기 청정, 살균, 반려동물 알러지 케어와 같은 복합 기능의 제품들이 속속 등장하고 있으며 높아지는 가격에도 불구하고 인기를 끌고 있다. 최근에는 인공지능(AI) 기술의 결합으로 사용자의 생활 패턴을 반영한 맞춤형 청소를 제공하고 작은 매니퓰레이터(로봇팔)를 장착해 장애물을 만나면 그것을 넘어가거나 빨래감을 들어 세탁 바구니로 옮기는 등의 고도화된 기능을 적용한 제품들도 선을 보이고 있다.

로봇청소기로 잘 알려진 중국의 로봇 기업 '에코백스(ECOVACS Robotics)'는 최근 혁신적인 가정 로봇 라인업을 선보이며 공격적인 시장 확장 전략을 전개하고 있다. 로봇의 청소 대상과 범위를 실내의 바닥 먼지뿐 아니라 공기정화, 살균, 천장, 창문 등으로 확장한 것이다. 레드오션이라고 불릴 만큼 비슷한 기능과 성능으로 경쟁의 각축장이 된 것은 실내의 바닥 청소 분야였다. 한 브랜드에서 먼지통 자동 비움 기능을 도입하면 곧 다른 브랜드에서도 해당 기능을 추가했고 물걸레 기능이 인기를 끌자 거의 모든 브랜드에서 경쟁적으로 습식 청소기 모델을 추가하는 등 바닥 청소 로봇에서는 차별화를 이루기가 힘들었다. 에코백스는 바로 이런 상황에서 청소 대상을 천장과 창문, 외벽, 잔디로 확대했고 청소 범위는 공기 청정, 살균, 알러지 요소 제거 등으로 확장해 차별화에 성공했다.

청소용 로봇은 '청소 대상의 확장'과 '기존 기능의 고도화'라는 두 가지 방향으로 진화가 거듭되고 있다. 청소 대상의 확장은 창문에 붙어 떨어지지 않고 유리창을 청소하는 로봇, 수영장의 물속에 들어가 이끼와 부유물을 제거하는 로봇, 벽면과 천장을 타고 다니며 곰팡이와 거미줄 등 이물질을 제거하는 로봇, 막힌 하수구에 들어가 이물질을 제거해 청소하는 소형 로봇, 호텔의 룸 등에서 강력한 자외선을 사용해 살균 청소를 하는 살균 로봇 등이 해당된다. 청소의 일종인 살균 로봇의 경우, 살균 방식에도 자외선(UV)살균과 플라즈마살균, 필터살균, 수산화이온

ⓒ Created by AI

살균 등 여러 방식이 있으므로 대상과 목적에 맞게 구성하여 맞춤형으로 구현하는 것이 핵심이라 하겠다.

청소 로봇은 용도에 따라 기능 고도화가 활발히 이루어지고 있다. 기존의 소형 로봇청소기의 개념에서 벗어나 공항과 역사와 같은 공공장소에서 쓰일 수 있도록 먼지 청소와 광택 작업을 함께 하는 중대형 로봇, 거리에서 청소부를 대신해 담배꽁초와 쓰레기를 치우는 거리청소로봇(차), 공원의 잔디밭 위에서 휴지와 같은 이물질만 걸러내는 로봇 등이 해당된다.

기존 로봇청소기의 기능 다양화는 로봇청소기의 크기와 기본 기능은 유지하되 트렌드와 수요에 맞추어 새로운 기능을 추가하는 것으로 먼지통 비움, 물걸레(습식) 청소, 알러지 케어, 살균, 공기청정 등의 부가기능을 제공하는 것이다. 몇 가지의 기능을 선제적으로 선보이고 가격 인상 요인을 억제하는 로봇청소기들이 레드오션의 시장에서도 선도적 사업자로 고객의 인정을 받아가고 있다.

웨어러블 로봇

의료 재활 목적의 전문 로봇과 달리, 일상생활과 작업 현장에서 사용되는 '보조형 웨어러블 로봇' 시장 역시 주목할 만한 성장세를 보이고 있다. 신체 능력의 한계를 느끼는 노동자들에게는 근력 증강과 작업 효율성 향상을, 노약자와 여성들에게는 젊은 남성 못지않은 활력과 힘을, 일부 장애를 갖고 있거나 근골격계 질환으로 일상의 어려움을 겪는 이들에게는 일상적인 활동을 가능하게 해 주는 웨어러블 로봇은 단일 목적의 의료기기를 넘어, 다양한 사용자층의 니즈를 반영한 다기능 제품군으로 진화 중이며, 그 형태와 적용 분야 또한 지속적으로 확장되고 있다.

일본의 로봇 기업 사이버다인(CyberDyne)은 근위축증 환자의 보행 재활을 지원하기 위해 개발한 외골격 로봇 할(HAL: Hybrid Assistive Limb)을 개발, 상용화하면서 세계인들의 주목을 받았다. 최초 의료 재활의 목적으로 개발됐던 할(HAL)은 곧 노동자들의 작업 부담을 줄이기 위한 용도로도 개량되어 시험에 들어갔다. 할의 착용으로 허리에 집중되는 부담이 경감된 노동자들은 만성적으로 겪던 허리 통증이 사라지고 피로도도 감소했으며 그 결과 하루에 처리할 수 있는 작업량이 1.5배 증가했다고 한다.

인간이 가진 신체적·인지적·사회적 능력에 첨단 기술을 결합하여 능력을 확장시키는 '인간 증강(Human Augmentation)' 기술은, 웨어러블 로봇의 핵심적인 개념적 기반이기도 하다. 인간의 삶을 개선하고 자신감을 불어넣어 준다는 측면에서 그 어떤 로봇 기술보다 중요하고 직접적이고 체감 가능한 도움을 제공하는 분야로 평가된다.

웨어러블 로봇은 사용 목적과 기능 작동 방식에 따라 다음과 같이 분류할 수 있다.

① 노약자와 장애인의 보행과 활동 보조
② 근로자의 근력 지원과 부상 방지
③ 일반인의 근피로도 감소와 부상을 예방하는 레저 및 스포츠용

그리고 구체적인 기능의 작동면에서는 전원 공급의 유무에 따라 다시 무동력으로 가동 가능한 패시브(Passive)형과 동력으로 움직이는 액티브(Active)형으로 나눠볼 수 있다.

패시브형 웨어러블 로봇은 고탄력 고무 밴드나 스프링, 철재 골격 구조만으로 근피로도를 줄이고 근력을 보조할 수 있다. 이러한 장치가 과연 로봇이라 부를 수 있는 가에 대한 논란은 있으나, 이미 많은 자동차 공장 등 생산 현장에서 장시간 팔을 들고 작업을 하거나 쪼그려 앉아 작업해야 하는 근로자들에게 큰 도움을 주고 있다. 패시브형 웨어러블 로봇은 비록 동력원으로 움직이는 액티브형에 비해 힘은 약할 수 있지만, 저렴하게 보급이 가능하고 오작동이 없어 안전하다는 측면에서 장점을 가지고 있다. 현대기아차에서 개발해 조립 라인에서 쓰고 있는

ⓒ Created by AI

어깨 착용 패시브형 웨어러블 로봇 엑스블숄더(X-ble Shoulder)는 관절에 가해지는 부하를 60%까지 줄이고 근육 활성도를 30%까지 낮출 수 있는 것으로 알려져 있다.

오랫동안 웨어러블 로봇은 고령층의 노약자나 장애인의 재활과 이동을 보조하는 역할로 많이 인식되어 왔다. 그러나 중증의 장애로 걷지 못하는 사람을 걷게 만드는 웨어러블 로봇은 꽤 매력적인 시장으로 보이지만 아직까지는 구현의 어려움과 완성도에 비해 지나치게 높은 가격 구조로 대중화되지 못하고 있다. 보편적인 웨어러블 로봇의 시장 창출은 레저 및 스포츠 용도에서 나타나고 있다. 운동과 레저를 즐기고 싶지만, 근력 부족과 부상의 우려, 피로감 때문에 장벽을 느끼는 현대인들이 많기 때문이기도 하다. 패시브형이든 액티브형이든 로봇 착용으로 적은 힘만으로 산의 정상까지 오르고 마라톤을 완주할 수 있으며 넓은 폭의 강을 수영해 건널 수 있다면 웨어러블 로봇에 대한 관심을 불러일으키기 충분하다. 미국의 로봇 회사 로암로보틱스(Roam Robotics)가 스키어들에게 최적화된 초보자와 고령자의 부상 방지용 웨어러블 로봇 엘리베이트스키엑소스켈레톤(Elevate Ski Exoskeleton)을 개발해 레저용 로봇으로의 판로를 개척해 나가고 있는 것이 좋은 본보기라 할 수 있다.

교육용 로봇

2017년, 홍콩의 로봇 기업 핸슨로보틱스(Hanson Robotics)는 교육용 로봇 '아인슈타인 교수(Professor Einstein)'의 시판을 공식 발표했다. 그 이전 인간과 닮은 휴머노이드 로봇, 소피아(Sophia Robot)를 발표해 주목받았던 핸슨로보틱스가 상용 로봇으로는 처음으로 37cm 크기에 아인슈타인을 빼닮은 외형의 로봇을 출시한 것이다. 가슴 부위에 카메라를 장착해 사용자의 얼굴을 따라가며 눈을 맞추고 질문에 음성으로 답변을 하며 대화를 통해 게임과 교육을 할 수 있는 인터랙티브 구조를 갖추었다. 하지만 아인슈타인 로봇이 대답할 수 있는 질문의 내용은 제한적이었고 교육 콘텐츠도 미비해 기대만큼 성공을 거두지는 못했다. 몇 년 전 교육용으로의 활용이 기대돼 열풍이 불었다 열기가 식었던 AI 스피커들의 운명도 아인슈타인 로봇과 별반 다르지 않다.

그러나 최근 2~3년 사이, 인공지능(AI) 기술의 획기적인 발전으로 인해 상황은 크게 달라졌다. 과거 '아인슈타인 로봇'이나 초기 AI 스피커들이 실패했던 가장 큰 원인이었던 '제한된 응답 능력'과 '낮은 정확도', '느린 반응 속도' 등이 기술적으로 극복되고 있는 것이다. 클라우드 컴퓨팅과 머신러닝 기반의 인공지능으로 인해 인간의 질문에 대답할 수 있는 로봇의 대답은 그 범위가 무한대로 늘어났고 정확성 또한 높은 수준으로 올라섰으며 반응 속도 또한 빨라졌다. 세계 각국의 말로 실시간 대화가 가능하고 축적된 학습 지식으로 무엇이든 가르치고 설명할 수 있게 됐다.

4차 산업혁명 시대에 가장 주목받는 융합 교육 분야는 단연 STEM이다. STEM은 과학(Science), 기술(Technology), 공학(Engineering), 수학(Mathematics)의 약자로 STEM에 대한 중요성이 높아지면서 교육용 로봇과 그것을 통한 STEM 교육에 관한 관심과 수요 역시 증가하고 있다. 이전까지의 교육용 로봇이 13세 이하의 아이들이 갖고 놀기 좋은 놀이형 완구 수준에 머물렀다면 코딩 로봇의 등장처럼 앞으로의 로봇은 깊이 있는 STEM 이론 교육은 물론이고 실습까지 제공하면서 성취도를 측정할 수 있는 고난도의 목적을 달성할 수 있을 것으로 보이기 때문이다.

교육용 로봇의 성공 여부는 단순한 기술 성능만이 아니라, TPO에 적합한 외형과 UI/UX, 그리고 무엇보다 사용자 수준에 기반한 맞춤형 학습 콘텐츠 제공 능력에 달려 있다. 인공지능(AI)의 발달로 몇 가지의 테스트를 통해 사용자의 강점과 취약점을 파악할 수 있게 되었고 사용자의 취약점을 중점적으로 강화시킬 수 있는 프로그램을 다시 설정해 단계적인 학습 성장이 가능하게 되었다.

온라인 기반의 교육 콘텐츠가 빠르게 발전하고 있음에도 불구하고, 물리적인 형태의 로봇이 필요한 이유는 효과적인 교수법 실현에 로봇의 형태와 기능이 실질적인 도움이 됨은 물론이고 텍스트, 음성, 영상을 넘어선 오감의 교육이 가능하기 때문이다. 인간과 유사한 외모를 가진 실리콘 소재 피부의 로봇은 섬세한 표정 변화와 동작으로 평면적인 온라인 교육이 할 수 없는 표정 관리와 대화 습관을 개선하는 교육에 투입될 수 있다. 또 로봇과 두 눈을 마주치며 진행하는 대면 교육은 어린 학생들에게는 정서적 교감과 집중도를 달리할 수 있는 순기능을 제공해 준다.

교육용 로봇은 로봇이 사람을 대신해 직접 강의하거나 티칭(teaching)하는 역할을 수행하는 경우뿐만 아니라, 레고(LEGO)의 마인드스톰(Mindstorm)과 같이 로봇을 만들고 프로그래밍까지 할 수 있는 로봇 솔루션 제공을 통해 STEM 교육을 완성하는 것까지를 포함한다. 레고는 모터와 각종 센서, 제어기 등을 결합해 다양한 로봇 모델을 쉽게 만들 수 있도록 부속품을 제공하고 프로그래밍(코딩) 연습을 할 수 있는 솔루션을 제공함으로써 다양한 학습자의 STEM 능력과 활용 지수를 높이고 있다.

교육용 로봇은 성인들을 대상으로 한 자가 교육에서도 효과를 발휘할 수 있다. 특히 외국어 학습과 같이 상대가 필요한 학습의 경우 인

ⓒ Created by AI

공지능 솔루션으로 특화된 언어 학습 전용 로봇이 등장한다면 서로 대화를 나누며 발음 교정과 콘텐츠 확장까지 일석이조의 교육 효과를 거둘 수 있다.

반려동물케어 로봇

전 세계적으로 인구는 감소하는 반면, 1인 가구는 꾸준히 증가하고 있다. 이러한 사회 구조의 변화 속에서 개, 고양이 등을 반려동물로 키우는 사람은 늘어나며 반려동물 시장이 커지고 있다. 하지만 바쁜 현대인들이 반려동물을 돌볼 시간이 부족함에 따라 이 분야에서도 로봇의 도움이 필요하게 됐다. 반려동물 때문에 외출이나 여행을 망설이던 시대는 로봇이 등장하면서 사라질 것으로 전망된다. 로봇이 개 또는 고양이와 놀아주고 식사와 간식을 챙겨주며 원격지에 있는 주인과 영상으로 대화를 할 수 있게 해 줌에 따라 주인은 며칠씩 여행 가더라도 개와 고양이를 걱정하지 않을 수 있다.

기존의 펫케어 로봇은 단순히 먹이를 챙겨주고 영상 통화로 관찰 정도만 하는 기능에 머물렀다. 그러나 최근에는 인공지능(AI)과의 결합으로 행동을 관찰하고 건강 상태까지 진단하면서 동물 병원의 데이터와 연동하는 플랫폼으로 진화되어 가고 있으며 데이터 관리를 통해 비즈니스의 영역이 점점 더 넓어지고 있다. 더 나아가, 반려동물의 성향을 파악한 후 그에 맞는 놀이와 교육을 제공하는 등 반려동물의 정서까지 고려하는 복합적인 서비스를 포함하기도 한다.

반려동물 케어 로봇에 대한 사용자의 니즈는 매우 다양하며, 그 복잡성과 섬세함은 '육아'에 비견될 정도로 까다로운 요구 사항을 동반하는 분야다. 아주 기본적인 생리 욕구인 식사만 정기적으로 제공하는 자동 급식기 형태에서부터 배변을 처리하고 놀이를 제공하는 로봇이 있는가 하면 영상 분석을 통해 반려동물의 성향과 상태를 파악해 원격지의 사용자에게 알려주는 고도의 지능을 가진 로봇에 이르기까지 그 기능 범위는 끊임없이 확장되고 있다. 이러한 흐름 속에서 반려동물 케어 로봇은 기본 기능을 제공하는 튼튼하고 단순한 구성의 저가 로봇이 있는 반면 놀이, 관찰, 건강 체크까지 케어의 모든 기능을 수행하는 고사양의 로봇으로 분류해 볼 수 있다.

최근 반려동물의 체성분을 분석하여 사람처럼 건강을 관리할 수 있도록 하는 솔루션을 개발한 기업이 대규모 투자를 유치하며 주목을 받았다. 반려동물도 이제는 가족과 같은 지위에 올라 과체중, 관절염, 심장병 등 세부적인 질병까지 체크할 수 있는 솔루션에 대한 니즈까지 생긴 것이다. 하지만 이처럼 고사양의 기능을 무리하게 하나의 로봇에 모두 탑재하여 가격을 상승시키고, 소비자로 하여금 구매를 망설이게 만드는 접근은 바람직하지 않다. 반려동물케어 로봇을 기획한다면 기능과 니즈를 세분화해 로봇을 기획, 개발, 출시하고 때로는 IoT 스마트홈 기기들처럼 서로 연동해 구매는 개별로 하더라도 시너지를 발생할 수 있는 시리즈로 구성한다면 단기 판매 이상의 '고객 락인(Lock-in)' 효과를 지닌 장기적인 플랫폼 비즈니스 모델로 발전시킬 수 있다.

로봇기업 바램시스템은 자동급식 로봇에 이어 '바램펫 피트니스'라는 로봇을 출시해 화제를 모았다. 바램펫 피트니스는 인공지능 기반의 행동 패턴을 학습한 후 16가지의 다양한 움직임과 주행 속도 조절로 반려동물의 관심을 끌며 놀아주는 기능을 탑재하고 있다. 로봇 내부에 간식을 넣어놓았다가 보상용으로 제공할 수 있어 주인이 없는 상황에서 반려동물을 운동시키고 그 운동량까지 빅데이터로 수집, 관리해 주는 기능까지 제공해 주고 있다. 피트니스 로봇은 펫시터 로봇 패디와 올인원 제품으로 구성되어 카메라를 통해 반려동물이 피트니스와 운동하는 모습을 원격지의 주인에게 제공해 줄 수도 있어 만족감을 증대시키기도 한다.

한국인 4명 중 1명이 반려동물과 살고 있다는 통계가 있다. 그만큼 수요도 크고 공급되는 케어 솔루션도 넘쳐나고 있는 곳이 반려동물 시장이다. 반려동물을 대상으로 한 로봇을 기획한다면 자칫 유사한 상품들의 홍수 속에 묻히기 쉬우므로 기존 상품과의 차별화 포인트를 확실

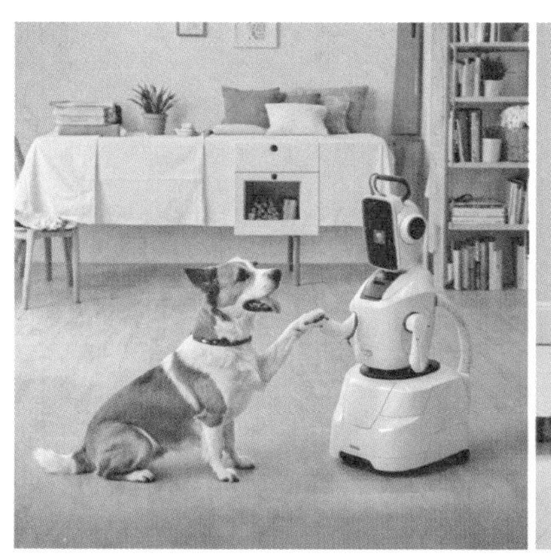

© Created by AI

하게 도출해야 한다. 단순한 자동 사료 제공 정도의 기능을 넘어 반려동물의 성향을 파악해 놀아주거나 교육을 시키는 로봇일 경우, 단순히 개와 고양이로만 분류하는 것이 아니라 품종에 따라 다른 크기와 습성, 지능 수준 등을 반영한 맞춤형 놀이와 교육을 프로그래밍하고 홍보하는 것도 반려동물을 키우는 타깃 소비자의 선택을 유도할 수 있는 강력한 차별화 요소가 된다.

시니어케어 로봇

저출산, 고령화, 1인 가구 증가의 트렌드에 따라 반려동물 케어 시장만큼 커지고 있는 시장이 고령자들의 건강과 생활, 안전을 돕는 시니어케어 시장이라고 할 수 있다.

2050년이 되면 전 세계 인구 5명 중 1명이 60세 이상이 될 것이라는 통계는, 인류가 고령사회에서 초고령사회로 빠르게 진입하고 있음을 보여준다. 출산율은 급감하는 반면, 의료기술의 발달로 고령화가 심화됨에 따라 고연령층인 시니어들에 대한 건강과 생활 지원 솔루션들에 사회적 관심이 집중되고 있다. 시니어들은 늘어가는데 시니어케어에 투입되어야 할 노동 인구는 줄어들고 있으므로 자연스럽게 그 자리를 돌봄 기능이 탑재된 로봇이 대신할 것으로 예측된다.

이스라엘의 인튜이션로보틱스(Intuition Robotics)는 시니어케어 로봇 '엘리큐(ElliQ)'를 통해 고령자 돌봄 시장에서 주목받는 기업으로 떠올랐다. 2025년에는 3세대 엘리큐와 함께 원격으로 관리와 모니터링을 하는 케어기버앱(Caregiver App.)을 새롭게 출시하기도 했다. 테이블 위에 설치하는 3세대 시니어케어 로봇 엘리큐의 특징은 생성형 AI 기능을 탑재해 풍부한 콘텐츠로 시니어에게 맞는 맞춤형 서비스를 제공하는 것이었다. 케어기버앱은 가족이나 요양사와의 소통을 통해 돌봄 관계자들의 스트레스까지 줄여주는 기능으로 업그레이드됐다. 앱을 통해 보호자들은 원격지에서 AI 로봇을 통해 확보된 시니어의 건강 이상 유무나 일과를 실시간 보고 받음으로써 시니어와 독립된 생활이 가능해졌다. 엘리큐의 사례와 같이 시니어케어 로봇은 이제 AI와 네트워크 결합으로 시니어뿐 아니라 가족과 사회와의 연결 고리로도 확장되고 있다.

시니어케어 로봇은 기능과 용도에 따라 크게 두 가지 유형으로 분류할 수 있다. 첫째는, 사람과 유사한 형상으로 비서처럼 챙겨주고 대화상대가 되어 주는 로봇과 둘째는, 로봇체어처럼 탑승 또는 몸을 의지해 이동이나 외출을 도와주는 로봇으로 구분지을 수 있다. 전자가 인공지능 등으로 고도화되어 가족 같은 정서와 유대감을 형성해 주는 콘텐츠형 솔루션이라면 후자는 물리적인 로봇의 힘과 기능에 의해 일상생활을 돕는 활동 보조형 솔루션이라 할 수 있다.

사람과 유사한 형상과 기능으로 시니어들과 주로 대화를 통해 만족감을 주고자 하는 로봇의 경우, 취약해지기 쉬운 시니어들의 건강 관리, 특히 정신 건강을 챙기고 치유하는 프로그램에 각별한 주의를 기울여 개발되고 있다. 치매 예방 프로그램과 같이 정신 건강 개선과 유지, 우울증 예방 등에 목적을 둔 AI 상담, 교육 영상 제공, 신체 활동 가이드 등이 함께 제공되는 것이다.

현대 고령사회에서 시니어들은 노년의 삶을 혼자 살아가며 우울증과 무료함을 느끼는 경우가 많아지고 있다. 게다가 수명이 길어질수록 치매와 같은 인지 저하 질환에 노출될 가능성 또한 높은 비율을 보인다. 우울증 극복과 치매 예방 등을 위해서는 지속적인 대화와 위로를 받아야 하는데 그 역할을 로봇, 특히 인공지능(AI)과 결합한 로봇이 가족과

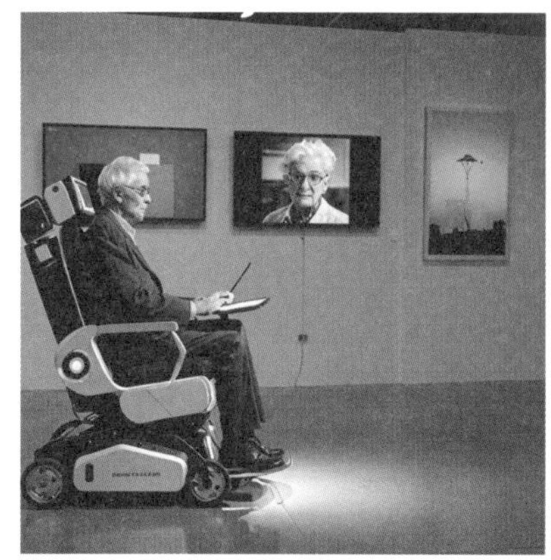
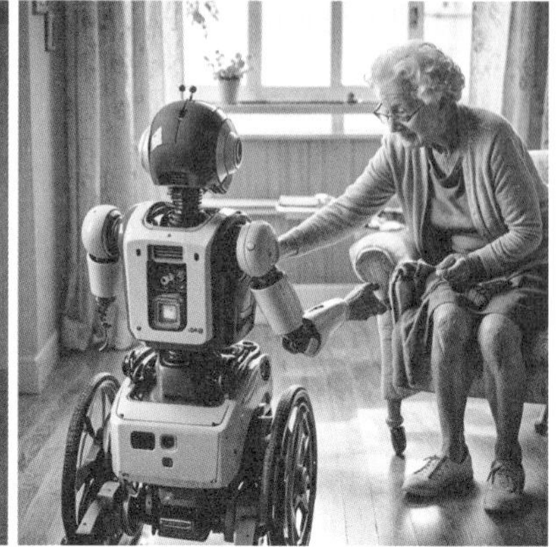

ⓒ Created by AI

친구 역할을 일부 대신할 수 있다. 로봇은 작은 아이 또는 동물 모양의 인형이 될 수도 있고 테이블 위의 조명 형태가 될 수도 있으며 사람처럼 고개를 돌려 눈을 맞추는 휴머노이드 형태가 될 수도 있다. 다만 이런 종류의 로봇을 기획함에서는 시니어들의 특수성과 예기치 못할 시나리오들을 잘 반영해야 할 필요성이 있다.

최근 시니어의 이동성과 휴대성을 고려해 인형 형태로 출시한 시니어케어 로봇이 시장에 등장했으나, 실제 사용자 환경에서는 기대와 다른 결과를 초래한 사례가 있다. 조사에 따르면, 해당 제품은 사용자가 충전을 제때 하지 못해 작동이 중단되거나 장기간 방치되는 사례가 빈번히 발생했고, 결국 로봇은 집 안의 구석에 방치되는 '무용지물'로 전락하는 경우가 많았다. 특히 고령자는 신체적 제약뿐만 아니라 디지털 습관이나 기억력, 충전·배터리 관리에 대한 지속적인 동기 유지가 어렵기 때문에, 제품 기획 시 '사용 지속성 보장'이 핵심 설계 요건이 되어야 한다.

시니어 로봇의 한 축으로는 활동 보조형 로봇도 존재하고 있다. 아직 로봇의 형태로 시장이 형성되고 있지는 않지만, 신체 능력 저하와 관절, 근육의 문제로 일상적인 보행조차 힘들고 그로 인한 낙상 사고, 건강 악화가 우려되므로 이동을 보조하거나 재활을 돕는 로봇의 니즈 역시 꾸준히 증가할 것으로 예상된다.

가드닝 로봇

국내에서는 그리 큰 시장이 활성화되어 있지 않지만 가드닝 로봇은 미국과 유럽에서는 이미 상당한 시장 규모를 갖고 있으며 코로나19 팬데믹 이후 산업 규모가 더욱 커지고 있다.

미국과 유럽에서 실외 정원 로봇으로 인기를 누리고 있는 주인공은 마당에서 쓰이는 잔디 깎기 로봇 '로봇모어(Robotic Lawn Mower)'다. 시장 조사 기업 아리즈톤(Arizton)에 의하면 유럽에만 이미 2022년 205만 대의 로봇모어가 공급되어 있으며 2027년에는 76.6% 성장한 362만 대가 공급될 것으로 전망되고 있다. 국내 가정의 실내에 로봇 청소기가 있다면 미국과 유럽의 마당 잔디밭에는 로봇 모어가 있는 셈이다.

전통적인 마당 가꾸기를 넘어서, '반려식물'을 중심으로 한 실내 가드닝 개념도 새로운 도시 라이프스타일로 자리 잡으며 관련 산업이 빠르게 성장하고 있다. 또한 웰빙 트렌드에 맞추어 실내에서 엽채류 등 식용 식물을 실내에서 직접 재배해 섭취하는 '홈 파밍(Home Farming)'까지 가드닝 산업의 영역이 확장되어 가고 있다. 여기서는 식물 재배기라 불리는 실내 가드닝 로봇의 출현이 한몫하고 있다. 식물 재배기는 자동으로 환경을 판단한 후 빛과 물 공급을 조절해 식용 식물을 생산하는 것으로 실내 공기질 개선, 인테리어 등의 효과까지 거둘 수 있어 점차 인기를 얻어가고 있다.

가드닝 로봇은 크게 실외용과 실내용으로 구분할 수 있다. 실외용 가드닝 로봇이라고 해서 가위손을 가진 휴머로이드 형태의 정원사를 떠올리는 것은 아직 이르다. 실외 가드닝의 가장 보편적인 서비스 로봇은 아직까지 잔디 깎기 로봇인 '로봇모어'다. 로봇모어는 가장 대중적인 모델이 1,000~1,800㎡ 규모의 정원을 관리할 수 있는 크기의 로봇인데 긴 풀을 깎는 것은 아니고 잘 가꾸어진 정원을 수시로 왔다 갔다 하며 조금씩 올라오는 잔디를 깎아내는 기능이 갖추고 있다. 구현 방식은 정원의 가장자리에 전기가 통하는 선을 바닥에 묻어 이동 경계를 구분짓는 와이어 방식과 별도의 선이 필요 없이 센서와 GPS를 이용해 경로를 설정하는 와이어리스 방식이 있다. 로봇청소기처럼 충전이 필요할 때마다 충전 스테이션으로 돌아와 휴식과 충전을 하도록 구현된다. 최근에는 사람이 타고 운전하며 잔디를 깎던 엔진 장착의 제로턴모어(Zero turn Mower)가 전동화되면서 자율주행 기능을 탑재한 제로턴모어 로봇도 출시되고 있다.

로봇모어만큼 대중화되지는 않았지만, 실외 정원 로봇으로는 카메라를 이용해 사전 저장된 데이터베이스의 잡초와 식물을 구분한 후 잡초만 골라 칼날이나 레이저, 태양광 등을 이용해 제거하는 잡초제거 로봇(Weeding Robot)이 있으며 토양에 습도 측정 센서를 설치해 필요할 때만 물을 뿌려주는 관수 로봇, 정원을 돌아다니며 낙엽과 가지, 쓰레기를 청소하는 정원 청소 로봇, 공중을 떠다니며 특정 구역에 씨앗이나 비료를 제공하는 정원 드론봇, 여러 기능을 함께 수행하는 멀티태스킹 로봇 등도 가드닝 로봇으로 주목받고 있다.

최근에는 실내 가드닝 로봇 장르로 자동 조명과 급수, 온습도 조절 장치를 갖추고 엽채류의 취식 가능한 친환경 식물을 재배하는 실내 미니 농장 로봇(Home Mini Farm Robot)이 등장에 인기를 얻고 있다. 대형 가전 브랜드와 스타트업 모두에서 다양한 형태와 크기, 기능의 도전적

ⓒ Created by AI

인 제품을 앞다투어 내놓고 있는 분야이기도 하며 친환경 식재료 조달 트렌드와 인테리어 목적이 맞아떨어져 성장 가능성이 커질 것으로 기대된다.

최근 색다르고 재미있는 로봇 아이템으로 주목받고 있는 제품 중 하나는, 반려식물의 생육을 책임지면서 의인화를 통해 대화까지 가능하게 하는 스마트 화분(Smart Planter)이다. 화분 안에 온습도 센서, 토양 상태 측정 센서 등을 장착하고 외부에 마이크와 스피커를 달아 물이 부족하면 스피커를 통해 말을 하거나 스마트폰 앱으로 알람 신호를 전달하는 기능을 제공한다. 이런 종류의 로봇은 인공지능 AI스피커와의 결합을 통해 실제 식물이 살아있는 것과 같은 느낌을 주는 형태로 고도화되면서 반려식물로서의 기능을 더욱 충실하게 구현할 것으로 기대해 볼 수 있어 유망하다 하겠다.

휘트니스 로봇

2015년 미국에서 설립된 회사 토날(Tonal)은 2018년, 새로운 개념의 홈트레이닝 기기를 내놓았다. 이 제품은 커다란 벽걸이형 터치스크린 디스플레이에 양쪽으로 뻗어 나온 두 개의 로봇팔 형태의 운동 보조 장치를 결합한 간결한 구성을 가지고 있다. 외형은 미니멀하지만, 기존의 무게 기반 홈트레이닝 기기들 이상의 운동 경험을 제공한다.

토날은 무거운 무게 추를 올려놓을 필요 없이 전자기적 저항으로 부하를 부과해 상체와 하체의 다양한 근력 운동을 돕는다. 따라서 무게 추를 달아놓은 공간과 그것을 작동시킬 육중한 기계는 필요 없다. 커다란 디스플레이에서는 카메라로 촬영한 운동자의 모습을 보여주면서 운동 자세 모니터링과 코칭까지 제공하고 음악과 함께 따라할 수 있는 에어로빅, 바디펌프 같은 프로그램을 보여준다. 물론 사용자의 신체 사이즈, 운동 능력과 매일매일의 트레이닝 내용을 데이터로 축적해 향상 정도를 보여주는 기능까지 제공한다. 토날은 테니스 선수 세레나 윌리엄스, NBA 선수 스테판 커리 등과 협업을 통해 브랜드 인지도와 신뢰도를 강화했으며, 이는 실제 소비자 반응에서 높은 효과를 발휘하고 있다.

기초적인 생계 문제가 해결됨에 따라, 현대인들은 단순한 생존을 넘어 '건강하고 지속 가능한 삶'에 대한 관심을 더욱 집중하게 되었다. 이와 함께 시간 부족, 고비용, 대면 코칭에 대한 부담 등 다양한 현실적 이유로 '홈트레이닝'은 빠르게 보편화되고 있는 생활 패턴 중 하나로 자리잡고 있다. 토날이 단순한 운동기구처럼 보이지만 사람처럼 머리가 달리고 바퀴나 다리로 움직여야만 로봇이라는 선입견은 거둘 필요가 있다. 토날도 인간을 돕는 로봇의 일종이며 로봇은 이처럼 다양한 형태와 기능으로 만들어지고 보급될 수 있는 것이다. 사람보다 더 편안하고 똑똑하게 나의 신체 능력과 운동 일정을 파악하고 지도해주는 가정용 휘트니스 로봇의 발현은 당연한 수순이며 확장될 수밖에 없는 영역이다.

벽걸이형 휘트니스 로봇의 일종인 토날(Tonal)은 코로나19 팬데믹

ⓒ Created by AI

의 영향과 홈트레이닝의 선호도 상승으로 인해 더 큰 성공을 거두었다. 2025년에는 인공지능(AI)을 도입해 사용자 분석과 추천 프로그램 운용을 정밀하게 제공하는 '토날(Tonal) 2'도 출시해 기대를 모으고 있다.

토날처럼 휘트니스 장치와 결합한 디스플레이(거울)형 홈트레이닝 솔루션들이 속속 등장하면서 시장을 넓혀 가고 있다. 이러한 로봇은 단순히 하중을 부과해 근육을 단련시키거나 실내 런닝과 스피닝 머신처럼 신체의 특정 기능 향상에만 초점을 맞춘 기기들이 아니다. 인공지능 솔루션을 도입해 사용자를 인식하고 사용자의 운동량을 측정하며 사용자에 맞는 프로그램을 제공한다. 값비싼 퍼스널트레이닝(PT)을 받지 않아도, 코치와 시간과 공간 약속을 따로 잡지 않아도 집 안에서 나를 가장 잘 아는 로봇 코치와 나의 몸에 맞는 운동을 언제든 할 수 있는 것이다.

인공지능과 IoT 연동 기술의 발달로 굳이 하나의 로봇기기 안에 모든 기능을 다 갖출 필요도 없다. 각기 다른 여러 머신의 제어권과 데이터를 로봇이 통제하고 관리하며 종합적인 건강 관리가 가능하도록 구현할 수도 있다. 나만의 운동 코치라 할 수 있는 로봇 브레인의 형태는 러닝머신, 스피닝머신, 웨이트머신과 연결된 거울형 디스플레이가 될 수도 있고 패드와 스마트폰의 앱 형태로 만들어지기도 한다. 나아가 스마트워치와 연동하거나 스마트워치 자체가 트레이닝 로봇이 될 수도 있다.

현대의 휘트니스 로봇은 개인의 트레이닝을 건강 지표들과 함께 통합 관리하는 것에 초점이 맞추어 개발되고 있다. 로봇기기가 스마트워치와 스마트폰의 앱을 통해 수집된 데이터, 트레이닝 머신을 통해 측정된 정보를 하나로 묶어 관리하며 그에 대한 운동 처방을 내린다. 또한 사용자 분석 후 맞춤형 프로그램을 영상과 그림으로 제공하며 진도 관리도 제공한다. 로봇이 스마트워치에서 제공하는 심전도, 심박수 등의 바이탈 사인을 수집해 사용자의 컨디션에 따라 운동량을 조절하고 때에 따라서는 휴식과 병원 진료를 권고하며 균형 잡힌 식단과 영양제를 권유하는 형식의 토탈 콘텐츠 제공도 함께 이루어 가고 있다.

마사지 로봇

인간의 건강을 유지, 관리해 주는 것이 생활형 로봇의 주요 기능으로 부상하고 있는 가운데 '안마 기능'을 수행하는 로봇 역시 점차 각 가정의 필수 품목으로 자리 잡아 가고 있다. 로봇청소기만이 대중적으로 보급된 유일한 로봇이라고 생각하는 사람들이 많지만, 인간의 손길을 대신해 뭉친 근육을 풀어주고 허리, 목 디스크로 고통받는 사람들의 치료를 돕는 마사지 기기들 역시 로봇의 일종이며 로봇청소기의 뒤를 이어 각 가정에 활발하게 보급되고 있다.

마사지 로봇은 과거 단순히 근육의 긴장을 풀어주는 집 안의 소품 같은 의미로 인식되었었지만, 최근에는 첨단 기술이 적용되면서 헬스케어 카테고리의 첨단 디바이스로 세계인의 주목을 받고 있다. 앉아서 하는 체어형이든 누워서 하는 베드형이든 식품의약품안전처의 까다로운 기준을 통과해 의료기기 인증인 GMP(Good Manufacturing Practice) 승인을 받은 마사지 로봇들이 속속 등장해 헬스케어 기기로서의 위상을 강화해 가고 있다.

2017년 설립한 미국의 애스케이프(Aescape)는 인공지능(AI)과 로봇 기술이 결합한 개인 맞춤형 마사지 로봇을 선보이며 마사지 로봇에서의 새로운 지평을 열었다. 이 시스템은 3D 전신 스캐닝과 머신러닝을 활용해 사용자가 불편해하는 부위를 찾아낸 후 사용자 체형에 맞게 2개의 다축형 로봇팔로 마사지를 시작한다. 데이터베이스에는 병원의 마사지 치료사들의 지식과 노하우가 들어있으며 사용자의 몸에 최적화된 압력과 속도로 마사지를 제공한다. 고급 스파와 호텔, 또는 병원에서 받을 수 있었던 힐링과 통증 관리, 치료 목적의 마사지를 치료사의 도움 없이 집에서 받을 수 있는 날이 다가온 것이다.

마사지 로봇은 그 형태와 크기가 매우 다양하다. 의자와 침대형의 커다란 크기에 의료기기 수준의 기능을 갖춘 로봇이 있는가 하면 허리, 어깨, 목, 무릎, 종아리, 팔목 등에 특화되어 착용하거나 부착할 수 있는 휴대형 또는 웨어러블 형태의 로봇도 있다.

마사지 로봇의 마사지 방식도 천자 만별이다. ① 물리적인 압력 롤러에 의해 마사지하는 방식, ② 공기압을 이용해 마사지하는 방식, ③ 저주파 전기 자극을 이용해 통증 완화와 근육 치료를 돕는 방식, ④ 진동자의 떨림으로 지방을 분해하고 뭉친 근육을 풀어주는 방식, ⑤ 온열 기능을 이용해 국소 부위의 근육 긴장을 완화하는 방식 등 다양한 방식이 존재한다. 때로는 단독으로 때로는 여러 마사지 방식을 혼합해 종합적인 서비스를 제공하는 로봇으로도 분류해 볼 수 있다.

최근 상하이 과학기술대학교 연구진은 전통 중의학 기술을 사용해

ⓒ Created by AI

마사지를 제공할 수 있는 로봇 시스템을 개발했다고 발표했다. 이 로봇은 팜펀치(손바닥), 진동, 주무름, 손가락 기술 모듈로 구성되었으며 머신러닝 알고리즘에 의해 전문 마사지 치료사들의 데이터와 기술을 습득했다고 한다. 해당 로봇은 마사지를 중시하는 중의학 분야의 지식과 실무 종사자들과의 협업을 통해 전문적인 치료 기기로서의 위상을 정립한 것으로 관심을 끌고 있다. 중국 내에서는 전문 마사지 치료사의 수급 부족 현상이 지속되고 있어, 의료기관, 재활 병원, 고령자 시설 등을 중심으로 로봇 시스템 도입에 대한 수요가 급증하고 있는 상황이다.

우리 사회에서도 도수치료 또는 카이로프랙틱(Chiropractic)이라고 불리는 마사지 치료법이 광범위하게 사용되고 있으며, 그 과학적인 치료의 효과도 입증된 바 있다. 현재는 병의원에서 시행하는 치료와 가정에서 행하는 로봇 마사지의 경계가 명확하게 구분되어 있지만, 곧 병의원에서도 전문 마사지 로봇의 활용이 보편화될 것이며 그 데이터와 연계한 집 안에서의 로봇 마사지 또한 치료의 범위를 넘나드는 전문성을 가질 것으로 예상된다.

미국의 웰니스 테크 기업 테라바디(Therabody)에서는 빠르고 강한 진동을 이용해 근육을 자극하는 치료법으로 통증 완화와 혈액 순환 개선 등에 효과가 있는 소형의 마사지 디바이스 테라건(Theragun)을 출시해 주목을 받았다. 이 또한 스마트한 사용자 분석을 동반해 각광을 받고 있는 로봇 솔루션의 일종이라 할 수 있다.

건강 보조 로봇

'신이 모든 곳에 있을 수 없기에 어머니를 만들었다'는 말이 있다. 이 말을 로봇에 견주어보면 말해보면 '의사와 간호가 모든 가정에 있을 수 없기에 그들을 대신하는 다양한 형태의 헬스케어(건강 보조) 로봇이 만들어지고 있다'고 할 수 있다. 병원에는 의사를 도와 정밀 진단을 내리고 수술까지 집도하는 전문 의료 서비스 로봇이 있다. 집 안에는 뭉친 근육을 풀어주는 마사지 로봇, 거동이 불편한 시니어들의 활동을 돕는 시니어케어 로봇, 건강한 신체 단련을 돕는 휘트니스 로봇이 있기는 하지만, 특정 질병을 앓고 있는 환자, 시간이 없어 병원 방문을 자주 하지 못하는 만성 질환자들은 보다 전문적인 의료 서비스를 받을 수 있는 솔루션이 필요하다. 그것이 바로 기존의 가정 내 로봇들과 구분되는 헬스케어 솔루션으로서의 건강 보조 로봇이라 할 수 있다.

가정에서 활용되는 건강 보조 로봇은 주로 단기 질환자 및 만성질환자의 상태를 지속적으로 측정·모니터링하고, 복약 관리를 포함한 일상적 건강 유지 활동을 지원하는 데 목적이 있다. 의사의 원격 진료를 보조하고 병의원과의 커뮤니케이션을 연결하는 역할도 건강 보조 로봇의 영역이다. 예를 들어 당뇨 환자의 경우 매일 자가 혈당 측정과 약물 투여, 인슐린 주사가 필요한데, 최근 등장하고 있는 혈당 관리 로봇이 큰 도움이 될 수 있다. 피를 뽑지 않아도 혈당 측정(비침습형 혈당 측정)

이 가능한 센서를 가진 로봇이 환자의 손을 잡는 것만으로 혈당을 측정(또는 IoT 연동이 된 팔목형 밴드 데이터 수집)해 이상 유무를 기록하고 병원으로 데이터를 전송하며 환자 본인에게는 경고와 함께 생활 습관 가이드를 바로 잡아주는 일들이 가능해지고 있다.

건강 보조 로봇은 특정 질환 관련 지표를 측정, 데이터를 만들어 관리를 해 주는 ① 진단 영역의 로봇과 약 디스펜서 같은 물리적 기능을 갖추고 식사 조절 및 복약 알림 등 건강 개선을 위해 도움을 주는 ② 관리 영역의 로봇으로 구분할 수 있다.

앞서 언급한 당뇨의 경우, 우리나라의 30세 이상 성인 7명 중 1명(13.8%, 600만 명)이 당뇨병을 앓고 있다고 한다. 최근에는 피를 뽑지 않고도 땀 속의 포도당을 측정하거나 열로 혈류량의 변화를 측정해 혈당을 측정하는 기술이 개발되고 있으며 인슐린 주사 역시 약으로 복용하거나 붙이는 패치 방식의 약물도 개발이 진행되고 있어 로봇 구현을 용이하게 하고 있다.

피를 뽑고 주사를 놓는 기존의 방식이라 하더라도 사람이 혈당 관리 로봇에게 손만 내밀면 로봇이 자동으로 사용자를 인식해 통증 없는 바늘로 혈액을 채취한 후 바로 혈당 결과를 산출해 사용자와 병원에 알린다. 또 필요하면 바로 적정량의 인슐린 투여량을 계산해 로봇이 바로 주사를 놓을 수 있다. 당뇨의 예처럼 경과 관찰이 필요한 모든 질환과 질병을 측정하고 관리하는 로봇의 구현이 가능하며 상용화가 절실히 필요한 시대로 접어들고 있다.

복약 관리 로봇은 매일 약을 복용해야 하는 사람들을 위해, 정해진 시간에 정확한 약을 제공하고 복용 여부를 모니터링하는 기능을 갖춘 대표적인 생활형 헬스케어 로봇이다. 미국에서는 프리아(Pria)라는 약 디

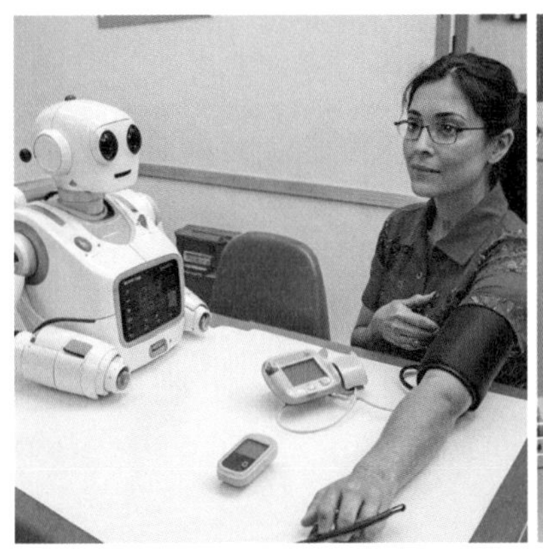

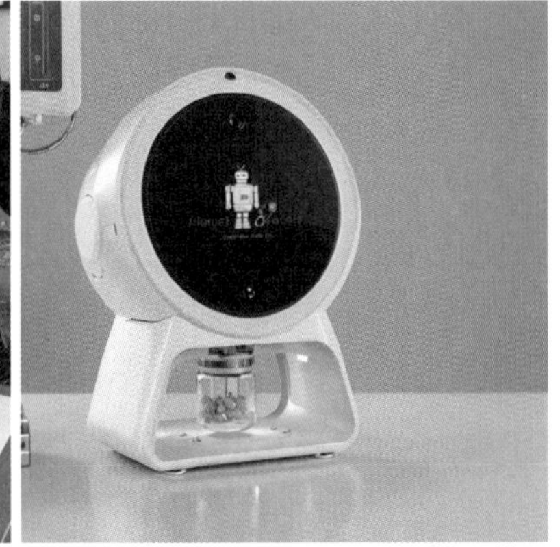

ⓒ Created by AI

스펜서 로봇이 만들어져 보급되고 있다. 우리나라의 65세 이상 시니어들의 하루 복용 약물 개수가 평균 5.3알에 달하는 것으로 알려져 있으며, 고령화 사회에서 복약 관리 로봇은 치매, 시력 저하, 기억력 감퇴 등 다양한 문제를 보완하는 스마트 헬스케어 장비로 그 역할이 더욱 중요해질 것으로 보인다. 프리아는 한 번에 복용할 약을 수십 개의 칸으로 나뉜 후면부에 장착해 놓은 후 복용 시간이 되면 복용자를 호출하며 한 번 복용할 약을 컵 속에 떨어뜨려 준다. 약을 먹지 않으면 로봇이 재촉하며 약 복용 여부를 의사나 다른 보호자에게 알리는 기능까지 제공해 로봇으로 약 복용 문제를 말끔히 해결할 수 있게 해 준다.

반려 로봇

2025년 CES(Consumer Electrics Show)에서 화제를 한 몸에 받은 로봇이 있었다. 바로 중국의 가전사 TCL이 내놓은 헤이에이미(HEYAIME) 집사 로봇이다. 모터 구동의 두 바퀴로 이동하는 헤이에이미는 주인을 따라다니며 음성과 영상으로 정보를 주고 스마트홈 기술과 연계해 집안의 모든 가전을 통제한다. 또 인공지능(AI)을 이용해 사용자의 음성뿐 아니라 주변환경과 마음 상태까지 파악하고 그에 맞춰 음악을 재생하는 등 선제적인 서비스까지 제공한다.

1인 가구의 증가, 고령화의 사회 트렌드와 맞물려 반려 로봇이 뜨고 있다. 지금까지는 반려동물, 반려식물이 1인 가구 트렌드에 대응하는 주요 키워드로 등장했고 반려동물과 반려식물을 잘 키우기 위한 로봇이 소개되곤 했었다. 하지만 이제는 로봇 자체가 반려 동반자의 대상으로 리스트에 이름을 올리고 있다. 그것이 바로 반려 로봇이다.

외로움 극복과 정서적인 충족을 위해 반려동물과 반려식물을 키우고 싶어도 관리의 어려움과 함께 질병과 죽음 같은 문제로 인해 오히려 더 큰 상처를 받게 되는 경우가 있어 이를 꺼리는 사람들이 많이 있다. 로봇은 질병과 죽음으로부터 자유로우며 집 안의 IoT 디바이스들과 연결해 전등을 켜고 끄는 일부터 날씨와 뉴스를 알려주는 등 비서와 같은 서비스까지 제공해 줄 수 있다.

그동안은 정서적인 면에서 로봇이 실제 동물이나 사람과 나눌 수 있는 감정의 공유와 교류를 할 수 없다는 의견이 지배적이었다. 하지만 인공지능(AI)의 머신러닝을 통해 그 누구보다 나를 가장 잘 알고 이해하며 실제의 반려자보다 더 큰 유대와 정서적 교감까지 나눌 수 있는 대상으로서의 로봇들이 만들어지고 있다.

일본의 스타트업 뱅가드인더스트리즈(Vanguard Industries)는 가전사 카시오(CASIO)와 함께 2024년 털북숭이 반려로봇 모플린(Moflin)을 출시했다. 모플린은 팔과 다리가 달린 것도 아니었고 어찌 보면 털뭉치 같은 단순한 형태의 몸통만 지닐 뿐이었지만 철저하게 사용자와 교감하고 정서적인 안정감만을 주기 위해 만들어진 로봇의 역할을 충실히 수행했다. 모플린은 인간과의 물리적 상호작용과 감정 교류에 초점을 맞춰, '정서적 안정감'이라는 목적을 가장 순수한 형태로 실현하도록 설계된 감성 중심형 반려 로봇이다. 모플린은 현대의 반려 로봇이 반드시 사람과 같은 형상을 하고 똑똑하고 완성도 높은 서비스를 실질적으로 제공해야 한다는 선입견을 과감하게 깨뜨리는 시도이며 반려 로봇의 나아가야 할 방향에 대해 중요한 가이드를 제시하고 있다.

반려 로봇은 사용자의 감정 상태를 정확하게 인식, 반응하는 것이 중요하고 개인의 취향과 성격, 경험에 비추어 맞춤형의 소통을 제공하게 설계가 되어야 한다. 소통은 음성 대화로도 가능하지만 모플린의 사례에서와 같이 몸짓과 표정, 눈빛, 조명과 같은 비언어적 신호가 더 효과적일 때도 있다.

반려 로봇의 컨셉과 형태를 크게 두 가지로 나누어보면 ① 반려동물과 같은 형태로 스마트한 반려동물의 기능을 제공하는 것과 ② 사람과 유사한 형태로 동거하는 친구 또는 도우미 집사와 같은 기능을 제공하는 것으로 구분해 볼 수 있다.

첫 번째 동물 형태의 반려 로봇은 1999년 세계 최초로 출시된 반려용 강아지 로봇 '아이보(Aibo)'처럼 강아지, 고양이, 곰인형, 수달 같은

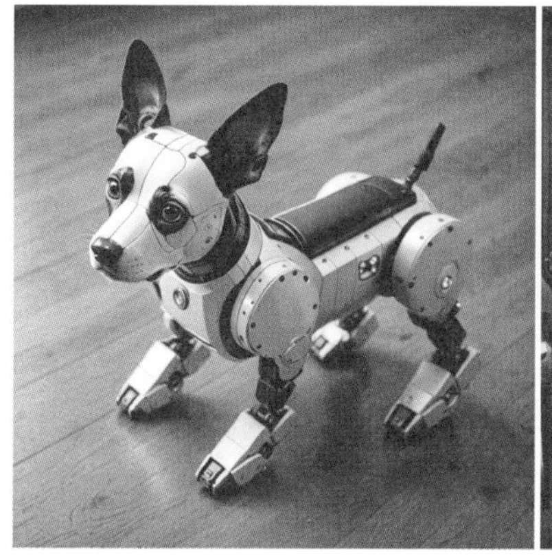

ⓒ Created by AI

동물을 소재로 동물과 최대한 유사한 움직임을 보임으로써 반려동물을 키울 때 얻을 수 있는 정서적 안정감을 느끼게 하는 로봇이며 두 번째 사람 또는 인형 형태의 반려 로봇은 사람과 같은 목소리로 대화를 하거나 노래를 불러주는 등 반려인과 같은 기능을 제공함으로써 외로움을 불식시키고 집 안에서의 유대감을 증진하는 역할을 한다. 향후 사람과 같은 형태의 반려 로봇은 청소, 요리, 육아를 돕는 등 기능적인 면에서도 진일보한 형태를 보일 것으로 기대되고 있다.

스트레스를 줄여주는 사이버 로봇

로봇이라고 해서 반드시 물리적인 형태나 기계적 도구를 갖출 필요는 없다. 인간을 대신해 인간에게 도움을 주는 것이 로봇이므로 로봇은 온라인상의 다양한 봇(Bot) 형태로 존재하며 서비스를 제공하는 것까지를 포함한다. 온라인에서 마치 인간처럼 가상의 인격을 갖추고 서비스를 제공하는 갖가지 형태의 봇을 사이버 로봇(Cyber Robot) 또는 소셜 로봇(Social Robot)이라고 부른다. 봇은 오프라인상의 로봇처럼 물리적인 구동체를 갖고 있지는 않지만 제공하는 가치와 서비스는 실존하는 로봇과 크게 다르지 않다.

이용자가 활동하는 공간마다 사용자와 음성 또는 텍스트로 커뮤니케이션할 수 있는 수단(Interface)들이 놓여 있고 사용자의 욕구를 충족시킬 수 있는 연동 기기와 솔루션이 존재한다면 로봇이라는 별도의 하드웨어는 굳이 필요 없는 분야들이 많이 있다. 그리고 그런 사이버 로봇의 적용 범위와 서비스는 점점 더 다양해지고 있으며 시장 규모 또한 확대되어가고 있다.

AI 고객센터(AI Contact Center)

AICC(AI Contact Center)는 인공지능(AI) 기술을 활용한 무인 고객 서비스 센터 시스템을 말하며 일종의 로봇고객센터라고 할 수 있다. AICC는 로봇화된 상담원이 음성 전화 응대는 물론이고 채팅과 이메일, 문자메시지, 소셜미디어 채널로 상담을 진행하고 고객이 요청하는 답변 결과를 송부하는 기능까지 포함한다.

상담 로봇이라고 할 수 있는 AICC의 강점은 365일 24시간 쉼 없이 서비스가 가능하고 개인화된 데이터베이스를 활용해 맞춤형 서비스를 제공할 수 있다는 데 있다. FAQ 응답, 고객 정보 조회 및 변경, 예약 관리, 주문 및 배송 상태 확인 등으로 커머스나 서비스 업종에서 도입하는 곳이 늘어나고 있다.

AICC는 자연어처리 기술(NLP)과 음성 인식 및 합성 기술이 고도로 발달함에 따라 사람이 구분하기가 어려울 정도의 완성도를 만들어가고 있을 뿐 아니라 방대한 데이터베이스와 시스템 연동을 통한 요청 사항에 대한 즉시 처리가 가능해 고객 만족도도 높아지고 있다.

미국 일리노이주 고용 서비스부는 코로나19 팬데믹 시기 320만 건에 달하는 실업급여 지급 요청이 쇄도하자 이에 대응하기 위해 AICC를 도입했다. 빠른 처리에 특화된 시나리오 제공으로 민원인의 99.9%가 적기에 실업급여를 수령할 수 있었다. 일리노이주의 사례는 특정 업무 하나만을 위해 로봇 상담원을 탄력적으로 배치해 효율성을 극대화한 경우로 인력 투입 시 불가능했던 상담원의 수와 리소스를 자유롭게 조절해 운용할 수 있는 장점이 있음을 잘 보여주고 있다.

AICC의 제공은 클라우드 기반의 AICC 플랫폼을 구축하고 다수의 개별 기업에게 공통으로 쓰일 모듈을 제공하는 ① 서비스형 모델과 특정 기업의 요청에 따라 특화된 서비스 시나리오와 콘텐츠를 만들어 공급하는 ② 구축형 모델로 구분된다.

기업의 입장에서는 고객 응대 조직을 효율화하고 고객 상담에 투입되는 인건비를 줄일 수 있으며 고객과의 강도 높은 커뮤니케이션으로 인한 스트레스에 시달리는 구성원들에게는 감정 노동의 양과 질을 획기적으로 개선해 줄 수 있어 호응이 높아지고 있다. 이런 특장점들로 인해 AICC의 활용 분야와 적용 기업의 카테고리는 지속해서 확장될 것으로 기대된다.

챗봇(ChatBot)

챗봇(ChatBot)을 글자 그대로 해석하면, '사람처럼 대화를 나눌 수 있는 사이버 공간상의 로봇'을 말한다. 챗봇이 고객 상담 센터에 활용되면 그것이 곧 AICC(AI Contact Center)이지만 여기서는 고객 상담 외 활용도가 높은 챗봇의 기능과 적용에 대해 분리하여 설명하기로 한다. 365일 24시간 대화가 가능하고 빠르게 원하는 답변을 얻을 수 있다는 장점은 AICC에서도 언급되었다. 그런 장점에 더하여 챗봇은 그 자체가 콘텐츠 서비스의 주체가 될 수 있다. 이는 챗봇이 단지 질문에 답하는 기능적 도구를 넘어서, 교육, 투자, 금융, 의료, 컨설팅 분야에서 빠르고 정확하게 방대한 양의 고급 정보를 제공해 줄 수 있음을 의미한다.

챗봇은 다양한 산업 분야에서 정보 전달의 매개체로 활용되며, 사용자의 특성에 맞춰 맞춤형 지식과 분석을 제공하는 역할을 수행할 수 있다. 예를 들어, 교육 분야에서 학생과 교수, 연구자들에게 필요한 정보를 제공해 학습을 도울 수 있고 투자자들에게는 의사결정을 돕는 기업 정보와 제반 뉴스를 공급할 수 있다. 일반인들에게도 어려운 금융과 의료 지식을 손쉽게 간추려 알기 쉽게 설명해 주고 긴급 상황에 대한 대처요령도 알려줄 수 있다. 일반 기업체에서는 높은 비용의 컨설팅을 받는 대신 챗봇을 이용해 궁금한 업계 현황 및 전망에 대한 리포트를 그때그때 받아볼 수 있다.

챗봇에 대한 대표적인 우려 중 하나는 잘못된 정보로 오류를 일으킨다면 인류에게 심각한 피해를 유발할 수 있다는 점이다. 그러나 인공지능(AI)의 급속한 발달로 제공 정보의 정확도와 유용성이 높아지면서 거스를 수 없는 대세로 자리를 잡아가고 있다. 챗봇을 활용해 특정 분야에 전문화된 서비스와 솔루션을 만들어낸다면 물리적인 로봇 시장보다 더 큰 성공을 거둘 수 있을 것으로 기대된다.

범죄/재난예방봇(SecurityBot)

공공의 안전은 동서고금을 막론하고 경제 발전과 국가 복지에 가장 중요한 요소로 꼽히고 있다. 공공 안전을 위해 각 국가에서는 정부 차원의 막대한 예산을 쏟아붓고 있지만 이와 별도로 다양한 목적과 사유로 기업과 개인들도 범죄와 재난 예방을 위한 비용을 지출하고 있다.

최근까지도 안전, 보안 시장은 인력을 활용한 노동집약적인 시장의 하나로 분류됐었다. 그러나 다양한 보안 기기와 로봇 등 솔루션이 개발되면서 사람에 의존하던 안전, 보안 산업 생태계에 지각 변동이 일어나고 있다. 코로나19 팬데믹 시기를 거치면서 재난이 지진, 해일, 태풍과 같은 자연재해에만 그치지 않는다는 것이 선명해졌고 비대면과 격리가 중요한 전염병 등의 재난에서는 비대인, 비대면 솔루션의 보급이 절실하다는 니즈로 이어지고 있다.

범죄와 재난 예방은 반드시 물리적인 로봇에 의존할 필요는 없다. CCTV, 감지센터, 보안게이트 등과 연동된 클라우드 기반의 서버 플랫폼만으로도 그 예방과 사후 조치를 위한 솔루션의 가동이 가능한 것으로 입증되고 있다. 로봇이 없어도 디지털 감시 장비와 연동된 인공지능의 인식, 판단, 추적 소프트웨어만으로 사전 감지와 예방 활동이 가능해진 것이다. 보이지 않는 인공지능 기반의 봇들이 안전한 사회를 지탱하는 근간이 되어가고 있다.

범죄와 재난 예방 목적의 봇은 크게 사전적 예방 활동에 투입되는 솔루션과 사후 범죄와 재난 상황 발생 시 즉시 조치를 통해 피해 확산을 막는 솔루션으로 구분해 볼 수 있다.

최근에는 산업 현장에서 발생하는 재해에 대해 기업에 책임을 묻는 중대 재해 처벌법이 강화됨에 따라 산업 현장에서 각종 사고를 감지하고 막는 솔루션이 주목을 받고 있다. 예를 들자면 SK텔레콤에서는 2024년 'AI 산업안전 패키지'라는 상품을 출시했다. AI 영상 관제, 작업자 안전관리, AR·VR 안전 교육, 환경·설비 모니터링 등으로 구성된 상품은 CCTV와 드론, 바디캠 등으로 촬영한 영상을 AI로 분석해 위협과 사고 상황 판단 후 조치를 취한다. 일종의 AI봇이 외부인의 침입과 작업자의 낙상, 화재 등의 사고를 판단해 관리자에게 전달하는 역할을 하는 것이다. 또한, 작업자의 출입증에 블루투스 모듈을 탑재해 작업자의 실시간 위치와 동선을 파악하고 긴급 상황에서 조치 및 구조, 이상 여부 판단을 쉽게 할 수 있는 기능까지 부여하고 있다.

이처럼 범죄/재난예방봇은 하나의 솔루션 디바이스가 아닌 다양한 정보를 수집, 저장, 분석한 후 위험요소에 대한 알람과 판단한 조치를 관리자인 사람, 또는 다른 로봇, IoT 솔루션 등의 제어를 통해 수행한다.

예를 들어, 열 감지 센서로 특정 구역에서 온도가 올라가 화재 발생의 가능성이 커진다면 봇의 판단에 따라 관리자에게 주기적인 알람을 주고 화재가 발생한 후에는 비상벨을 울리고 해당 구역 일대에 스프링클러를 작동시키며 방화벽을 내려 구역을 폐쇄한다. 이어 사람의 안전을 고려하여 대피로를 알려주어 피난을 돕고 소방서에 출동 신고를 하는 등의 복합적인 기능을 시나리오와 판단에 의해 진행한다.

네덜란드 기업 델타레스(Deltares)는 1927년 설립 이래 물과 관련된 문제해결에 집중한 기업으로 알려져 있다. 그들이 만들어낸 솔루션은 해안의 침식과 홍수 측정 및 관리, 지하수 오염/염수 침투 방지, 식수 수질 관리 및 정수 기술, 해수면 상승 및 기후 변화 예측 등 물과 관련된 재해와 재난을 예방하고 조치하기 위한 것들이었다. 최근에는 AI의 도입으로 봇과 같은 형태의 서비스로 이 모든 작업을 수행하고 있다.

홈케어봇(HomecareBot)

집 안을 돌아다니며 주인과 이야기를 하는가 하면 집 안의 가전제품과 조명 등 IoT 기기와 연결해 통제하는 것이 물리적인 형태를 가진 '반려로봇'이라면 홈케어봇은 물리적인 로봇의 형태를 갖고 있지는 않지만 엣지컴퓨팅(Edge Computing) 기술에 의해 집안의 서버 형태로 상주하며 주인을 돕는 사이버봇을 말한다. 홈케어봇은 반려로봇처럼 물리적인 형태에 갇혀 있지 않으므로 보다 더 포괄적인 서비스 제공이 가능하고 고정된 마이크와 스피커를 통한 음성 커뮤니케이션뿐 아니라 스마트폰, 스마트워치, 자동차 등을 통한 소통도 가능하므로 그 적용과 응용 범위가 더 다채롭다고 할 수 있다.

예전의 사물인터넷(IoT) 기술이 에어컨이나 보일러를 원격에서 켜고 끄는 공조 제어, 전등을 켜고 끄는 조명 제어 정도의 개념에 머물렀다면 최근의 사물인터넷 기술은 사용자의 성향과 생활 패턴을 분석해 공조, 조명, 음향, 로봇청소기, 세탁건조기, 도어락 등의 각종 가전 제어를 맞춤형으로 제공하는 것은 물론이고 사용자의 취향에 맞는 음악과 영상 콘텐츠 등 엔터테인먼트를 추천해 주는가 하면 건강 측정 기기와의 연동을 통해 병원 예약 등 주치의 역할과 외출 시 일기예보, 일정 관리 등 개인 비서의 역할까지 수행함으로써 양과 질 모두에서 확장되어 가고 있다.

IoT 가전 기기와 솔루션이 늘어나고 있으며 사용자 성향 분석과 대응이 가능한 인공지능(AI)의 도입, 친환경/에너지 절약 기술의 확대 등으로 홈케어봇의 성장 가능성은 매우 커지고 있다.

최근 앞다투어 성능을 올리고 있는 구글 네스트(Google Nest), 아마존 에코(Amazon Echo), 애플 홈팟(Apple HomePod), 삼성 스마트싱스(Smart Things). 화웨이 하이링크(Huawei HiLink), 알리바바 알리지니(Alibaba AliGenie) 등이 홈케어봇의 일종이라 할 수 있다. 그리고 이 홈케어봇들은 역시 집 안의 다른 전자기기와 연동을 통해 복합적인 서비스 제공에 역점을 두고 있다.

사이버 비서(SecretaryBot)

인공지능 비서 또는 AI 비서라고도 불리는 사이버 비서(Secretary Bot)는 사용자의 요청 사항에 적절한 답을 주며 일정 관리 등을 제공한다는 면에서 일반적인 챗봇(ChatBot)과 유사한 점을 많이 보유하고 있다. 하지만 챗봇이 비교적 단순한 규칙이나 패턴에 기반해 작동한다면 사이버 비서는 한 걸음 더 나아가 일반적인 규칙에서 벗어나더라도 깊이 있는 사용자 분석을 통해 사용자의 의도에 맞게 해답을 추출하고 작동한다는 측면에서 더 고도화된 지능과 서비스를 갖추어야 하는 전문서비스 영역의 봇(Bot)이라고 할 수 있다. 즉 사이버 비서는 비즈니스에서 인간인 비서 한 명이 수행하는 역할을 대체하고 그 이상의 서비스를 제공할 수 있어야 한다. 챗봇이 일상생활에서의 인공지능 서비스라면 사이버비서는 업무 자동화를 전제로 한 사무형 인공지능 서비스라 할 수 있다.

인공지능(AI)의 발달로 인간이 했던 비서 업무 대부분을 AI가 대신 처리할 수 있게 되었을 뿐 아니라 24시간 업무 수행, 비대면으로 인한 부담 경감, 보안 유출 사고 발생 위험 감소 등의 장점이 두드러짐에 따라 지능형 가상 비서에 대한 선호가 높아질 것으로 보인다.

사이버 비서는 단순한 업무보조에서 출발해 채용 및 교육, 급여 관리 등 HR(Human Resources), 계좌 조회 및 이체, 대출 신청 등의 금융사무, 사내외 OS 관리 및 문제해결 등 IT지원에 이르기까지 세분화된 전문 업무까지 수행 직원으로 해야 할 업무와 역할 영역을 확장해 나가고 있다.

구글(Google)은 2018년 개발자 컨퍼런스에서 구글 듀플렉스(Duplex)를 처음 공개했다. 구글 듀플렉스는 사용자의 목소리를 학습한 후 사용자가 원하는 예약처에 전화를 걸어 자연스러운 대화를 통해 예약을 진행할 수도 있고 누군가가 전화를 해 오면 자동 응답기의 음성이 아닌 사용자의 목소리 또는 비서의 목소리로 용건을 묻고 저장, 안내를 해 주는 기능을 제공한다. 내가 나서지 않아도 내 목소리 또는 가상 인물의 목소리로 상대방과 전화, 메일, 문자메시지를 주고받으며 대신 업무를 수행한다는 개념은 곧 인간 비서를 대신할 사이버 비서의 본격 출범을 알리는 신호탄이 되었다.

AI 기술, 그중에서도 사용자의 목소리를 학습해 재현할 수 있는 AI 음성 클로닝(Voice Cloning) 기술의 발달로 인해 사용자의 목소리로 전화를 대신 받고 대신 거는 것이 가능해졌다. 그뿐 아니라 AI는 스팸 전화와 문자를 자동 차단하거나 수신 시 자동 폐기하는 기능까지 갖추는가 하면 세계의 어느 나라에서 어떤 언어로 전화를 걸어오더라도 사용자의 목소리로 유창하게 대응이 가능한 수준까지 발전했다.

대기업 비서실의 직원 여러 명이 수행하던 업무를 단 1명의 직원 없이 수행하게 하는 구상은 이제 현실의 서비스로 적용되고 있다. 전화/메일/문자 받고 보내기, 일정 관리, 회의 요약, 자료 보관 및 전달, 관심 있는 키워드 및 카테고리의 기사 리스트 작성 및 매일 아침 메일과 문자로 전송, 커피 주문(바리스타 및 서빙 로봇 연계), 점심 및 저녁 식사 예약, 차량 준비, 통역의 모든 비서 업무가 하나의 솔루션으로 제공 가능해진 것이다.

각 AI 플랫폼 기업들에서는 인공지능의 B2B 기업 상품으로 사이버 비서 서비스를 앞다투어 내놓고 있으며 활발한 영업을 진행하고 있다. 아마존(Amazon)의 인공지능 큐(Q)는 개발자용과 비즈니스 사용자용의 두 가지 버전으로 기업용 봇(Bot) 서비스를 내놓고 있는데 전문 개발자와 비즈니스 사용자의 요구를 수용한 전문 봇 서비스 역시 기업형에 적합한 사이버 비서의 한 종류라 할 수 있다.

인포테인먼트봇(InfotainmentBot)

현대인은 정보(Information)와 엔터테인먼트(Entertainment) 콘텐츠가 끊임없이 쏟아지는 시대 속에 살고 있다. 아침에 음악을 들으며 눈을 뜨고 뉴스를 들으며 일터로 향하고 일과 중에는 이메일과 문자, 각종 앱의 알림을 통해 쉼 없이 정보를 받아들여야 하는 삶을 살아간다. 퇴근 후에는 휴식을 위해 영화를 보거나 가벼운 영상을 즐기며 온라인으로 교육 강좌나 외국어를 배우기도 한다. 그런데 과연 그 많은 콘텐츠 중 진정 내가 좋아하고 원해서 정보를 찾아보는 것인지 주어진 환경과 여건 속에서 눈앞에 펼쳐진 콘텐츠를 섭취하는 것인지 헷갈릴 때가 있다. 콘텐츠도 합리적이고 나에게 맞는 소비를 해야 하지만 그렇지 못할 때가 있는 것이다.

정보와 엔터테인먼트를 합친 인포테인먼트(Infotainment) 시장이 점점 더 커지고 개인화 또한 가속화되어 가고 있다. 콘텐츠의 합리적 선택과 수용의 문제가 불거지면서 수많은 콘텐츠의 흐름 속에서 나에게 맞는 콘텐츠를 찾아 추천해 주고 재생시켜 주는 인공지능(AI) 기반의 봇 서비스, 인포테인먼트봇 시장도 커지고 있다. 이미 많은 플랫폼과 서비스에서 콘텐츠를 이용하는 사용자를 분석해 그가 좋아하고 자주 보는 패턴의 콘텐츠를 우선 노출하는 알고리즘(Algorithm)을 구현하고 있다. 향후에는 단일 플랫폼과 서비스 내에서가 아닌 사용자가 보고 듣는 모든 것을 선별하고 제어해 주는 인포테인먼트봇이 일반화될 것으로 예측되며 해당 서비스의 지형도 그에 따라 재편될 것으로 보인다.

미국의 외국어 학습 플랫폼 기업 듀오링고(Duolingo)는 카네기 멜론 대학교의 컴퓨터과 교수인 루이스폰안(Luis von Ahn)이 그의 제자와 함께 설립했다. 듀오링고가 특별한 점은 30개 이상의 외국어 학습 대부분을 무료로 제공한다는 개방성에 있으며, 사용자의 학습 속도와 수준에 맞춰 맞춤형 학습 콘텐츠를 제공한다는 점이다. 게임화된 학습 시스템을 통해 점수를 부여하고 그에 따른 보상과 제약 요소를 부가하며 진행수준에 따라 레벨이 자동 측정된다. 그리고 학습 경험에 비추어 레벨에 맞는 콘텐츠를 제공하고 레벨이 조금이라도 올라가거나 내려가면 또 그에 맞는 콘텐츠를 재구성하여 제공한다. 듀오링고의 수강자는 그 누구도 동일한 콘텐츠와 동일한 과정을 학습하지 않는다. 학년과 초급·중급·고급 등 획일적으로 분류되던 온라인 교육 콘텐츠 제공 체계는 인공지능 기반의 봇에 의해 급속도로 달라질 것이라는 예측이 가능해진다.

스웨덴에서 시작해 미국을 중심으로 글로벌 시장에서 성공을 거두고 있는 음원 서비스 업체 스포티파이(Spotify)는 온라인의 웹과 앱을 통해 고객 맞춤형 서비스를 제공하고 있다. 일종의 인포테인먼트봇에 의해 고도화된 사용자 맞춤형 콘텐츠를 제공한다는 것은 다른 업체들과 크게 다르지 않았다. 하지만 스포티파이는 서비스 제공 채널을 그들이 직접 만든 웹과 앱에만 한정하지 않는다는 차이점이 있다. 소셜미디어를 하나의 채널로 삼아 각 소셜미디어 이용자들에게 맞는 콘텐츠를 무료로 제공하고 홍보한다. 사용자들은 굳이 스포티파이 앱을 깔지 않아도 스포티파이가 제공해주는 콘텐츠를 구독하며 최적화(사용자가 관심을 갖고 클릭을 하면 사용자 분석이 강화된다)되어 가는 것이다. 스포티파이의 사례는 인포테인먼트봇을 활용한 콘텐츠 사업이 특정한 웹과 앱의 공간을 넘어 다채널의 확산과 활용으로 진화하고 있다는 점을 잘 보여주고 있다.

음악, 영상, 게임, 뉴스, 도서, 교육 콘텐츠 서비스의 기획에서는 이제 인포테인먼트봇 기능 최적화가 성공 여부를 좌지우지하는 중요한 요소로 자리 잡아 가고 있다. 인포테인먼트 산업의 종사자라면 끊임없는 사용자 관점의 관찰과 반영을 통해 새로운 가치를 창출하고 전달하는 데 노력을 기울여야 할 것이다.

마인드케어봇(MindcareBot)

급속한 사회 발전을 겪으며 현대인들은 전에 없던 새로운 질병 아닌 질병에 노출되어 있다. 그것은 바로 과도한 스트레스와 사회적 단절로 인한 우울증, 양극성 장애, 정신분열증, 외상 후 스트레스 장애, 불안, 알코올과 약물 과다 복용 등과 같은 정신 건강 영역에서의 취약점이 확산되고 있다는 것이다.

1인 가구가 증가하고 급속한 고령화가 진행되고 있는 가운데 코로나19 팬데믹 등의 영향으로 사회적으로 고립되는 사람들이 늘어나면서 현대인들의 정신 건강 적신호는 더욱 심화될 것으로 전망된다. 정신 건강 회복을 위해서는 적절한 치료가 필요한데 심리 상담, 약물치료와 함께 디지털 치료와 같은 솔루션들이 속속 등장하며 시장을 확대해 나가고 있다. 인공지능(AI)의 발달에 기인한 마인드케어봇(Mind Care Bot) 역시 디지털 치료법의 하나이자 정신 건강의 위험인자를 사전에 발견, 발병을 예방하는 관리 솔루션으로 떠오르고 있다.

2012년 미국 뉴욕에서 설립된 원격 심리 상담 및 정신 건강 치료 기업 토크스페이스(Talkspace)는 최근 AI 및 데이터 분석 기술을 도입해 사용자의 심리 상태를 분석하고 맞춤형 치료 프로그램과 최적의 치료사를 추천하는 서비스를 제공하고 있다. 경쟁사들도 속속 유사한 원격 솔루션을 내놓고 있다. 정신 건강 상담 및 치료의 수요는 늘어나고 있지만, 병원 방문이 여의치 않은 환자들을 위한 정신 건강 돌보미 서비스의 진화는 개인화된 봇의 형태로 급속도의 진화를 이루어가고 있다.

마인드케어봇은 인공지능(AI)을 활용해 사용자의 정신 건강 관리를 돕는 서비스다. 사용자와의 커뮤니케이션은 스마트폰, 패드, 스마트워치와 같은 스마트기기와 PC, 그리고 전용 디스플레이를 통해 진행되기도 한다.

정신 건강의 문제는 고립된 삶에서 시작되는 경우가 많으므로 사용자의 심리 상태를 파악하는 것은 물론, 인간과 같은 대화와 돌봄을 통해 마음을 보듬어주는 서비스로 설계, 기획되고 있다. 주요 기능은 음성 인터페이스를 이용해 사용자와의 대화를 통해 감정 상태를 파악하고 사용자의 상태와 관심사에 부합하는 다양한 생활형 콘텐츠(명상, 체조, 음악, 글, 영상 등)를 추천하고 외롭지 않도록 끊임없이 정신 건강 개선을 위한 정보를 제공하는 것이다.

나아가 사용자의 정신 건강 상태를 객관적으로 평가할 수 있는 진단 도구와 방법까지 제시하고 있다. 국내 기업 마인즈에이아이(MindsAi)에서는 침(타액)을 분석해 우울증의 정도를 파악하는 신기술을 선보이고 있는데 객관적으로 측정 가능한 솔루션들을 활용해 정확한 진단을 도울 수 있다. 인공지능 기술의 발달로 정신 건강의 문제도 바이러스에 의한 질병처럼 즉각적인 진단과 처방을 할 수 있는 것이다.

2012년 미국 캘리포니아에서 시작된 앱 서비스 캄(Calm)은 일종의 마인드케어봇 서비스로 전 세계 1억 명 이상의 사용자를 확보했고 유료 구독자로부터 수익성을 확보할 수 있었다. 유사한 개념의 앱과 웹 서비스가 늘어나고 있는 가운데 유독 캄이 성공할 수 있었던 이유를 몇 가지만 꼽아보면 다음과 같다. 첫째는 스트레스에 예민할 수 있는 할리우드의 배우와 가수, 운동선수 등 유명인사와의 협업을 통해 인지도를 높였다. 정신적인 문제로 약물 중독에 빠지거나 수면 장애를 겪을 고위험군의 사람들에게 먼저 서비스의 유효성을 입증함으로써, 다수의 대중이 수용하기 쉬운 구조를 만들어 간 것이다. 둘째는 정신 건강 전문가의 조언을 구하고 저명한 연구 결과를 바탕으로 검증된 솔루션임을 끊임없이 알린 것이다. 사용자들에게 검증된 치료 방법임을 소구함으로써 신뢰도를 높일 수 있었다. 셋째는 구독 기반의 비즈니스 모델을 구현한 것이다. 부담 없이 사용 가능한 기본 기능 제공의 무료 제공 버전과 프리미엄의 구독 모델(Calm Premium)을 함께 운영함으로써 확실한 수익을 확보할 수 있었다. 넷째, 캄은 개인 대상의 B2C 시장만을 타깃으로 삼지 않았다. 구글, 마이크로소프트 같은 대기업과 파트너십을 맺고 직원들의 정신 건강 관리 솔루션을 제공하는 B2B 모델을 만들고 영업함으로써 수익의 다채널화를 구축할 수 있었다.

마인드케어봇을 통한 진단이 이루어진 후에는 사용자의 심리적 어려움에 공감하며 전문가 상담을 받을 수 있도록 안내하는 내용이 포함된다. 법 개정 등이 이루어진다면 전문가 상담의 역할도 곧 마인드케어봇이 그 자리를 대신할 것으로 보이지만, 현재는 병원과 연계된 상담과 약물 처방을 받을 수 있도록 사용자를 독려하고 관리해 주는 기능을 제공한다. 마인드케어봇이 인지 행동 치료 기법 등을 학습하여 다양한 인터페이스를 통해 사용자가 부정적인 생각을 갖지 않게 하고 건강한 마음 상태를 유지할 수 있도록 돕는 역할도 확대되고 있다. 마인드케어봇이 보편화된다면 누구나 심리적으로 의지할 수 있는 정신 건강 주치의를 집 안 또는 스마트 기기를 통해 하나씩 확보할 수 있는 시대가 올 것이며 정신 건강 문제가 상당수 해결될 수 있을 것으로 예측된다.

로보어드바이저(Robo-Advisor)

로보어드바이저란 로봇(Robot)과 금융투자전문가(Advisor)의 합성어로 인공지능(AI)과 빅데이터 분석을 기반으로 개인 맞춤형 투자전략을 수립하고 자동으로 투자 포트폴리오 관리를 해 주는 금융 서비스를 말한다.

사용자의 사전 입력한 투자 의도와 설정된 한도를 넘지 않는 범위 내에서 주식이나 ETF(Exchange Traded Fund), 예적금, 채권, 암호화폐 등에 자동으로 투자를 대신에 해 주는 일종의 금융거래봇(TradingBot)이라고 할 수 있다. 인간의 실수와 심리적 불안정으로 인한 투자 오류 요소를 줄일 수 있어 유망한 서비스 분야로 전망되고 있다.

일부 국가에서는 정부 차원에서 로보어드바이저를 활용하도록 권장하고 있다. 이는 금융 시장 성장의 촉진제가 될 것으로 기대하기 때문이다. 코로나19 팬데믹 이후, 금융 시장에서의 불확실성은 더욱 심화되었고, 이러한 불확실성을 극복하는 방안으로 빅데이터 분석과 냉정한 판단이 가능한 인공지능(AI) 에이전트의 투자가 점차 설득력을 얻어가고 있다.

인공지능(AI) 기반의 봇(Bot)이 등장하기 이전에도 주식 투자 등에서는 인간을 대신해 자동으로 투자를 실행하는 프로그램 매매가 활발히 이루어지고 있었다. 프로그램 매매도 시장 상황에 따른 대응이 일부 이루어지긴 했지만, 사전에 설정된 매매 규칙, 즉 알고리즘에 따라서만 주식과 선물 등을 자동으로 매도, 매수하는 방식이었기에 기능적 한계가 분명했다.

하지만 로보어드바이저는 사용자의 투자 성향과 위험 감수 성향을 분석해 맞춤형 포트폴리오를 구성할 수 있는, 한 단계 업그레이드된 프로그램 매매를 가능하게 한다. 빅데이터 수집 및 학습에 근거한 시장 상황 분석과 위험 관리를 통해 사전에 설정된 규칙에만 따르지 않고 때로는 안정적이고 때로는 공격적으로 전략을 수립해 투자에 임할 수 있다.

프로그램 매매가 특정 금융 상품의 단기 매매에만 활용되었다면 로보어드바이저는 주식, 펀드 외에도 다양한 금융상품을 대상으로 포트폴리오를 구성해 종합적인 자산 관리까지 가능하게 해 주는 특징이 있다.

로보어드바이저는 개인 또는 정부의 단기 투자 솔루션에 그치지 않고 재무 자문과 중장기 포트폴리오 관리, 기업 인수·합병(M&A: Merger and Acquisition) 등 다양한 영역으로 그 활용 범위를 넓혀 가고 있다. 전통적인 투자 기관에서 제공되던 모든 서비스가 로보어드바이저 투자로 빠른 전환이 이루어지고 있다고 해도 과언이 아니다. 빠른 손실금 회수, 낮은 수수료, 합리적인 의사결정, 안전하고 확실한 투자로 평가되는 로보어드바이저는 곧 금융의 모든 영역에서 인간을 대신해 더 확실하게 진가를 발휘해 나갈 것으로 예상된다.

여행가이드봇(TravelGuideBot)

스마트폰과 인공지능(AI)의 발달로 인해 사라질 가능성이 높은 직업 중 하나로 여행가이드를 꼽을 수 있다. 한 번도 가보지 않은 낯선 곳, 특히 해외여행에서 그동안 사람이 직접 수행했던 많은 역할을 이미 똑똑해진 스마트 기기 속의 프로그램과 인공지능(AI)이 대신하고 있기 때문이다.

교통편 예약, 호텔, 식당, 여행지 예약까지 앱 하나로 해결되는 시대는 이미 오래전에 도래했다. 전자여권의 보급으로 입출국 수속도 간편해졌다. 관광지 코스는 지도 어플리케이션이 이동 경로와 함께 자세한 설명까지 제공해 준다. 현지인과의 의사소통 역시 더 이상 큰 장애물이 아니다. 다양한 인공지능 봇들이 간판의 이미지를 즉시 번역해 보여주고 현지어로 즉석 통역을 해 주어 불편함을 느낄 틈이 없다. 가이드가

하지 못했던 현지인과의 자연스러운 소통조차 이제는 인공지능 봇이 대신해 주는 시대다.

코로나19 팬데믹의 영향으로 침체를 겪었던 관광 업계가, 여행 가이드 봇의 등장으로 다시 활기를 되찾고 있다. 전 세계 여행자들은 이제 가이드의 일정에 이끌려 원하지 않는 쇼핑과 원하지 않는 코스가 섞인 여행지를 방문하지 않아도 된다. 누구나 여행가이드봇을 이용해 그때그때 원하는 대로 일정을 변경해 가면 자유 여행의 묘미를 만끽할 수 있게 됐다.

온라인 여행 플랫폼 트립닷컴(Trip.com)에서는 2023년 인공지능 기술을 이용한 봇 서비스 트립젠(TripGen)을 선보였다. 트립젠은 트립닷컴에서 제공하는 각종 예약 서비스를 대행해 줄 뿐만 아니라, 한국어를 포함해 영어, 일본어, 중국어 등 여러 언어를 지원한다. 아직은 서비스 초기의 단계이긴 하지만 트립닷컴은 트립젠 서비스를 통해 고객과의 소통을 강화함으로써 우후죽순 등장한 온라인 여행 플랫폼들 사이에서 남다른 경쟁력을 확보했다. 트립닷컴은 여행자와 인공지능 봇이 실시간 음성 대화를 통해 모든 문제를 해결하도록 그 역할을 지속적으로 확대해 나가고 있다.

다양한 솔루션과 애플리케이션의 발달로 가이드 없는 여행이 손쉬워진 세상이 되었지만 아쉽게도 하나의 앱 또는 하나의 인공지능 봇만으로 여행의 처음부터 끝까지 모든 과정을 해결할 수 있으려면 시간이 좀 더 필요할 것으로 보인다. 여행은 정보, 예약, 결제, 교통 등 각 단계별로 복잡한 과정을 거치게 되는데 이것을 단순화하는 것이 각 분야의 전문 기업들로 세분화되어 있기 때문이다.

여행자와 여행의 전 일정을 함께하며, 각 단계에서 가이드 역할과 문제 해결 솔루션을 제공해 주는 토탈 솔루션으로서의 여행가이드봇 등장이 기대되는 이유이기도 하다. 전부는 아니더라도 일정 구간 또는 몇 개의 과정들을 한 번에 해결해 주는 여행가이드 봇이 등장한다면 여행가이드 솔루션 업계는 또 한 번의 재편을 맞이할 것으로 보인다.

마케팅 에이전시봇(MarketingAgencyBot)

2024년 SK텔레콤은 인공지능을 기반으로 불과 수 초 만에 광고나 프로모션 문구를 제작해 주는 'AI 카피라이터'서비스를 출시했다. 서비스 이름과 타깃 고객의 연령, 프로모션 내용, 주요 마케팅 채널 등을 입력하면 그에 부합하는 문구를 즉시 생성할 수 있으며 고객사가 만족할 때까지 반복 생성도 가능하다. 또 만들어진 문구는 바로 광고 플랫폼을 통해 고객에게 송출할 수 있다. 이처럼 기존에는 마케팅 담당자가 각 전문 업체에 의뢰해 진행해야 했던 마케팅 에이전시의 업무를 이제는 인공지능 기반의 봇이 대신 수행한다. AI가 카피라이터 역할뿐 아니라 원하는 이미지와 영상, 조형물까지 즉석에서 생성할 수 있으며, 최적의 채널에 최적의 고객을 대상으로 최적의 시간에 배포해 주는 역할까지 수행하는 것이다.

미국 뉴욕에 본사를 둔 유력 디지털 마케팅 에이전시 노굿(NoGood)은 최근 인공지능(AI)을 활용해 네 가지 부문에 봇 개념을 도입하고 자동화를 추진하고 있다. 첫째는 데이터 분석 및 예측으로 광범위한 고객 데이터를 분석해 고객의 취향과 구매패턴을 파악하고 시장과 마케팅 성과를 예측하는 기능을 적용했다. 둘째는 콘텐츠 제작과 최적화로 분석된 타깃 고객에게 적정 콘텐츠를 자동 생성, 추천할 수 있게 했다. 셋째는 광고 캠페인 운영의 최적화다. 광고 문구와 이미지를 선정함은 물론이고 타깃 고객으로 설정된 고객들에게 효율적인 도달이 가능한 채널을 선정해 노출 효과를 극대화하는 기능을 구현했다. 나아가 다양한 매체의 광고 입찰에서도 인공지능 봇이 최소의 비용으로 수익을 극대화하는 포트폴리오를 구성, 대응하는 데 도움을 주고 있다. 넷째는 고객 응대 자동화다. 고객의 질문에 봇이 실시간으로 응답하고 문제를 해결하며 고객의 요구 사항을 저장해 둔 뒤 분석하여 맞춤형으로 서비스를 제공해 고객의 충성도를 높이고 있다.

노갓의 사례에서 볼 수 있듯, 마케팅 에이전시봇이 할 수 있는 업무의 영역은 데이터 분석, 콘텐츠 제작, 최적 채널 선정 및 송출, 결과 분석 및 고객 응대에까지 광범위하다. 마케팅 에이전시봇은 각 단계별로 개별적인 판단과 업무를 수행할 수도 있고 전 과정을 아우르는 통합 관점의 관리와 가이드도 가능하다.

마케팅에서 중요한 시장 분석과 예측에서부터 실무인 프로모션 계획 수립과 보고서 작성, 디자인과 같은 이미지/영상 생성과 보정 작업, 이벤트 진행, 최적의 채널에 송출, 그리고 프로모션 종료 후 성과 집계 및 피드백에 이르기까지 모두를 하나 또는 각기 전문 분야에서 활약 중인 봇들이 해결할 수 있는 시대가 왔다. 인공지능(AI)은 방대한 데이터를 순식간에 분석해 의사결정을 내릴 수 있기 때문에, 마케팅팀 담당자 또는 팀 전원, 나아가 전문 마케팅 에이전시가 해낼 수 있는 성과보다 더 확실하고 커다란 결과물을 내놓고 있으며 이의 활용은 더욱 심화될 것으로 전망된다.

AI 로봇 비즈니스와 마케팅

혁명을 꿈꾸는 로봇

4차 산업 혁명의 시대를 주도하는 기술 혁신에는 여러 가지가 있겠지만 실생활에서 기술이 물리적인 형태로 구현되는 혁신의 주체는 결국 로봇이라 할 수 있다. 로봇은 소위 ABC라고 지칭되는 인공지능(AI)과 빅데이터(Bigdata), 클라우드 컴퓨팅(Cloud computing)을 아우르는 4차 산업 혁명의 핵심 기술이 모두 융합된 결정체이자, 기술 진보의 집약적 산물이다.

로봇은 특정 산업 분야가 아닌 모든 산업과 서비스에 적용될 수 있는 범용성을 지닌 솔루션의 특징도 가지고 있다. 로봇을 통해 로봇이 적용되는 산업의 구조와 프로세스를 재편할 수 있는 파급력을 가졌으며 인구절벽과 고령화, 산업 간 종사자의 불균형을 해소할 수 있는 거의 유일한 대안으로 제시되고 있다.

로봇의 개념을 사이버상의 로봇인 봇(Bot)까지 확장한다면 로봇은 현세대의 문제와 이슈를 해결하면서 인간의 삶과 트렌드마저 근본적으로 뒤바꿀 수 있는 혁신의 동력이 될 것이다. 이미 전 세계 곳곳에서 이러한 변화를 보여주는 다양한 사례들이 현실로 나타나고 있다.

4차 산업 혁명이 곧 로봇 혁명임이 입증되고 있는 시대에 우리는 살고 있다. 로봇의 등장으로 우리 사회와 산업계에서는 어떤 변화가 일어나고 있으며 로봇의 기술은 어디까지 발전했는지 살피고 로봇 산업이 직면하고 있는 문제와 극복해야 할 과제들은 또 무엇인지를 돌아볼 필요성이 점점 더 커지고 있다. 그것이 확인됐을 때 우리가 로봇을 통해 그려나갈 미래 사회의 모습은 더 선명해질 수 있다.

로봇 혁명의 시대

1961년, 미국 뉴저지주 제네럴모터스 공장에 최초의 산업용 로봇 유니메이트(Unimate)가 등장했다. 처음에는 단조로운 작업 공정에만 도입되었던 유니메이트는 위험하고 단조로운 작업에서 성공적인 데뷔를 마친 뒤, 점차 전체 공정으로 활용도가 확장되면서 전성기를 맞게 되었다. 그리고 자동화의 붐이 일면서 오늘날 거의 모든 산업 제조 공정에 없어서는 안 될 존재로 자리를 잡았다.

산업 현장을 중심으로 비약적인 발전을 이룬 로봇은 60년여 년이 지난 2020년대에 접어들며 다시 한 번 커다란 도약의 전환점을 맞이하고 있다. 그 계기는 바로 인공지능(AI)과의 융합이다. 2025년 1월 세계 최대의 가전쇼 CES에서 엔비디아의 최고경영자 젠슨 황은 "언어 모델 기반의 AI 다음은 피지컬 AI(Physical AI)"라고 선언하며 이를 지원할 플랫폼으로 '코스모스(Cosmos)'를 발표했다. AI 기술의 최전선에 있는 젠슨 황이 AI의 발달과 더불어 지능형 로봇의 시대가 될 것이라는 점을 분명히 한 것이다. AI와 더불어 로봇의 구성을 뒷받침할 각종 센서와 구동체, 신소재도 급속하게 진전을 보이고 있다. 이에 힘입어 산업 현장뿐 아니라 각종 서비스 영역에서도 로봇의 쓰임새가 확장되기 시작했다. 산업용 로봇과 달리 전문, 개인 서비스 영역에서의 로봇은 아직 걸음마 수준에 불과하다고 할 수 있겠지만 산업용 로봇이 지난 60여 년간 눈부신 성장을 이루어온 것처럼 전문서비스 업장과 가정에서 쓰이는 로봇 또한 괄목할 만한 성장을 이룰 것으로 예측되고 있다. 각종 컨설팅 기업과 시장조사 기관들의 분석에 따르면 그 발전 속도와 범위는 생각보다 빠르게 진행되고 있으며 향후 10년 이내에 부수적인 선택재에 불과했던 로봇이, 산업 현장과 마찬가지로 각 전문서비스 영역과 가정에서 필수재로 자리 잡게 될 것이라는 데에 이견이 없다. 최근의 로봇 발전이 산업 현장과 생활에 가져온 변화와 변혁의 움직임을 살펴보면 다음과 같은 것들이 있다.

일하는 로봇에서 생각하는 로봇으로

산업 현장에 로봇이 도입된 1960대부터 2000년대 초반까지만 해도 로봇은 고정된 자리에서 조립이나 용접, 도장, 포장 같은 단순 반복적인 일들에 특화되어 발전해 왔다. 하지만 2000년대에 들어와 산업 현장의 로봇은 고정된 자리를 벗어나 재료나 완성품을 운반하는가 하면 제조공정에서의 불량품이나 오류를 자동 검사해 공정을 중단시키거나 불량품을 걸러내는 고차원적인 일들에도 투입되기 시작했다. 로봇이 수행하는 일의 강도와 범위, 영역이 확대된 것이다.

제조공장에서 인간의 도움 없이 전동화된 구동체로 스스로 움직이며 물건을 움직이는 로봇의 형태는 그동안 AGV(Automated Guided Vehicle)

구분	AGV(Automated Guided Vehicle)	AMR(Autonomous Mobile Robot)
정의	사전에 설정된 경로를 따라 움직이는 무인 운반 차량	최적의 경로를 설정해 움직이는 무인 운반 로봇
차이	자동 주행 방식 (고정된 경로, 자유도 낮음)	자율 주행 방식 (유연한 경로, 자유도 높음)
주요 기술	컬러라인, 자기테이프, QR코드, 점자코드 인식 추종	SLAM지도 및 LiDAR, Vision Camera 인식 기술
특징	• 이동체 자체의 가격은 AMR보다 저렴 • 주행 경로에 자기테이프 등 사전 설치 필요 • 인간의 등장이나 장애물 조우 시 멈춤 • 경직된 경로 설정으로 초기 경로 설치에 비용 투입 • 수시 목적지 수정 및 변경 불가능 • 대규모의 고정된 시설에서 활용 시 유용	• 고가 장비 장착으로 AGV보다 고가의 가격 형성 • 사전 설치가 필요 없으나 사전 매핑 작업 필요 • 인간의 등장이나 장애물 조우 시 멈춤, 회피, 우회 가능 • 로봇 구매 비용은 높으나 경로 설정에 비용 투입 없음 • 수시 목적지 수정 및 변경 가능 • 가변적인 공간 및 이동 설비 등에서 활용 시 유용

라는 이름 아래 발전해 왔다. 단순히 그어진 라인과 위치 표식에 따라 반복적인 왕복 운동을 하는 것만으로도 공장 내 물류의 상당한 혁신이라 평가됐다. AGV에서는 상황 판단이라고 해봐야 센서로 감지된 장애물을 발견하면 운행을 멈추는 아주 단순한 작동 수준이 전부였다. 조립 라인에서와 마찬가지로 일은 열심히 하지만 생각은 하지 못하는, 즉 정해진 경로에서 조금이라도 벗어나면 그 오차로 인해 사고 발생 가능성이 큰, 반복적인 기계 장치에 불과했다. 하지만 현대의 산업 현장에서는 AGV 대신에 스스로가 판단해서 작업의 효율성을 높여주는 AMR (Autonomous Mobile Robot)이 그 자리를 빠르게 대체해 가고 있다.

라인 표식을 인식해 정해진 길을 따라가는 것이 아니라, 레이저 빛을 이용해 거리와 장애물의 형태를 측정하는 라이다(LiDAR: Light Detection and Ranging)와 리모트 센싱 기술을 이용해 SLAM(Simultaneous Localization and Mapping)이라는 지도를 만들어 지도 안의 범위 내에서 주변 상황에 따라 최적의 경로를 판단해 주행하는 기술이 일반화되고 있다. 이 기술에 의해 로봇은 장애물이 나타나거나 이동 로봇 중 정체가 발생하면 단순히 작업을 중단하는 것에 머무는 것이 아니라 경고를 하거나 장애물을 돌아가는 우회 회피를 하는가 하면 심지어 빠른 판단으로 기존과는 전혀 다른 경로로 이동 경로를 바꾸어 운행하기도 한다.

AGV에서 AMR로의 진화뿐 아니라 단순히 '일만 하던 로봇'에서 '생각하는 로봇'으로의 변화는 현대 로봇 산업 전반에서 나타나고 있는 현상이자 특징이다. 이러한 변화의 중심에는, 급속도로 발전하고 있는 인공지능(AI)이 핵심 축으로 자리 잡고 있다. 빅데이터에 기반한 인공지능의 학습 능력과 인지 판단의 힘에 의해 강한 근육과 심장을 가졌던 로봇이 이제는 똑똑한 뇌까지 보유하게 된 셈이다.

제조 공정을 보유한 기업 외에도 최근에는 사무 업무가 대부분인 기업에서도 로봇 프로세스 자동화 RPA(Robotic Process Automation)의 바람이 불고 있다. 자료 조사, 보고서 작성, 회계·세무 자료 정리, 고객 서비스 대응 등에서 로봇을 활용해 직원들의 업무 효율을 높이는 프로세스 혁신이 이루어지고 있는 것이다. RPA를 전 사업 영역, 전 프로세스에 적용할 수 있게 된 것은 AI와 결부되어 융통성 있고 가변적인 상황에 탄력적 대응이 가능한, 생각하는 로봇 솔루션의 발달에 기인한 것이다. 과거처럼 고정적이고 반복적인 일만 하는 자동 계산기 시절의 로봇이었다면 로봇화는 일부 단순 업무의 고도화에만 제한적으로 적용될 수밖에 없었을 것이다.

인공지능 AI의 발달과 함께 생각하는 로봇은 오프라인의 산업과 서비스 현장이라는 경계를 넘어 온라인상에서 고객을 응대하고 서비스를 제공하는 각종 봇(Bot)의 형태로까지 발전함으로써 로봇은 더 이상 딱딱한 강철 옷을 입은 물리적 일꾼이라는 기존의 고정 관념에 머무르지 않고, 그 개념 자체를 확장해 가고 있다.

노동집약적 산업이 기술집약적 산업으로

우리는 농업과 건설업을 전형적인 노동집약적 산업으로 배워왔고, 지금도 흔히 그렇게 분류한다. 하지만 노동집약적이었던 산업들이 위기를 맞고 있다. 전체 인구 중 노령 인구의 비중이 증가하는 고령화와 절대적인 노동 인력의 수가 줄어드는 인구절벽이라는 초유의 상황이 닥쳐왔기 때문이다. 농업에서는 그 여파가 한층 더 심각해졌다. 절대 인구의 감소가 농업 현장인 농촌에서부터 급격하게 진행되었기 때문이다. 그나마 농촌을 지키고 있는 사람들마저 크게 힘을 쓰지 못하는 노인들로 고령화가 더욱 심각해지고 있다. 정부에서 외국인 노동자를 수급한다고 하지만 그로 인한 사회 문제 또한 만만치 않은 상태로 근본적인 해결책은 될 수 없었다.

위기에 직면한 노동집약적 산업에서의 인구 감소 문제에 해결책을 제시하려는 움직임이 로봇 산업 전반에서 본격적으로 일고 있으며, 일부 기술은 실험적인 단계를 넘어 상용화 단계에 진입하고 있다. 농업에서는 노동력을 대신해 농작물의 생육 환경을 감시, 통제하고 파종과 시비, 제초, 수확의 전 과정에서 로봇화의 바람이 불고 있다. 스마트파밍(Smart Farming)이라 불리는 시설 중심의 식물공장에서뿐 아니라 광활한 실외 농지를 개간하고 수확하던 기계들이 각종 솔루션의 발달과 인공지능의 결합으로 로봇이라는 옷을 입게 됐다.

과거 삽과 호미, 소가 끄는 쟁기의 힘으로 농사를 짓던 시대에서 경운기와 트랙터의 등장으로 농사에 일대 변혁이 한 차례 일었었다면 전동화된 자율주행 트랙터와 무인 수확 로봇 등의 로봇 솔루션 등장은 지금부터 농촌에서 또 다른 변혁을 맞이할 것이라는 강력한 진화의 조짐을 예고하고 있다. 고령의 농부들이 이제 농기계에 들였던 최소한의 힘마저 들이지 않고 거대한 면적의 농지를 빈틈없이 개간하며 농사를 지을 수 있는 시대가 오고 있다.

농업 외에도 대표적인 노동집약적 산업이었던 건설업에서도 로봇화가 빠르게 진행되고 있다. 제조업과 달리 가변적인 현장과 복잡한 프로세스로 인해 로봇 적용이 힘들었던 건설업에서도 설계에서부터 실측, 검사, 구조 진단 등에 로봇과 로봇화된 솔루션들이 활발하게 적용되고 있다. 나아가 위험한 현장에서의 자재 운반과 철거, 고층 건물의 외장 작업에서 인간을 대신해 작업이 가능한 로봇들이 속속 개발되고 있으며 머지않아 소수의 운영자만으로도 전체 공정을 수행할 수 있는 건설 현장도 등장할 것으로 전망되고 있다.

노동집약적이었던 산업에서 로봇의 개발과 도입은 인구 감소라는 필연적인 현실에 따라 불가피하게 진행되고 있다. 따라서 이를 빠르게 수용하고 활용하는 개인과 기업이 경쟁력을 갖게 될 것으로 보인다. 민관 모두에서 가장 시급하게 로봇화를 진행하고 있는 부분도 바로 이런 농업과 건설업, 물류업과 같은 노동집약적이었던 산업들인 이유다.

아직 해당 산업에서 로봇이 자치하는 비중은 미미한 수준이다. 하지만 곧 인류에게 불어 닥친 인구 감소라는 절체절명의 위기에 대처하고 생존을 모색하기 위해서는 로봇화의 빠른 전개가 필수적이다. 따라서 노동집약적이었던 산업들은 침체 또는 사양 산업이 아니라 발전 가능성이 가장 크고 유망한 분야로 탈바꿈할 갈림길에 서 있으며 그 변화는 이미 진행되고 있다. AI와 이를 기반으로 한 로봇 기술은, 노동집약적인 전통 산업의 지형과 지향점마저 가장 기술집약적으로 산업의 것으로 변모시키고 있다.

산업용 로봇에서 서비스형 로봇으로

1960년대 이후, 제조업과 같은 산업 현장에서의 로봇은 꾸준한 발전과 진화를 이루었으나 그 활용 범위에는 명확한 한계가 존재했다. 제조업 종사자가 아닌 일반인들에게 로봇은 SF소설이나 영화 속에서나 등장하는 추상적인 존재에 불과했다. 그러나 산업 현장에서 통용되던 로봇이 변신을 통해 전문서비스와 생활서비스 영역으로 확장을 도모하고 있다.

일반적인 생활 서비스 영역에서 단순한 장난감 수준에 머물던 로봇의 위상을 실용적 수준으로 끌어올린 주역은 로봇청소기였다. 2001년 스웨덴의 일렉트로룩스에서 처음 출시한 로봇청소기는 출시 초기 작은 먼지 주머니와 부족한 흡입 성능으로 주목을 받지 못했지만, 이후 대형 가전사들이 앞다투어 경쟁적인 개발을 거듭한 끝에 오늘날과 같은 필수 가전의 반열에 오를 수 있게 됐다. 최근의 로봇 청소기는 각종 센서를 이용해 정밀한 지도를 만들고 인공지능 기능을 일부 탑재해 학습한 내용으로 작동 여부를 결정하고 빈틈없는 먼지 흡입, 물걸레 청소와 자동 충전은 물론 먼지통 비움까지 다양한 기능을 복합적으로 수행하는 가정 내 로봇으로서의 첨병 역할을 훌륭하게 수행해 내고 있다. 로봇청소기 이후 가정 내 서비스 로봇의 후발 주자 윤곽이 뚜렷하게 보이지는 않는 다지만 다양한 시도가 이어지고 있으며 공조와 냉난방, 조명, 의류 및 식기 관리, 건강 관리, 주택 관리 등에서 가전과 설비의 로봇화도 활발하게 진행되고 있다.

가정을 벗어난 전문서비스 영역에서의 로봇 도입은 이미 정착 단계에 이를 정도로 빠르게 혁신이 진행되고 있다. 의료계에서는 로봇 수술기의 도입이 이루어져 로봇 수술 전문 병원마저 생겨나는가 하면 식당과 카페, 호텔에서는 서빙 로봇과 룸서비스 로봇이 복도를 가로지르는 모습을 보는 것이 이제는 더 이상 낯설지 않다. 방사능 유출과 같은 위험 환경에 뛰어들어 방사능 수치를 측정하고 조치를 하는 역할도 이제 로봇의 몫이 되었고 학생들에게 코딩 등을 가르치는 교육 로봇도 실용화되어 있다. 최근에는 보안, 군사, 소방과 같은 예민하고 고도의 위험이 따르는 영역에서 로봇의 기능과 활약이 주목을 받고 있기도 하다. 오랫동안 산업용이라는 제한된 영역에 머물다 서비스용으로 경계를 넘어선 로봇의 모습은 우리가 상상해 왔던 것 이상으로 많은 발전을 보여주고 있으며 무궁무진한 진화의 가능성을 열어가고 있다.

줄어든 가사노동, 늘어난 여가시간

우주 비행을 다룬 SF영화를 보며, 미래 사회의 우주선 안 식당에서 자동으로 음식을 만들어내는 장면에 감탄과 부러움을 느낀 적이 있었다. 영화 속에서는 원하는 음식의 메뉴를 선택한 후 잠시 기다리기만 하면 인간 요리사가 만들어낸 것과 동일한 퀄리티의 음식을 자동판매기처럼 내어주는 시스템이 구현되었다. 그런데 요즘의 생활을 돌아보면 SF영화의 그 시스템이 이미 우리의 주방에 들어와 있다는 것을 깨닫곤 한다. 다양한 종류의 밀키트와 냉동식품이 준비되어 있고 전자렌지와 에어프라이어가 있으니 밥과 국, 요리들을 원하는 대로, 원하는 시간에 빠르고 간편하게 조리할 수 있다. 식사 후 최소화된 설거지는 식기 세척기가 처리한다. 우리는 언제부터인가 과거에 우리가 꿈꿔 왔던 영화 속의 삶을 살기 시작했고 그 범위는 점점 확장되어 가고 있다.

집 안으로 들어온 로봇이라고 하면 흔히 로봇청소기만 떠올리곤 하지만, 실제 우리의 생활 속으로 들어온 로봇의 역할(인간을 대신해 일을 하는)을 하는 디바이스들은 생각보다 다양하고 오래전부터 스며들고 있었다는 것을 새삼 깨닫게 된다. 전기밥솥은 불을 지피고 시간에 맞추어 뜸을 들이고 찬밥을 다시 데워야 하는 수고를 덜어주었고, 세탁기는 빨래를, 식기세척기는 설거지를 대신해 준다. 생활에 쓰이는 가전제품 모두가 사실은 넓은 의미에서 모두 로봇이라고 할 수 있다. 최근에는 옷을 다려주고 관리해 주는 스타일러, 집 안 공기를 환기시켜주는 공기청정기, 뭉친 근육을 풀어주는 다양한 안마기들이 등장해 일상에 도움을 주고 있다.

가사에 도움을 주는 로봇(유사 로봇 디바이스 포함)들이 등장함에 따라 가사노동에 투입되는 노동력과 시간이 획기적으로 줄어들고 있다. 물리적인 시간뿐 아니라 그에 수반되는 스트레스 역시 크게 경감시키고 있다. 집 안에서 휴식을 취할 시간이 늘어나며 주말에도 여가시간을 충분히 활용할 수 있게 되었다. 좀 더 창의적이며 노동에서 벗어난 인간다운 활동에 매진할 수 있는 여유가 생겨나고 있다. 로봇이 인간의 일자리를 빼앗아간다는 우려 속에서도 로봇이 제공하는 여유로운 시간을 활용해 종전에는 생각지도 못했던 생산적인 일을 계획하고 매진할 기회가 커지고 있는 것이다. 일터와 집 모두에서 크고 작은 노동으로 힘들어하던 시대가 지나가고 집에서는 충분한 휴식과 여가활동을 할 수 있는 여건들이 조성되어 가고 있다. 인간은 이제 늘어난 여가시간에 어떤 활동을 계획하고 수행할지를 고민해야 하는 또 다른 과제 앞에 놓이게 됐다. 그 시간을 어떻게 활용하는지에 따라 로봇을 적극적으로 활용하는 삶과 로봇에게 활용당하는 삶이 갈릴 것이므로 명확한 인식과 철저한 준비가 필요한 시기이기도 하다.

비대면에서 무대면으로

코로나19 팬데믹을 거치면서 '비대면'이라는 키워드가 우리의 일상 속에 퍼져나갔다. 팬데믹의 암운이 걷혀가고 있지만, 비대면이라는 편리하고 매력적인 또는 위생적인 일상의 원칙들은 강력하게 자리를 잡고 있으며 그 적용 분야가 지속적으로 확장되는 추세를 보이고 있다. 일부 패스트푸드 프랜차이즈에서 선도적으로 도입되며 화제가 되었던 키오스크 주문 시스템이 이제는 개인이 운영하는 작은 식당, 작은 카페에서도 일상적인 비대면 인터페이스 주문 및 결제 방식으로 정착되었다. 주유소에서 셀프로 주유를 하거나 마트에서 셀프 계산대를 찾는 일, 톨게이트에서 정차 없이 하이패스로 통과하는 일 등은 아주 자연스러운 서비스 이용 방식이 되었다. 비대면의 일상화가 이루어져 있는 것이다.

로봇이 우리의 생활에 깊숙이 침투하면서 비대면의 일상은 이제 한 걸음 더 나아가 무대면의 세계로 확장되고 있다. 로봇과 봇으로 인해 비대면의 장막 건너에 있던 사람마저 사라지고 있기 때문이다. 드라이브 스루에서 스피커 너머로 응대하던 직원이 보이스봇으로 대체되고, 조리된 음식은 로봇이 전달한다. 대면 업무를 진행하는 은행의 지점들이 사라지고, 웹과 앱을 통한 금융 서비스가 확산되면서 사람이 개입할 여지마저 사라져가고 있다. 고객센터에서 1:1 채팅으로 상담을 해 주던 상담원이 챗봇으로 바뀌는 것은 물론이고 카페에서 키오스크 주문뿐 아니라 다축 팔을 가진 바리스타 로봇이 커피를 내리는 장면도 더 이상 낯설지 않다. 대면 서비스가 피치 못할 사정들로 비대면으로 바뀌면서 상냥한 미소와 친절함을 지닌 온기 있는 서비스가 사라짐을 아쉬워하는 사람들이 많았다. 그리고 때론 비대면 서비스에 대해 불만을 제기하며 비대면 너머의 사람들을 비난하는 사람들도 있었다. 그러나 이제는 그런 불만을 받아주고 비난을 감내할 사람이 서비스 너머에 존재하지 않는 무대면의 시대가 찾아왔다.

앞으로는 온기 있는 사람의 서비스를 원하는 사람들을 대상으로 한 대면 서비스가 좀 더 특별한 고가의 프리미엄 서비스로 재등장하는 역설적인 현상도 벌어질 것이라 예상된다. 무대면 서비스를 두려워하거나 불편해할 필요는 없다. 무대면의 장점들을 활용하면서 우리의 비즈니스 도메인에 그 누구보다 먼저 효율적인 무대면 서비스를 적용할 방안은 무엇인지 고민해 보아야 한다.

인간에 가까운 로봇의 등장

로봇은 현존하는 최첨단의 과학 기술들이 집약된, 인류 과학 문명의 결정체라고 해도 과언이 아니다. 그만큼 로봇은 최고, 최신의 기술과 다양한 구성 요소를 포함하고 있다. 로봇이 추구하는 이러한 기술들은 궁극적으로 무엇을 만들어내려는 것일까? 결국, 인간의 일을 해결하기 위해 인간을 닮아가고 인간의 능력을 뛰어넘으려는 것이 로봇의 목표라고 할 수 있다.

수많은 로봇 기술은 인간의 육체적, 정신적 기능을 모방하고 가장 유사하게 만들어내는 것에 초점을 맞추어 기술 개발이 이루어져 왔다. 인간의 일을 완벽하게 대신하기 위한 로봇의 숙명을 완수하기 위해서는 인간과 완벽하게 일치하는 역할과 기능을 수행할 수 있어야 하기 때문이다.

하지만 지구상의 다른 생명체와 달리 고도로 발달한 인간의 능력, 즉 뇌의 활동과 신체 기능은 그 일부를 모방하는 것만도 쉬운 일이 아니다. 그로 인해 로봇의 발전도 더딜 수밖에 없었다.

최근 로봇이 다양한 서비스 분야에서 각광받고 있는 이유는, 인간에 가까운 역할과 기능을 가능케 하는 기술이 급속히 발전했기 때문이다. 인간 뇌의 학습과 사고 기능은 인공지능(AI)으로 거의 대체 가능한 수준이 되고 있으며 손과 발 같은 물리적 기능은 배터리와 구동부의 개발로 응용력에서는 조금 뒤처져 있기는 하지만 지치지 않는 강력한 파워와 정밀함으로 인간의 능력을 능가하고 있다. 또 뇌의 판단을 돕고 물리적 활동을 지원하기 위한 시각, 후각, 청각, 미각, 촉각 등의 오감은 각종 센서의 개발과 인식 기술의 발달로 상당한 완성도를 이루어가고 있다.

로봇이 단순히 지나가는 이슈이자 열풍이 아니라 실질적인 도움이 되는 생활 속의 이기가 될 수 있게 해 주는 로봇 기술들을 살펴보면 이처럼 ① 오감의 인터페이스를 통해 환경과 사물을 인식하고 ② 인공지능 뇌의 판단에 의해 상황 분석과 의사결정을 내리며 ③ 팔과 다리 역할을 하는 구동부의 작동으로 물리적 역할을 수행하는 체계로 이루어져 있다는 것을 알 수 있다.

로봇을 직접 개발하고 만드는 전문가가 아니더라도 로봇을 이해하고 활용하기 위해 기본적인 로봇 기술과 용어들을 살펴보면 다음과 같이 나누어볼 수 있다.

오감의 완성_ 환경 및 사물 인식 기술

산업용 로봇이 서비스용 로봇으로 발전하게 된 데에 가장 크게 기여한 요소는, 바로 주변과 사물을 인식하고 대응할 수 있게 해 주는 각종 센서와 사물 인식 기술의 발달이라 할 수 있다. 인간의 신체에 비유하자면 오감(시각, 청각, 후각, 미각, 촉각)을 느끼고 뇌에 전달하기 위해 데이터화 하는 과정이다.

식당과 호텔에서 마주치는 서빙 로봇이 라이다(LiDAR)를 통해 실내 환경을 인식하고 데이터화하여 슬램(SLAM)이라는 기술을 통해 지도를 만드는 것과 경로 이동 도중 예상치 못한 사물이나 사람을 만나게 되면 대상을 다시 인식해 정지하거나 우회하는 기능 모두는, 정밀한 센서들이 개발된 덕분이라 할 수 있다.

라이다(LiDAR)

라이다(LiDAR)는 Light Detection and Ranging의 약자로 레이저 광선의 빛을 이용해 거리와 지형 등을 측정하는 기술을 말한다. 라이다 디바이스에서 짧은 펄스의 빛을 발사하고 물체에 부딪혀 반사되어 돌아오는 빛을 수집한 후 물체와의 거리를 계산해 물체의 정확한 위치와 대략적인 형태를 측정해 낼 수 있다.

최초 개발된 1D LiDAR는 직선거리의 장애물 여부만 판단할 수 있었다. 그러나 2D LiDAR의 개발로 인해 평면도와 같은 공간 파악이 가

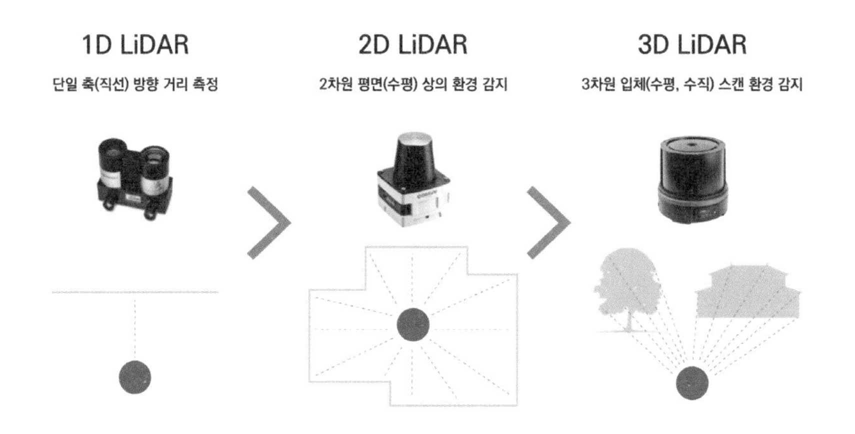

능해졌고 최신 로봇에 많이 쓰이는 3D LiDAR는 평면 공간뿐 아니라 레이저 펄스가 되돌아오는 반사 시간과 각도 등을 3D 좌표로 계산해 3차원의 입체 공간을 정확하게 모델링할 수 있는 수준까지 발달했다.

3D LiDAR는 어두운 환경이나 실외의 악천후 조건에서도 정밀한 거리 측정이 가능해 슬램(SLAM)과 같이 구동 로봇에 필요한 지도를 만들거나 건축에서의 정밀 검사 용도로도 많이 사용되고 있다. 하지만 3D LiDAR는 아직 높은 가격으로 인해 로봇 대중화의 걸림돌로 지적되고 있다. 거울이나 유리, 반짝이는 대리석 바닥과 같이 레이저 빛 반사의 왜곡을 일으키는 물체가 있으면 인식 오류가 발생할 수 있다는 단점도 가지고 있다.

슬램(SLAM)

로봇에서의 슬램(SLAM)은 Simultaneous Localization and Mapping의 약자로 글자 그대로 풀자면 실시간 위치 인식과 동시에 해당 데이터를 이용해 지도 만들기를 하는 기술을 지칭한다. 로봇 스스로 자신이 있는 주변 환경을 인식한 후 공간의 지도를 만드는가 하면 동시에 지도 속에서 자신의 위치를 정확하게 추정해 내는 기술이 슬램을 통해 구현될 수 있다. 슬램(SLAM)이 가능하게 된 것은 무엇보다 라이다(LiDAR)와 같은 각종 센서 장비와 기술 발달 덕분이라 할 수 있다. 슬램은 라이다뿐 아니라 비전(Vision) 기술에 사용되는 카메라와 초음파 센서 등을 통해서도 측정하고 만들어낼 수 있다. 로봇청소기가 실내 지도를 만들고 청소할 경로를 계산하며 자신의 위치를 인식해 장애물을 피하고 충전 스테이션으로 돌아갈 수 있는 기능도 모두 이런 슬램 기술에 의해 가능해졌다고 할 수 있다.

카메라(Camera) 인식 및 추종 기술

로봇이 환경을 인식하고 목적하는 작업을 수행하는 데에는 다양한 카메라가 사람의 눈처럼 사용되고 있다. 로봇이 물체를 정확히 잡거나 목적하는 곳으로 이동시키는 일들은 모두 카메라를 통한 인식이 먼저 정교하게 이루어져야 가능해진다. 따라서 어떤 카메라를 어떻게 사용하느냐에 따라 로봇 기능의 구현에 큰 차이를 보인다. 사람도 시력이 좋아야 멀리 보고 정확히 인식하며, 올바른 판단을 내릴 수 있는 것과 같은 이치다.

카메라는 이미지를 인식하는 용도로 사용되는 ① 알지비(RGB) 카메라, 2개 이상의 쌍을 이루는 카메라를 이용해 깊이를 측정하거나 추종할 수 있는 ② 스테레오(Stereo) 카메라, 이미지 인식과 함께 깊이까지 측정할 수 있어 3D 맵핑(Mapping)에도 쓰여 뎁쓰 카메라(Depth Camera)라고도 불리는 ③ RGB－D 카메라, 단순히 장애물 여부 등을 판단하는 데 쓰이며 TOF 센서라고도 칭해지는 ④ ToF(Time of Flight) 카메라, 열을 감지해 이미지로 구현할 수 있어 구조 로봇이나 보안, 방재용 로봇에 주로 쓰이는 열화상 카메라인 ⑤ 써말(Thermal) 카메라 등이 있다.

과일 수확 로봇이 딸기와 같은 과실의 익음 정도를 판단하고, 그립퍼를 이용해 정확한 위치의 과실을 수확할 수 있는 것은 바로 색깔로 익음 정도를 판별하고 공간 측정을 통해 위치를 인식할 수 있는 정밀한 카메라 기술 덕분이다.

초음파 센서

자동차에서 충돌 방지용 거리 측정 도구로 많이 쓰이는 초음파 센서 역시 로봇에서 많이 쓰인다. 주행이나 작업 중 사물을 감지하거나 장애물의 출현에 신속히 대응하는 데 유용하다. LiDAR와 같이 더 정밀한 도구들이 많이 등장하고 있음에도 초음파 센서가 여전히 필요한 이유는 바로 상대적으로 낮은 가격에도 불구하고 높은 효용성을 제공하기 때문이다.

GPS와 RTK-GPS

광활한 평야와 같은 실외에서 사용되는 로봇의 경우 주변의 사물을 인식해 위치와 방향을 잡는 라이다(LiDAR)나 카메라는 본원적 한계로 인해 무용지물이 되는 경우가 많이 있다. 이럴 때 중요하게 사용되는 솔루션이 바로 GPS(Global Positioning System)다. 약 24개의 위성에서 제공하는 글로벌 위성 신호를 이용해 로봇의 위치를 잡을 수 있으므로 GPS 수신기를 로봇에 장착하면 길을 잃더라도 방향과 위치를 보정할 수 있다. 로봇은 자동차의 내비게이션에 비해 오차 없이 더 정밀한 작업을 해야 하므로 보통 RTK GPS(Real Time Kinematic GPS)라는 고가의 높은 등급 GPS를 사용하는 게 일반적이다. RTK GPS는 센티미터 단위 정확도의 위치 보정이 가능하며 농업이나 건설업 등에서 정밀한 로봇 이동 기능이 필요할 때 필수적으로 사용하는 장비와 기술이다.

영상 인식 및 처리 기술

카메라 및 각종 센서, 영상 촬영 기술이 발달함에 따라 그것을 분석하고 활용하는 영상 처리 기술 또한 크게 발달하여 로봇에 적용되고 있다. 라이다와 비전 카메라를 통해 수집된 정보를 이용하는 실외 로봇의 경우 4계절 바뀌는 환경을 계산해 시각 이미지가 달라지더라도 정확한 경로를 설정할 수 있으며 실내에서도 달라진 환경과 장애물을 인식하고 새로운 경로를 만들거나 대응할 수 있게 됐다. 나아가 영상 처리 기술은 로봇이 마주한 대상이 인간인지, 동물인지, 무생물인지 판단할 수 있도록 돕고 있으며, 안면 인식 기술 등을 이용해 인간의 성별과 나이를 구분하고 홍채, 지문, 정맥 인식을 통해 로봇 제어 권한을 부여하는 보안 인식 기술로까지 확장 운영이 가능해지고 있다.

음성 인식 및 처리 기술

로봇이 인간과 상호작용을 하며 작업을 하거나 서비스를 제공하기 위해서는 인간의 음성을 이해하고 반응하는 능력 또한 갖추고 있어야 한다. 음성 명령을 통해 로봇을 제어하거나 음성을 텍스트로 변환해 다양한 작업을 수행하는 것, 나아가 음성으로 작업 수행의 결과를 리포트 하는 것(TTS: Text to Speech)들이 모두 로봇에 필요한 음성 인식과 처리 기술의 범주라고 할 수 있다. 음성 처리를 위해서는 자연어처리(NLP: Natural Language Processiong)와 음성 인식 엔진이 필수로 필요하며 정확도를 높이기 위해 딥 러닝 모델과 같은 인공지능(AI)의 기술들이 사용되기도 한다.

사물인터넷(IoT)

로봇은 독립적으로 작업을 하는 것처럼 보이지만 실제로는 통신 네트워크를 사용해 다른 장치나 시스템, 또는 클라우드의 서버와 끊임없이 정보를 주고받으며 작업의 완성도를 높이고 있다. 로봇의 중량과 가격을 낮추기 위해서는 원격 제어와 모니터링 기능을 갖춘 IoT(Internet of Things) 기술과 외부 장비가 적절하게 사용되어야 한다. IoT

는 원격 제어와 모니터링 외에도 데이터 공유 및 클라우드 컴퓨팅, 주변 기기나 다른 로봇들과의 통신에 의한 협업, 외부의 다른 센서들이 수집한 환경 정보를 입력받아 위치와 상태, 심지어는 최종 임무까지 보정하는 동적인 환경 인식 등에서 긴요하게 사용할 수 있다.

기타의 다양한 센서(Sensor)

로봇이 다양한 역할을 온전하게 수행하기 위해서는 앞서 언급한 기술 외에도 사람의 오감에 해당하는 다양한 센서들이 적절하게 배치되어 작업 전후의 상태를 인식할 수 있어야 한다. 로봇의 발전은 센서의 발전과 궤를 같이한다고 할 정도로 센서는 물리적인 로봇 구성에서 매우 중요한 기능을 하고 있다. 몇 가지 센서를 예로 들자면 구동하는 로봇의 가속도를 측정하는 ① 가속도계(Accelerometer), 회전하는 각도를 인식해 방향을 잡아주는 ② 자이로스코프(Gyroscope), 가속도계와 자이로스코프가 함께 결합하여 가속도와 방향, 중력 등을 종합적으로 측정하는 ③ IMU(Inertial Measurement Unit), 적외선 빛을 감지해서 장애물을 파악하거나 경로를 추적할 수 있는 ④ 적외선센서(IR Sensor), 물리적인 접촉을 감지하는 ⑤ 터치센서(Touch Sensor), 온도를 감지하여 데이터화하는 ⑥ 온도센서(Temperature Sensor), 압력의 크기를 측정할 수 있는 ⑦ 압력센서(Pressure Sensor), 물체가 회전할 때 발생하는 힘의 크기를 측정해 로봇의 반응을 도와주는 ⑧ 토크센서(Torque Sensor) 등이 있다.

손과 발의 구현_ 로봇 구동 기술

로봇의 움직임, 즉 구동 기술은 물리적인 작업과 서비스를 제공하는 로봇에서 가장 원초적인 기술이자 필수적인 요소라고 할 수 있다. 구동은 단순한 로봇의 주행이 될 수도 있고 로봇팔과 로봇손의 미세 작업을 위한 구동, 농업과 건설업에서의 고중량 물건을 들고 옮기는, 고강도의 힘을 요하는 구동이 될 수도 있다.

전동모터(Electric Motor)

주행 로봇뿐 아니라 로봇 팔과 같은 로봇의 움직임은 대부분 모터의 힘으로 작동된다. 모터도 쓰임과 힘의 크기 등에 따라 몇 가지로 분류해 볼 수 있는데 직류 전원을 공급받아 회전 운동을 생성하는 일반적인 모터인 ① DC직류모터, DC모터에 브러시와 정류기가 없어 수명이 길고 소음이 적으며 속도와 방향 제어 효율성이 뛰어난 ② 브러시리스 직류모터(BLDC Motor), DC모터와 인코더의 결합으로 위치, 속도, 토크를 정밀하게 제어할 수 있는 ③ 서보모터(Servo Motor), 디지털 방식으로 구동되며 일정한 각도로 정밀하게 제어가 가능한 ④ 스텝모터(Step Motor), 전기차, 트램 등 대형 차량의 추진력을 제공하는 ⑤ 트랙션모터(Traction Motor) 등으로 나누어 볼 수 있다. 서빙 로봇과 같은 실내 로봇의 주행부에는 브러시리스 직류모터인 BLDC Motor가 주로 쓰이며 로봇팔과 같은 정밀한 위치 보정 및 작업 제어에는 서보모터나 스텝모터를 목적에 맞게 조합하여 사용하고 있다.

유압/공기압 액추에이터(Actuator)

액추에이터(Actuator)는 외부 신호를 받아 시스템을 물리적으로 움직이거나 제어하는 데 사용되는 기계 장치를 말한다. 보통 전기로 움직이는 로봇에서는 모터에 의해 기본적인 움직임이 모두 가능하지만, 산업용과 높은 하중의 서비스용 로봇에서는 모터에서 제공해 주는 것 이상으로 고강도의 힘을 낼 수 있어야 한다. 유압(Hydraulic) 또는 공기압(Pneumatic)을 이용하는 액추에이터가 이것을 가능하게 해 준다. 로봇에서의 액추에이터는 정밀도, 속도, 파워, 내구성, 효율성을 모두 갖추어야 하므로 다른 산업에서 쓰이는 일반적인 액추에이터보다 고사양의 제품이 사용되고 있다.

관절 팔과 손(Arm and Manipulator)

정밀한 작업을 요하는 곳에서 로봇은 인간이 가진 것과 같은 팔과 손을 가질 필요가 있다. 다관절을 가진 팔이 등장하여 이미 여러 곳에서 사용되고 있으며 로봇 팔(Robot Arm)만을 전문적으로 생산하는 로봇 기업들도 많이 있다.

로봇 팔은 꺾이는 관절이 몇 개인가에 따라 축의 수를 구분하여 분류하고 있는데 보통 산업 현장에서 많이 쓰이는 로봇은 6개 또는 7개의 관절을 가진 6축 또는 7축 로봇이다. 로봇 팔은 회전하는 관절 외에도 로봇 컨트롤러와 엔드오브암(작업) 도구, 액추에이터, 센서, 비전 솔루션, 전력 공급 시스템과 소프트웨어 등의 복잡한 구성 요소를 가진다.

매니퓰레이터(Manipulator)는 일반적으로 로봇 팔을 포함해 여러 링크와 조인트로 구성되어 인간의 손처럼 물건을 집거나 정밀한 작업을 수행하는 장치를 일컫는데 로봇 팔의 끝에 손과 같은 엔드이펙터(End Effector)를 장착한 형태까지를 포함한다. 엔드이펙터에는 주로 물건을 집는 용도로 사용되는 그리퍼(Gripper)로부터 흡입기(Vacuum), 용접기(Welding Tool), 도장기(Sprayer), 5개의 손가락으로 인간의 손을 모방한 인간형 로봇손(Anthropomorphic Robotic Hand), 고무나 실리콘 재질로 만들어 세밀한 작업이 가능한 소프트핸드(Soft Robotic Hand)까지 다양한 형태와 기능을 갖추고 있으며 향후 많은 발전과 개선이 이루어질 것으로 보이는 구성품이자 기술이다.

뇌의 탑재_ 자율 주행/작업 소프트웨어와 기술

각종 센서의 발달로 로봇은 주변 환경과 사물을 정밀하게 인식하고 전동화된 구동 기술 덕분에 움직임 또한 한층 매끄러워졌다. 하지만 로봇을 작동하게 하는 소프트웨어 기술이 진일보하지 못했다면 오늘날의 로봇 비즈니스는 성립되지 못했을 것이다. 로봇에 있어서 물리적인 하드웨어 못지않게 중요한 것이 로봇을 움직이는 운영체계(Operating System)와 정보 처리 기술이라고 할 수 있다. 특히 물리적인 형태가 없는 사이버 봇(Bot)의 등장으로 이의 중요성은 더욱 강조되고 있다. 로봇은 이제 단독으로 움직이지 않으며 산업과 서비스 현장, 가정에서 다른 로봇 또는 주변기기들과 상호작용하면서 복합적인 서비스를 제공하는 쪽으로 진화하고 있다. 단순히 로봇에 활용되는 기술을 아는 것뿐 아니라 로봇과 커뮤니케이션하는 이종 산업과 서비스의 기술, 소프트웨어의 발달을 융복합의 관점에서 알아가야 할 시대가 다가왔다.

로봇운영체제(ROS: Robot Operating System)

ROS는 로봇을 개발할 때 사용되는 소프트웨어 프레임워크를 말한다. 로봇에 필요한 알고리즘을 사용해 다양한 센서와 액추에이터, 구동장치를 제어하고 동작할 수 있게 해 주는 역할을 한다. 로봇운영체제는 전달 또는 판단해 낸 명령에 따라 임무 수행에 필요한 각 부분의 움직임과 기능을 제어하는 개별적이고 부분적인 제어시스템까지를 포함하는 것이 일반적이다.

인공지능(AI) 기술

로봇, 특히 서비스 분야의 로봇에서는 인간과의 커뮤니케이션이 핵심 요소로 부각되고 있다. 단순하게 설계된 하나의 입력값 처리는 음성 인식 기술만으로도 충분히 가능하다. 하지만 현대의 로봇은 인간이 사용하는 모든 형태의 자연어를 인식, 판단하고 대응할 수 있는 수준까지 기능이 요구되고 있다. 따라서 다양한 음성이 담고 있는 내용(Contents)을 파악하고 그에 적절한 방법으로 대답을 하거나 움직임을 실행하는 인공지능의 역할이 매우 중요해졌다. 현세대의 로봇이 이전 세대의 산업용 로봇과 가장 두드러지게 달라진 점이 바로 인공지능(AI)의 발달로 로봇이 인간의 표정과 행동, 음성으로 감정 상태까지 파악하고 그에 부합하는 반응을 할 수 있게 된 것이라 할 수 있다.

인공지능은 기능적 분류와 기술적 분류로 나누어 볼 수 있다. 기능

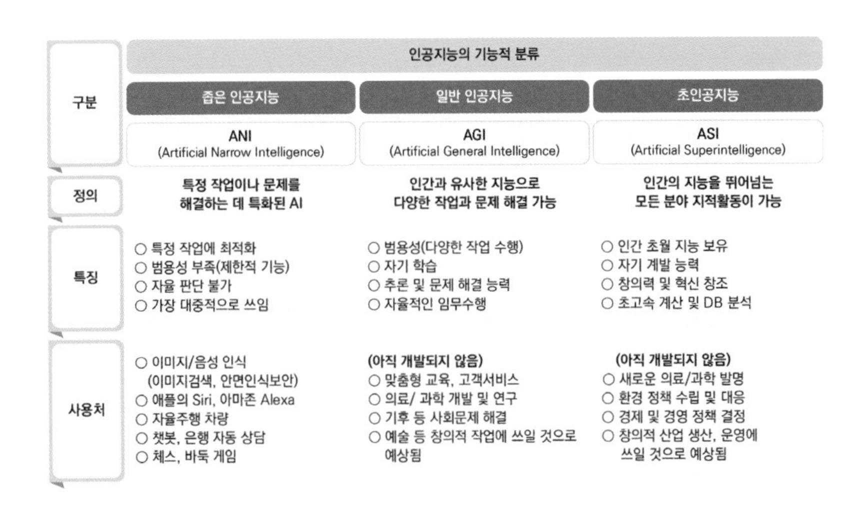

구분	인공지능의 기능적 분류		
	좁은 인공지능	일반 인공지능	초인공지능
	ANI (Artificial Narrow Intelligence)	AGI (Artificial General Intelligence)	ASI (Artificial Superintelligence)
정의	특정 작업이나 문제를 해결하는 데 특화된 AI	인간과 유사한 지능으로 다양한 작업과 문제 해결 가능	인간의 지능을 뛰어넘는 모든 분야 지적활동이 가능
특징	○ 특정 작업에 최적화 ○ 범용성 부족(제한적 기능) ○ 자율 판단 불가 ○ 가장 대중적으로 쓰임	○ 범용성(다양한 작업 수행) ○ 자기 학습 ○ 추론 및 문제 해결 능력 ○ 자율적인 임무수행	○ 인간 초월 지능 보유 ○ 자기 계발 능력 ○ 창의력 및 혁신 창조 ○ 초고속 계산 및 DB 분석
사용처	○ 이미지/음성 인식 (이미지검색, 안면인식보안) ○ 애플의 Siri, 아마존 Alexa ○ 자율주행 차량 ○ 챗봇, 은행 자동 상담 ○ 체스, 바둑 게임	(아직 개발되지 않음) ○ 맞춤형 교육, 고객서비스 ○ 의료/ 과학 개발 및 연구 ○ 기후 등 사회문제 해결 ○ 예술 등 창의적 작업에 쓰일 것으로 예상됨	(아직 개발되지 않음) ○ 새로운 의료/과학 발명 ○ 환경 정책 수립 및 대응 ○ 경제 및 경영 정책 결정 ○ 창의적 산업 생산, 운영에 쓰일 것으로 예상됨

적인 분류로 보자면 현재의 인공지능은 아주 기초적인 수준이며 앞으로 개발하고 해결해야 할 과제가 많은 것으로 보고되고 있다. 챗GPT를 만들어낸 오픈AI(Open AI)에서는 인공지능의 능력 수준을 다섯 단계로 구분하고 있다. 1단계는 챗봇(Chatbots)처럼 정보(콘텐츠)를 묻고 답할 수 있는 수준을 말하며 5단계는 한 조직의 업무를 완전하게 대신 수행할 수 있는 조직(Organizations)의 수준까지를 말한다. 오픈AI에서는 현재의 인공지능 수준을 1단계인 인간과의 대화를 통해 상호작용을 하는 수준을 갓 넘고 있는 것으로 판단하고 있다. 아직 인간 수준으로 문제해결을 할 수 있는 2단계에도 못 미치고 있다는 말이다. 그러나 최근 몇 년간의 진화와 개발 속도를 보자면 인공지능 솔루션과 학습 능력은 매우 빠르게 발전하고 있으며 곧 실생활에서 인간을 뛰어넘을 분야들이 속속 등장할 것으로 예측된다.

인공지능의 기술적 발전에서는 이미 기초적 단계의 머신러닝(ML)을 지나 딥러닝, 그리고 강화학습 모델로 발전하여 괄목할 만한 성과와 서비스들을 만들어내고 있다고 평가된다. 자연어 처리(NLP) 분야에서

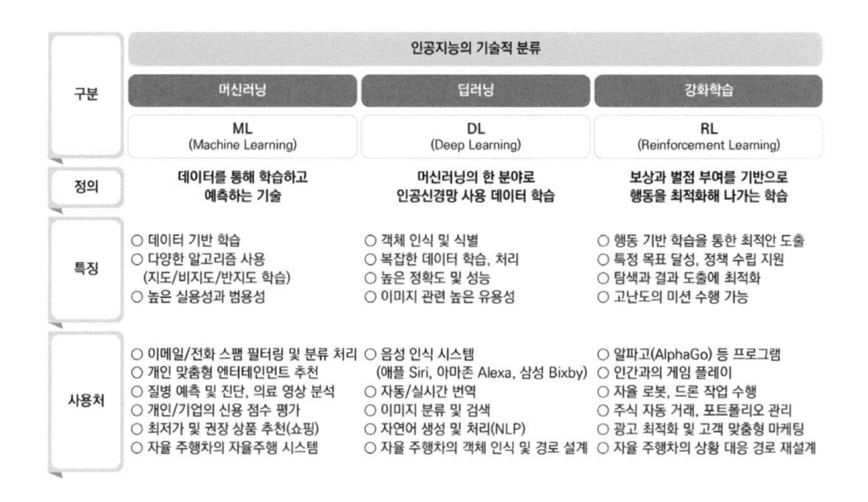

구분	인공지능의 기술적 분류		
	머신러닝	딥러닝	강화학습
	ML (Machine Learning)	DL (Deep Learning)	RL (Reinforcement Learning)
정의	데이터를 통해 학습하고 예측하는 기술	머신러닝의 한 분야로 인공신경망 사용 데이터 학습	보상과 벌점 부여를 기반으로 행동을 최적화해 나가는 학습
특징	○ 데이터 기반 학습 ○ 다양한 알고리즘 사용 (지도/비지도/반지도 학습) ○ 높은 실용성과 범용성	○ 객체 인식 및 식별 ○ 복잡한 데이터 학습, 처리 ○ 높은 정확도 및 성능 ○ 이미지 관련 높은 유용성	○ 행동 기반 학습을 통한 최적안 도출 ○ 특정 목표 달성, 정책 수립 지원 ○ 탐색과 결과 도출에 최적화 ○ 고난도의 미션 수행 가능
사용처	○ 이메일/전화 스팸 필터링 및 분류 처리 ○ 개인 맞춤형 엔터테인먼트 추천 ○ 질병 예측 및 진단, 의료 영상 분석 ○ 개인/기업의 신용 점수 평가 ○ 최저가 및 권장 상품 추천(쇼핑) ○ 자율 주행차의 자율주행 시스템	○ 음성 인식 시스템 (애플 Siri, 아마존 Alexa, 삼성 Bixby) ○ 자동/실시간 번역 ○ 이미지 분류 및 검색 ○ 자연어 생성 및 처리(NLP) ○ 자율 주행차의 객체 인식 및 경로 설계	○ 알파고(AlphaGo) 등 프로그램 ○ 인간과의 게임 플레이 ○ 자율 로봇, 드론 작업 수행 ○ 주식 자동 거래, 포트폴리오 관리 ○ 광고 최적화 및 고객 맞춤형 마케팅 ○ 자율 주행차의 상황 대응 경로 재설계

LLM(Large Language Model)이라는 대규모 데이터셋 학습 모델이 등장하여 실시간 번역과 문서 생산, 분석, 언어 모델링, 대화형 AI 등의 서비스를 무난하게 제공하고 있기 때문이다.

기능적, 기술적인 진화를 거듭하고 있는 인공지능은 온라인 서비스에서 먼저 우수한 능력을 발휘하고 있으나 곧 실물 경제와 생활에서도 다양한 형태로 표출될 것으로 예측된다. 그리고 그 표출의 대표적인 형태는 바로 로봇이 될 것임이 분명하다.

경로 설계 및 주행 기술(Path Planning)

현대의 로봇은 공장 내 물류 로봇에 사용되던 단일 경로 주행의 AGV(Automated Guided Vehicle)의 한계에서 벗어나 전방에 장애물이 등장하거나 시간이 지체될 것으로 판단될 경우 회피를 하거나 새로운 경로를 만들어 이동할 수 있는 AMR(Autonomous Mobile Robot)이 대세로 적용되고 있다. 이것은 다양한 경로라는 경우의 수를 계산하고 적용하는 패스플래닝(Path Planning) 기술이 있기에 가능해졌다. 축적된 데이터와 라이다를 통해 파악한 다양한 경로의 동선들을 토대로 실시간을 판단해 장애물 등장 시 멈춰 대기할 것인지, 우회할 것인지, 아니면 아예 다른 경로로 이동할 것인지를 판단함으로써 시간을 단축하고 작업의 효율성을 높일 수 있다. 패스플래닝 기술은 기본적으로 슬램(SLAM) 지도를 기반으로 운용된다.

비전 추종 기술(Vision Tracking)

로봇의 경로 주행은 고가의 라이다와 같은 장비와 슬램 기술을 이용해 지도를 만들어 운행하는 방식이 최선이자 최신의 방법으로 알려져 있다. 3D 라이다(LiDAR) 운용을 위해서는 고가의 장비와 지도 보정을 위한 추가 비용이 소요되는 부담이 있다. 이런 부담을 해소하고자 특정 한 경로만을 오고 가는 단순한 로봇의 구현에서는 라이다 대신 카메라를 이용한 비전 추종 방식이 쓰이고 있다. 비전 추종은 굳이 복잡한 지도를 만들지 않고 바닥이나 천장에 특정 문양 또는 코드의 마커를 붙여 놓고 로봇이 카메라로 해당 마커를 인식한 후 따라가는 방식으로 구현된다. 마커는 천장에 붙이는 스티커 형태도 있고 벽면에 QR코드와 같은 특정 코드 문양을 인쇄해 붙이는 방식, AGV와 같이 바닥 면에 표식 있는 라인을 설치하는 형태로도 운용된다. 라인 추종 방식이 AGV와 다른 점은 장애물을 만났을 때 로봇의 판단으로 멈춤도 가능하지만 우회와 복귀, 상황 판단 보고 등을 할 수 있다는 점이다.

디지털 트윈(Digital Twin)

로봇에서의 디지털 트윈은 물리적인 로봇의 동작, 성능, 상태 등을 가상 환경에 디지털 복제본으로 만들어 시뮬레이션해 보는 기술이다. 이 기술은 로봇의 설계 최적화, 운영 및 유지보수에 매우 중요한 기능을 제공하며 이를 통해 로봇 개발의 오차를 줄이고 각종 사고를 예측하여 예방할 수 있다. 디지털 트윈 기술은 로봇 설계 및 프로토타이핑, 운영 시뮬레이션, 예지 보전, 운영 최적화, 원격 가상 모니터링 및 제어, 환경 적응 테스트, 교육 및 훈련 방법으로 활용 등으로 활용되며 실제 물리적인 로봇 개발 시 비용을 절감할 수 있고 효율성을 높이며 안전성을 확보할 수 있어 로봇을 설계하고 개발하는 데 필수적인 기술이자 절차로 자리매김해나가고 있다.

네트워크 및 통신

로봇은 독립된 객체로서 스스로 판단하고 움직임이 가능하다. 하지만 현재의 추세는 로봇의 소프트웨어는 최소화하고 거대 인공지능(AI) 플랫폼으로 설계된 중앙 서버 데이터와 실시간 통신을 통해 판단 정보를 수신받아 작동하는 것이 효율적이라 평가되고 있다. 실시간 데이터 송수신을 위해 반드시 필요한 것이 바로 무선 통신 기술이다. 통신은 로봇이 가동되는 주변 인프라에 따라 와이파이(WiFi)나 이동통신(LTE/5G)이 주요 쓰이며 단거리에서는 블루투스(Bluetooth)가 쓰이기도 한다.

03 로봇의 현실과 극복해야 할 과제

SF영화와 잘 짜인 각본으로 만들어진 SNS의 동영상들이 사람들에게 로봇에 대한 환상을 심어주고 있다. 또 많은 기업이 투자 유치 또는 기업 가치를 상승시킬 목적으로 다소 과장된 발표를 진행함으로써 현재 기술 수준으로 구현 가능한, 상업적인 용도로 보급 가능한 수준의 로봇에 대해 많은 오해를 불러일으키고 있다.

물론 미래지향적인 시도와 미완의 개발 결과물이라도 세상에 선보이고 싶어 하는 기업인들의 마음은 충분히 이해할 수 있다. 그러나 로봇 기술의 현 수준과 범용적인 상용화를 위해 필수적으로 개발하고 넘어가야 할 과제들을 간과한 채 로봇을 추상적인 상품으로 기획하고 홍보한다면 그것은 한낱 공상에 지나지 않는 것이 된다. 그렇게 되면 결국 로봇 상품이 출시되더라도 로봇의 실수요자들로부터 외면받을 가능성이 커진다. 로봇의 발전과 로봇 도입의 활성화를 위해서는 완벽하게 넘지 못해 고전을 겪고 있거나 어려움을 겪고 있는 부분을 올바르게 인정, 공유하고 함께 극복해 나가려는 노력을 기울일 필요가 있다. 현재 로봇 기술의 한계와 극복해야 할 과제들을 명확히 인지한다는 것은 해결의 실마리를 찾기 위한 시작이 될 수 있으며 집단지성과 소비자가 될 고객들의 이해를 바탕으로 로봇 상품에 대한 오해를 풀고 현 수준 로봇 상품의 활성화에 도움이 될 수 있다.

현재 로봇이 직면하고 있는 도전과 과제는 기술적인 제약과 사업적 제약으로 나누어볼 수 있다. 그러나 이러한 제약들이 언제까지나 그대로 남아 있을 것이라고 보기는 어렵다. 늘 그래 왔듯, 한계와 장벽이라 여겨지는 기술이라 하더라도 이 순간 많은 로봇 기업들과 연구자들에 의해 개선이 이루어지고 있으며 곧 그들에 의해 놀라운 솔루션들이 등장할 것이기 때문이다.

기술적 제약과 과제

지금 이 순간에도 유튜브와 SNS에는 수많은 로봇 관련 영상과 정보들이 기업과 언론, 크리에이터들에 의해 제작되어 게시되고 있다. 그러나 많은 영상이 현재 로봇 산업이 직면하고 있는 난관들은 외면한 채 흥미를 끌고 관심을 유도하기 위한 퍼포먼스 수준으로 연출되고 있어 로봇 산업에 대한 왜곡된 인식을 심어주고 있는 것이 사실이다. 기술적인 제약과 한계는 언젠가는 극복될 것이며, 실제로 점진적으로 극복되고 있다. 하지만 지나치게 낙관적이고 긍정적인 메시지는 제약 극복을 위한 동기 부여에 좋지 않은 영향을 미칠 수 있고 극복을 이룬 많은 기업과 연구자들의 성과를 당연한 것으로 폄훼할 가능성이 크다. 로봇 산업을 이해하고 우리의 현주소를 가늠하기 위해서는 현재 로봇 산업이 직면하고 있는 기술적 한계와 제약을 먼저 올바르게 이해하고 공유하는 것이 필요하다.

엘리베이터와 보안게이트

최근 로봇이 가장 활발하게 도입되고 있는 분야 중 하나는 단연 호텔과 병원이다. 호텔과 병원에 로봇 도입 시도가 많은 이유는 대표적인 서비스 업종이자 많은 사람이 출입하는 곳이기에 도입이 이루어진다면 효율이 올라갈 뿐 아니라 마케팅 효과를 톡톡히 볼 수 있기 때문이다. 호텔에서는 벨보이가 전담하던 객실로의 짐 운반 서비스부터 식음료 및 편의용품 배달, 복도 청소 및 안내, 보안경비 등 여러 분야에 다양한 로봇이 경쟁을 벌이듯 투입되고 있으며 각종 실험이 이루어지고 있다.

호텔의 객실 배달 서비스가 대표적인 로봇 서비스로 TV에 등장한 지도 수년이 흘렀다. 하지만 아직까지 보편적인 호텔 서비스로 자리를 잡지 못하고 있는 이유는 무엇일까? 여러 이유가 있겠지만 핵심 원인 중 하나는 '층간 이동'이라는 기술적 과제가 완전히 해결되지 않았기 때문이다. 대부분의 로봇은 계단을 오를 수 없기 때문에 층간 이동 시 엘리베이터를 이용해야 한다. 로봇에서 물리적인 팔이 나와 엘리베이터를 호출하고 가고자 하는 층수의 버튼을 누르지 않는 이상, 엘리베이터 설비와 IoT 기술에 의해 통신을 주고받으며 원격으로 제어를 해 엘리베이터를 호출하고 원하는 층으로 이동시켜야 한다. 로봇 자체의 구동 기술보다도 이 과정에서의 기술과 방식에 적잖은 장벽이 존재하고 있다.

무엇보다 엘리베이터 자체의 사양에서부터 기술적 제약이 존재하곤 한다. 원격 제어반을 통해 엘리베이터에 전자기적 명령을 전송할 수 있는 엘리베이터는 최근 몇 년 내 출시된 최신 사양의 엘리베이터여야만 구현할 수 있기 때문이다. 또한 엘리베이터 제조사마다 서로 다른 규격과 연동 정책을 시행하고 있기 때문에 그에 맞는 별도의 개발과 적용이 수반되어야 한다. 많은 엘리베이터 제조사에서는 안전상의 문제를 들어 최신 엘리베이터라도 제어반의 통제권을 로봇 개발사나 공급사에 쉽게 개방하지 않고 있다. 로봇에게 제어권을 열어주더라도 큰 액수의 이용료와 연동 개발비를 요구하는 사례도 있다. 때로는 호텔용 로봇 1대의 구매 가격보다 그 로봇과 엘리베이터 연동의 비용이 두 배 이상 소요되는 경우가 발생한다.

호텔 업계는 인건비 절감과 비대면 서비스 제공이라는 장점으로 객실 서비스 로봇의 수용에 대체로 호의적이다. 하지만 엘리베이터 연동과 그에 따른 오작동의 문제, 호텔의 설계 단계부터 로봇 전용 엘리베이터가 있는 것이 아닌지라 고객과 함께 사용하는 엘리베이터에서의 탑승 우선순위 문제 발생 등으로 시범 서비스 후 본격 도입은 주저하고 있는 것이 현실이다. 대안과 새로운 방식을 찾기 위해 로봇 업계에서는 다방면으로 노력하고 있으나, 모든 호텔에 적용될 수 있는 범용적 솔루션이 아직은 나오지 않고 있다.

실외 배송 로봇에서는 라스트마일(Last-mile delivery)이라는 키워드가 주목받고 있을 만큼 고객의 집 앞 배송 서비스에 대한 관심이 뜨겁다. 미국에서 단거리 자율운행 배송 로봇으로 서비스를 시작한 스타쉽 테크놀로지(Starship Technology)는 거액의 투자를 유치하고 있다. 하지만 단층 주택으로 이루어진 미국의 주택가와 달리 우리나라와 같이 아파트가 보편적인 주거형태로 자리 잡은 나라에서는 아파트에서도 엘리베이터가 발목을 잡고 있다. 엘리베이터 이슈가 라스트마일 배송 로봇에서도 커다란 장벽이 되는 것이다.

엘리베이터와 유사하게 실내외 배송 서비스 로봇의 장벽으로 작용하는 것이 있으니 그것은 바로 보안 게이트다. 보안 게이트 역시 로봇이 통과하기 위해 보안 게이트의 제어반과 통신을 하거나 특별한 인증을 해야 하는데 보안 게이트 업체와 게이트의 형태에 따라 규격과 개발 범위가 달라 범용적인 로봇 기술 구현에 애로를 겪고 있다. 더구나 보안 게이트의 경우 로봇이 통과할 경우 허락받지 않은 외부인의 동시 입장을 막을 수 없어 보안 게이트 본연의 목적이 훼손될 수 있으므로 정책상 로봇에게의 개방이 쉽지 않은 상황으로 전개되곤 한다.

엘리베이터 이용과 보안게이트 통과 문제를 해결하기 위한 다양한 시도가 이루어지고 있다. 엘리베이터와 보안 게이트의 제어반에 적용되는 통신 규격이 표준화되고 최신 엘리베이터의 보급이 늘어난다면 이 이슈는 시간이 해결해 줄 수도 있다. 고객들에게 가장 실질적인 편익을 제공할 수 있는 서비스로 평가받는 실내외 배송 서비스에서 로봇의 빠른 보편화를 위해서는 시급하게 개선된 기술과 솔루션이 등장해야 할 것으로 보인다. 그리고 머지않아 해당 기술의 보급으로 라스트마일 서비스 로봇의 활성화가 이루어질 것이라 기대해 본다.

직립 보행

테슬라가 차세대 휴머노이드 로봇 'Optimus Gen' 시리즈를 공개하면서 전 세계의 이목을 집중시켰다. 로봇 개발의 궁극적 목표는 사람과 유사한 형태와 기능을 가진 휴머노이드 로봇이었다. 이 때문에 로봇 업계와 연구 기관들은 오랜 시간 동안 인간과 닮은 로봇 개발에 매진해 왔다. 그런데 사람과 비슷한 로봇을 구현하기 위한 첫 번째 관문이 바로 사람이 다른 동물과 다른 점이었던 직립 보행, 즉 두 발로 서서 걷거나 뛰게 만드는 일이었지만 그것이 다른 기술과 달리 생각보다 쉽게 그리고 빨리 이루어지지는 않고 있는 것이 현실이다. 단순히 서 있는 것은 문제가 되지 않는다. 하지만 두 발로 빠르게 걸으면서도 무게 중심을 적정하게 옮기는 일은 고도의 메커니즘이 필요로 하며 여기에 더해, 물건을 들고 걷거나 달리는 일, 인공지능과 결합해 특정 목적지를 향해 자율보행하는 것은 난도가 높다고 할 수 있다. 즉 범용적인 상용 수준의 로봇 형태를 갖추기엔 상당한 시간이 필요한 것이 현실이다.

세계 각국의 로봇 연구진들은 특정한 목적을 수행하는 로봇이 아닌 단순히 두 발로 서서 자연스럽게 걷는 로봇의 개발에 열중해 왔으며 그것을 최첨단 기술력을 과시하는 수단으로 삼아 왔다. 테슬라의 옵티머스, 보스톤다이내믹스의 아틀라스(Atlas), 앱트로닉의 아폴로(Apollo), 중국 유니트리 로보틱스(Unitree Robotics)의 휴머노이드 로봇 H1 등이 대표적다. 우리나라에서도 KAIST에서 개발한 휴보(Hubo) 이후 휴머노이드 2족 보행 로봇에 관한 관심과 연구가 계속되고 있다. 하지만 복합적인 환경 분석과 접지 능력, 무게 분산 기술, 자율보행 기술은 짧은 시간, 정해진 환경에서의 시연(연출) 정도가 가능할 뿐 사람처럼 자연스럽게 보행을 하며 주변 자극에 반응하는 한편, 목적지를 찾아 이동하는 것까지는 아직 도달하지 못하고 있다. 더구나 그것이 사람을 대신해 청소와 요리 같은 특정 임무를 수행하는 상품으로 세상에 나오기까지는 상당한 시간이 더 필요할 것으로 보인다.

2족 보행의 구현이 어려워지자 최근 4족 보행 로봇(일명 개 로봇)이 각광을 받고 있다. 하지만 4족 보행 로봇 역시 수평을 유지하고 동물처럼 걷는 행위를 한다고는 하나 걷는 것 이외에 주변 환경을 인식해 반응하고 특정 목적을 수행하는 것은 SNS나 광고 영상을 통해 제한된 상황에서의 기능 시연은 이루어지고 있지만, 이는 상용화나 실제 응용 단계와는 거리가 있는 일시적 연출에 가깝다. 2족 보행, 4족 보행 로봇이 인간과 동물의 형태를 보여 친밀감과 경이로운 경험을 안겨주긴 하지만 아직 인간이나 동물과 같이 목적 수행이 가능할 정도의 기술로 올라서기엔 갈 길이 멀다는 결론에 이르게 된다.

기업 가치 상승을 위해, 투자 유치를 위해 또는 특정 개인의 기술 수준을 과시하기 위한 목적으로 직립 보행 또는 사람과 같은 로봇을 곧 만들 수 있다는 발표와 영상에 휩쓸리지 말고 냉정한 분석과 상품으로서의 가치 판단을 내리는 것이 기술 발전 독려와 응원을 위해 더 필요한 상황이라 하겠다.

매니퓰레이터

로봇이 정밀한 가공이나 작업을 수행하는 데 있어, 물체를 잡고 조작하는 역할을 담당하는 매니퓰레이터(Manipulator)는 로봇팔을 포함하기도 하지만 인간의 손과 같은 기능의 구현이 관건이라 할 수 있다. 인간의 손은 물건을 집을 때도 물건의 강도와 무게 등을 촉감으로 측정해 그에 알맞은 강도와 악력을 가하게 된다. 예를 들어, 깨지기 쉬운 달걀을 들어 올릴 때와 같은 크기의 쇠 구슬을 들어 올릴 때, 손에 가해지는 압력과 손가락의 위치 등이 달라진다. 또 바늘에 실을 꿰는 작업을 하거나 목재를 다듬어 조각할 때는 극도로 미세한 조작이 필요하다. 완전한 기능의 매니퓰레이터가 되기 위해서는 인간처럼 대상물인 사물과 임무에 따라 세밀한 힘 조절과 움직임이 필요한데 아직 이 모두를 완벽하게 구현할 수 있는 매니퓰레이터는 개발되지 않은 상태이다.

서비스 로봇에 장착되는 그립퍼(Gripper)라 불리는 단순한 집게 손의 구현에만도 많은 기술과 비용이 투입된다. 제조공장의 고정된 로봇

팔에서의 작업은 어느 정도 정확도를 갖출 수 있지만 움직이는 서비스 로봇에 장착된 매니퓰레이터의 경우 환경 인식과 이미지 데이터 처리, 가변적인 빛과 사물과의 거리 계산 등을 복합적으로 판단해 임무 수행까지 진행해야 하므로 그 구현의 난도이도가 급격히 상승한다. 따라서 주어진 시나리오에 따른 단순한 시연 정도를 구현하는 것으로 만족해야 할 때가 많이 있다. 이동하는 구동체 위 매니퓰레이터의 경우 센서와 제어시스템의 오차로 인해 정밀도가 떨어질 수 있으며 로봇의 손가락으로 물체를 잡거나 조작하는 동작을 미세 조정할 수 있는 소프트웨어의 한계로 인간과 유사한 결과물을 만들어내기 어려운 상황에 놓여있다. 잘 짜인, 제한된 환경에서 시나리오에 따른 움직임이 가능하지만, 높은 가격으로 인해 비용 대비 효용을 얻어내기도 힘들다. 즉 현재의 매니퓰레이터는 인간의 손 대비 정확도와 유연성, 내구성이 떨어진다고 할 수 있다. 매니퓰레이터는 인간을 대신할 로봇의 완성도를 위해 필요하며 유망한 분야이므로 물리적인 신소재의 개발과 함께 상용화가 가능한 정도의 가격과 성능을 지닌 소프트웨어의 개발이 수반되어야 하겠다.

주변 인식 오작동

자율주행 또는 자율작업 로봇에서 명확한 한계로 지적되고 있으며 개선이 시급한 분야 중 하나가 인식 오류로 인한 오작동의 위험이라 할 수 있다. 자율주행 로봇의 환경 인식을 위한 최신 기술이라고 하는 3D 라이다(LiDAR)만 하더라도 레이저 빛을 이용하기 때문에 유리나 거울, 반사되는 바닥과 같은 대상물이 있으면 오류를 범하거나 인식하지 못하는 경우가 많이 있다. 실외로 나가면 환경 인식에 더 취약할 수밖에 없다. 하루 중 해의 이동과 날씨에 따른 빛의 양 변화에 따라 자신의 위치를 잃어버릴 수 있기 때문이다. 눈이나 비가 내려 지형의 색감과 이미지가 변한다면 카메라나 센서와 같은 비전(Vision) 기술에 의존하는 기술은 때로 무용지물이 되어버린다. 보완적인 기술로 정밀한 위성 정보인 GPS가 쓰이나 GPS 역시 오차가 있고 보다 정밀한 RTK-GPS를 적용하려면 추가 비용이 많이 발생한다는 단점이 있다. 또 GPS는 구름이 많은 날씨, 실내와 같이 신호가 잡히지 않는 지역이나 조건에서 오류를 일으킬 수 있다. 실내와 실외의 환경 특성이 다르고 그에 따라 로봇 구현을 위한 기술이 지속적 발전하고 있으나 아직 실내, 실외 구동 로봇에 대한 표준이나 규격이 완전하게 정의되지 않고 있다. 따라서 로봇이 사시사철 변하는 환경과 광활한 대지에서도 365일 위치를 잃지 않고 실내에서도 내장재의 종류에 구애받지 않으며 저렴한 솔루션으로 정확한 임무를 수행할 수 있기까지는 다소 시간이 걸릴 것으로 보인다. 현재로서는 다소 높은 비용을 지급하면서 다양한 보정 기기와 기술을 조합하여 오작동을 최소화하는 데 주력을 다 하고 있을 뿐이다. 이 분야에서도 곧 오류 없는 솔루션이 나올 것이라 기대해 본다.

배터리 크기와 용량

2족 보행의 휴머로이드 로봇이나 4족 보행의 개 로봇의 상용화를 진행하면서 가장 큰 기술적 애로사항으로 지적되었던 것이 바로 배터리의 크기와 용량이었다. 배터리의 용량은 그 크기와 비례하는데 날렵하고 작은 로봇을 구현하면서 작은 크기의 배터리로 오랜 시간 구동을 하는 것은 불가능하기 때문이다. 우리에게 잘 알려진 4족 보행 로봇도 완충 후 구동 시간이 90분이라고 하지만 전기를 공유해 쓰는 통신과 액세서리 기기들로 인해 실 구동 가용 시간은 60분이 채 안 되는 것으로 확인되고 있다. 완전 방전이 되기 전에 스스로 움직여 자동 충전이 가능한 스테이션으로 복귀하는 시간을 생각한다면 해당 로봇의 실 구동 거리와 시간은 절반으로 줄어들 수밖에 없다.

배터리 교체 또는 충전을 위해 매번 인간의 손이 필요하다면 온전한 인간 대체의 기능을 수행할 수 없다. 따라서 로봇청소기처럼 스스로 복귀해 스테이션 도킹을 통한 자동 충전이 이루어져야 하는데 이의 구현을 위해서는 적지 않은 추가 솔루션과 비용이 수반될 수밖에 없다. 또이 과정에서의 발생할 수 있는 스파크와 과열로 인한 화재 억제를 위해 값비싼 부품들이 필수적이다. 따라서 배터리 기술의 발달에도 불구하고 로봇용 배터리 자체의 고중량, 크기의 문제와 함께 자율주행, 자율작업에서의 에너지원인 전기의 원활한 공급에 대한 이슈가 로봇 비즈니스에서 하나의 이슈이자 관건으로 부상하고 있다.

현재 다수의 로봇은 효용이 높은 리튬이온 배터리를 쓰고 있다. 하지만 전기차에서의 이슈와 같이 겨울철 저온에서 효율이 떨어지고 자연발화의 위험까지 있다는 우려가 확산되고 있다. 로봇 사업 활성화를 위해 로봇용의 저중량, 고효율 배터리 구현이 여전히 숙원 과제로 남아있다 하겠다.

사업적 제약과 과제

로봇이 성공적인 산업으로 자리를 잡기 위해서는 여전히 기술적으로 극복해야 할 개발 과제와 이슈들이 남아있다. 그러나 기술적 문제 외에도, 사업의 관점에서도 극복해야 할 규제와 상품으로서의 적정한 가치평가, 대중의 심리적 저항감 같은 이슈들이 존재하고 있다. 규제 극복을 위해서는 법적, 제도적 개선이 정치, 사회적인 분야에서 이루어져야 하므로 로봇 기업이 할 수 있는 바가 없다고 부정할 수도 있겠지만 그런 개선을 이루기 위해서는 결국 로봇의 안정성과 무해성이 입증되어야 하므로 결코 로봇 기업의 기획, 성능 개선의 노력과 무관한 것이라 할 수 없다. 기술적 제약의 극복과 마찬가지로 사업적 제약의 극복 역시 로봇 기술의 개선과 개발에 달렸으며 그것을 통해 사회와 소비자인 고객의 인식을 바꾸어가는 노력이 필요한 시대라 할 수 있다.

법적/제도적/사회적 규제

오랫동안 실외 배송과 같은 주행 로봇의 상용화를 가로막는 규제로 도로교통법, 공원녹지법, 개인정보보호법과 같은 법 조항이 이슈화되어 왔다. 정부와 로봇 산업계의 노력으로 최근 법 개정이 이루어져 상용화된 로봇이 세상 밖으로 나올 토대가 마련되고 있지만 여전히 사회적인 인식과 해결되지 않은 규제들이 여전히 로봇 발전을 더디게 만들고 있다는 견해가 일반적이다.

산업안전보건법 등에서는 산업 재해 등에 대한 우려로 로봇 도입에 대해 엄격한 규격과 기준을 적용하고 있으며 이와 반대로 사고 발생 시 책임 소재에 대한 명확한 가이드가 없음으로 인해 산업용과 서비스용 로봇 모두에서 도입을 주저하게 만드는 요인이 되고 있다.

또한 로봇이 제품으로 나오거나 서비스로 인정을 받기 위해 거쳐야 하는 정부 기관의 시험과 인증, 등록에 오랜 시간이 걸리고 시행 주체에 대한 혼돈이 있는가 하면, 때로는 그런 기준조차 마련되어 있지 않아 기준의 필요성과 이해 마련을 위한 절차와 시간에도 상당한 사회적 에너지가 소요되곤 한다.

전문서비스 로봇의 경우 의료용 로봇과 같이 정확한 진단 기능과 설비를 갖추고도 원격 진료와 환자의 데이터 수집/이용에 엄격한 제한과 잣대가 적용돼 상용화되지 못하고 시험 정도의 수준에 머무는 사례들도 있다.

법적, 제도적 규제는 시간이 지나면서 사회적 합의와 로봇의 필요성에 의해 서서히 풀려갈 것이라 예상된다. 하지만 로봇의 안정성을 확보하고 민관의 협동으로 지나치게 통제적인 규제의 경우 그 해소시기를 선제적으로 앞당길 필요가 있다. 그것이 곧 국내 로봇 산업의 발전과 지원으로 이어져 국제적인 로봇 경쟁력의 확보에 지름길이 될 것이기 때문이다.

높은 가격과 유지 비용

현재 대부분의 로봇 구현은 전동화(모터)를 기반으로 이루어지고 있다. 그리고 전동화의 에너지 공급은 무선의 배터리를 통해 이루어지고 있으며 그에 따라 고용량, 고성능의 배터리 장착이 필수적인 구성 요소로 자리를 잡고 있다. 자동차 산업에서와 마찬가지로 전기 배터리로 구동되는 로봇의 경우 화석연료를 쓰는 엔진 베이스의 기계와 설비 등에 비해 현재는 고비용의 구조를 가질 수밖에 없다. 이로 인해 현재의 로봇은 가격 경쟁력 측면에서 불리한 출발선을 가진다는 평가를 받고 있다.

로봇의 유망한 활용 분야로 자주 언급되는 대표적 산업은 농업과 각종 서비스업이다. 농업에서 농기계의 로봇화나 서비스 업종에서 인력 대체가 꾸준히 논의되고 있지만 경쟁재라 할 수 있는 기존의 농기계나 서비스 인력 대비 가격 효율성이 있는지가 늘 논란이 되고 있으며 전면

도입 또는 대체를 가로막는 장벽이 되고 있다.

로봇의 고비용의 구조는 단지 전동화를 위한 배터리 문제에만 국한되지 않는다. 환경 인식과 업무 수행을 위한 카메라와 각종 센서, 그리고 인간과 같은 기능을 하기 위한 매니퓰레이터와 같은 구성품들이 아직까지 최첨단, 고성능, 소량생산이라는 이유로 높은 가격대를 유지하고 있다. 이로 인해 해당 구성품들의 집합체인 로봇은 상품으로 가격 접근성이 떨어져 활성화되지 못하는 악순환이 반복되고 있다.

로봇의 높은 가격 역시 대량 생산이 이루어지고 보편적인 서비스로 대중화가 이루어지는 규모의 경제가 적용된다면 시간이 지남에 따라 자연스럽게 낮아질 것으로 전망된다. 하지만 로봇기기라는 하드웨어의 비용뿐 아니라 로봇에서 필요로 하는 소프트웨어와 각종 처리 기술, 유지 비용 또한 솔루션의 개발과 경쟁을 통해 함께 낮아져야 높은 가격의 문턱을 낮출 수 있다. 높은 성능도 중요하겠지만 수요자들은 비용대비 효용의 잣대로 구매 여부를 판단하기 때문에 로봇 기업들이 로봇 대중화를 위해 핵심적인 효용에 집중하면서 가격을 낮추는 전략을 추진할 필요가 있다. 아무리 최고의 성능을 구현한다고 하더라도 가격으로 인해 외면을 받는다면 사업의 영속성과 발전은 멈추어질 수밖에 없기 때문이다. 로봇청소기가 대중화될 수 있었던 것도 기업 간 경쟁으로 가격이 하락하고 끊임없는 성능 개선과 상품화로 가격 대비 체감 효용이 높아졌기 때문이라는 점을 명심할 필요가 있다.

심리적 거부감과 윤리 이슈

'불쾌한 골짜기(Uncanny Valley)'라는 현상이 있다. 로봇의 외관과 행동이 인간과 비슷해질 때 일정 정도까지는 호감도가 증가하고 친근하게 느끼나 일정 범주를 넘어설 때는 극심한 불쾌감을 느끼며 거부 반응까지 일으키게 된다는 현상을 말한다. 물론 고도로 발달한 로봇이 인간 사회에 스며든다면 이런 혐오성의 불쾌감은 사라질 것이라는 주장도 있다. 하지만 생명체가 아닌 낯선 로봇의 움직임과 판단에 대해 기괴함을 느끼는 사람들이 많이 있으며 그것이 곧 로봇 서비스 도입의 장벽으로 이슈화되고 있다는 점을 부인할 수 없다. 불쾌한 골짜기 현상은 그 이유를 명확하게 알 수 없는 막연한 심리적 불안감의 발현이라 하더라도 자율적 판단까지 가능한 인공지능에 의해 움직이는 물리적인 로봇의 존재는 확실히 인류에게 축복이자 재앙이 될 수 있다. 통제가 어려운 로봇이 인간을 공격하고 결국 파멸로 이끌 수 있다는 가설은 SF 영화나 소설에서만 제기되고 있는 것이 아니기 때문이다.

로봇이 인간의 일자리를 대체할 것이라는 노동계의 우려, 로봇(봇)이 개인 정보를 수집·활용해 사생활을 침해할 수 있다는 불안, 그리고 감정 없이 민감한 업무를 처리함으로써 윤리적 통제가 불가능해질 수 있다는 도덕적 우려는 더 이상 단순한 기우로 치부하기 어렵다.

로봇을 어떻게 만들고 적용해 인간과 조화로운 삶을 살게 할 것인가? 로봇의 기획에서부터 그것이 함께 고려되지 않는다면 불쾌한 골짜기와 같은 현상은 더욱 심화되어 나타날 것이며 그로 인한 인간의 심리적 거부는 그 어떤 규제와 장벽보다 더 강력한 로봇 산업 발전의 걸림돌이 될 수 있다. 로봇이 인간을 대체하는 것이 아니라 인간을 돕기 위해 나타난 보조적 도구이며 수단이라는 점을 강조하고 윤리 강령과 가이드를 만들어 그런 심리적 장벽과 거부감의 요소들을 하나둘 허물어 갈 수 있어야 할 것이다.

AI 로봇 비즈니스와 마케팅

CHAPTER 3

미래 로봇 사회 전망

로봇의 등장으로 우리 산업과 일상생활에 어떤 변화들이 일어나고 있는지를 살펴볼 수 있었다. 그렇다면 로봇으로 그려낼 우리의 미래 사회는 어떤 모습을 가지고 있을까?

『특이점이 온다(Singularity)』로 잘 알려진 미국의 미래학자 레이 커즈와일(Ray Kurzweil)은 2029년까지 로봇이 인간 수준의 지능을 갖게 될 것이고 2045년이 되면 인간을 훨씬 능가하게 되는 특이점에 도달할 것으로 전망하고 있다. 레이 커즈와일뿐 아니라 많은 미래학자와 데이터가 시기는 달라도 언젠가는 그런 특이점 도래에 대해 예측하면서 인간과 인공지능 로봇과의 관계에 대한 우려 또는 기대를 이야기하고 있다. 일론 머스크(Elon Musk)처럼 AI와 로봇이 인류를 대체하는 문명 파괴적 요소라며 위협을 논하는 사람이 있는가 하면 노버트 위너(Norbert Wiener)처럼 로봇이 인간을 대체하는 것이 아니라 인간의 능력을 확장시키는 도구라고 보는 긍정적인 시각을 가진 사람들도 있다.

관점은 다르지만, 그들이 말하는 공통점은 결국 AI와 로봇의 발달을 거부할 수도 없으며 그 영향으로 일과 삶의 방식이 어떤 형태로든 바뀌리라는 것이다. 또 수천 년 동안 인간이 지켜왔던 전통적이며 규범적인 가치관마저 바뀔 것이라고 논하고 있다.

인간의 미래를 AI와 로봇이 바꿀 수 있다. 그런데 어느 방향으로 어떤 정도의 영향으로 바뀔 것인지는 AI와 로봇을 만드는 인간의 손에 달려 있다. AI와 로봇이 가져올 미래에 대해 전망하고 준비해야 할 필요성이 여기에 있다.

일의 방식이 바뀐다

로봇이 가져올 미래 사회의 모습을 이야기할 때 가장 많이 거론되는 것이 인간의 일자리와 일의 방식에 대한 변화다. AI와 로봇이 위협이자 기회가 될 수 있다는 논란의 중심에 있는 키워드도 인간이 일자리를 빼앗기느냐, 새로운 일자리를 창출하고 더 큰 부가가치를 생성할 수 있느냐의 전망으로 귀결되곤 한다. 로봇이 인간의 단순 반복적인 노동을 대체할 것이라는 데는 그 누구도 이견을 제시할 수 없을 것이다.

인공지능과 결합한 로봇(보)의 등장으로 사라지거나 영향을 받을 인간의 직업(일)과 일의 방식은 우리의 생각보다 가짓수도 많을 뿐 아니라 광범위할 것으로 전망된다. 일자리 몇 개가 사라지고 생기고의 이슈만이 아니다. 로봇의 등장은 우리 사회의 산업 구조를 변화시키며 전통적인 노사 관계의 개념마저 재편하고 일과 결부된 인간의 생활패턴을 변화시킬 것으로 보인다.

'사'자 직업의 종말

경제협력개발기구(OECD)가 발표한 고용전망 보고서에 따르면 AI의 확산이 법률, 의학, 금융 등 전문직 분야에서 실업을 유발할 수 있다고 경고하고 있다. AI가 몰고 올 자동화로 인해 가장 큰 위협을 받을 직업은 고임금, 고숙련, 고지식 산업으로 38개 OECD 회원국 고용의 약 27%를 차지하는 것으로 분석되었다.

우리나라에서는 아직 큰 논쟁거리가 되고 있지는 않으나 미국에서는 AI에 기반한 자동 회계 프로그램의 보급으로 공인회계사(AICPA)의 인기가 급감하고 있다. 대학교에서도 회계 전공자의 수가 감소하고 있으며 이에 위협을 느낀 거대 회계법인에서는 AI 회계 프로그램을 주도적으로 개발하고 있다고 한다.

AI 로봇의 보급으로 육체노동을 하는 노동자들의 일자리가 사라질 것이라는 직관적인 관측이 팽배하기도 하지만 고부가가치를 창출하는 지식 산업 노동 시장에서의 변화 움직임이 훨씬 더 빠르고 구체적으로 진행되고 있다. 한국은행은 『AI와 노동시장 변화』라는 보고서에서 의사, 회계사, 변호사 등 이른바 '사'자 직업으로 대표되는 고소득 전문직이 미래 인공지능에 의해 대체될 가능성이 높은 직종으로 지목하고 있다. 직업별 AI노출 지수를 산출해 본 결과 고학력, 고소득 근로자일수록 AI에 더 많이 노출되어 있다는 것이다.

AI 로봇이 추구하는 궁극적인 목표는 단순한 조립라인에서 인간을 대신해 반복적인 업무를 수행하는 데 그치지 않는다. 단순 반복적인 임무를 수행하던 산업용 로봇이 인공지능과 결합해 공장 밖으로 확장되면서 전문서비스를 포함한 고용, 노동 시장에 거대한 지각 변동이 일어나고 있다. AI 로봇을 연구하는 로봇 기업들의 시선도 저임금의 단순 노동 시장이 아니라 고부가가치의 수익을 창출할 수 있는 고임금, 고숙련 시장으로 향하고 있기 때문이다.

AI 소프트웨어의 등장으로 회계사, 세무사, 법무사, 변리사, 감정평가사, 변호사, 판검사와 같이 문서와 콘텐츠를 다루는 직업이 주 위협 대상이 될 것으로 예측되지만, 비단 인문학적 전문직만이 해당하는 것은 아니다. 물리적으로 구현되는 AI 로봇도 '사'자 직업의 전문성에 도전하고 있으며 곧 오차(Human Error) 없는 서비스, 24시간 365일 가능한 서비스, 상대적으로 저렴한 비용, 사생활 및 정보 보호 등의 강점을 내세우며 시장 전면에 등장할 것으로 예상한다. 의사, 간호사, 약사, 건축사, 기술사, 정보처리사, 측량사, 도선사, 항해사 등의 전문서비스 업종도 AI와 로봇에 의해 그 역할이 대폭 축소되거나 전문성을 잃어버릴 가능성이 커지고 있는 것이다.

의료 분야에서는 이미 의료 로봇이 의사를 대신해 진단을 내리고, 일부 수술까지 수행하기 시작했다. 돌봄 로봇은 간호사와 요양보호사의 역할을 일부 대체하며 환자에게 필요한 기능을 제공하고 있다. 최첨단 측정 장비를 장착한 건설 로봇이 건축물 내부로 들어가 도면과의 오차를 검토하고, 위험 요인을 발견해 보완을 요청하는 등 감리의 임무를 수행한다. 자동차의 자율주행 기술이 운전자를 대체하고 있는 것처럼, 바다 위의 대형 어선과 상선은 항해사를 대신해 자율항해 모드의 AI와 로봇으로 전 세계의 대양을 누빈다. AI와 로봇에 의한 '사'자 직업 영역의 업무는 이미 대체가 시작되었으며 미래 사회에서는 인간이 AI와 로봇의 도움을 받는 입장에서 AI와 로봇이 업무를 주도하고 영업이나 고객 대면의 제한적인 업무에 인간이 투입되는 보조적인 업무만을 수행할 것으로 예측된다.

AI와 로봇이 '판단과 같은 의사결정을 내릴 수 없어 해당 직업의 종말을 이야기하는 것은 지나친 기우'라는 관련 업계와 학계의 주장이 있지만 그것은 희망 사항일 뿐이지 대세의 흐름을 바꿀 수는 없다. 축적된 데이터에 기반하고 인간이 엄격하게 정해놓은 원리와 원칙에 따른 판단이 가능한 인공지능의 결정은 오히려 인간보다 더 공정하고 신뢰할 만한 것으로 이미 평가를 받고 있기 때문이다.

'사'자 직업의 종말은 고수익을 올리고 있는 일부 전문직의 문제가 아니다. 기존 전통적인 관념으로 떠올리던 직업 대부분이 구조 조정을 겪어 사라지거나 다른 형태로 변화될 것으로 보인다. 인구 고령화와 함께 정년 이후의 직업에 관한 관심이 높아지고 있으나 대표적인 정년 이후의 직업으로 손꼽히던 직종들도 AI와 로봇의 등장으로 사라지거나 재편될 것으로 예측된다. 현재까지 정년 이후의 사람들에게 인기 있는 직종은 부동산의 거래를 돕는 공인중개사, 화재 예방 등을 위해 법적으로 의무를 부여하는 소방관리사, 산업 현장 등에서 재난과 관련된 안전 업무를 담당하는 재난관리사, 택시나 버스를 운행하는 운전사, 아파트나 건물의 치안을 담당하는 경비, 식음료나 꽃과 같은 물건을 배달하는 배송업 등이 있다. 하지만 이렇게 감시와 감리, 중개, 배송에 치중된 업종들은 유독 AI와 로봇으로 대체될 가능성이 높은 직업군이다. AI 로봇과 각종 센서가 치안과 안전을 감시, 감독하고 택시와 버스는 자율주행으로 운전사가 필요 없게 되었으며 배송 또한 각종 라스트마일 로봇에 의해 전 구간 로봇화가 진행된다. 고령 인구는 증가하고 있지만, 그들이 진입할 수 있는 직업군은 빠르게 축소되고 있는 현실은, 고령 사회가 직면할 또 다른 '노동 위기'의 전조일 수 있다.

'사'자 직업의 종말을 예고하고 있기는 하지만 AI와 로봇으로 일자리가 사라지는 것만은 아니다. AI와 로봇을 감시, 감독하고 관리하며 수리하는 등의 기존에 없던 새로운 일자리들도 생겨나고 있다. 일자리가 사라진다고 해서 인간의 삶을 비관하거나 공황 상태에 빠져 있어서는 안 된다. 자동차의 등장으로 마부가 사라진 것처럼 일자리의 소멸과 생성을 자연스럽게 받아들이고 그것을 기회로 삼아 활용할 수 있어야겠다.

피터 드러커(Peter Drucker)는 '미래를 예측하는 가장 좋은 방법은 미래를 창조하는 것이다'라고 했다. 걱정과 근심에만 사로잡혀 있을 것이 아니라 미래에 할 수 있는 일, 미래를 열어갈 수 있는 일을 찾고 적응하려는 노력을 기울여 보아야겠다.

줄어드는 감정 노동

현대 사회에서 많은 직종의 종사자들이 지나친 감정 노동에 시달리고 있다. 고객을 대면하는 서비스업 종사자들뿐 아니라 일반적인 사무직 근로자들까지도 고객과 상사, 동료들과 본원적인 업무 수행과 상관없이 무조건적인 친절과 호의를 강요받으며 자신의 감정을 억누르거나 가면을 쓰고 일해야 하는 상황으로 커다란 스트레스를 받는 것으로 조사되고 있다.

감정 노동은 단순한 스트레스를 넘어 정신적, 신체적 건강에 심각한 위협으로 작용하고 있으며 과거에 존재하지 않았던 다양한 정신적 질환이 발생하는 원인으로 지목되고 있기도 하다. 스트레스가 만성화되면 우울증으로 이어지며 자존감 저하와 무기력감의 증가로 번아웃에 도달하는 기간도 짧아지고 있다. 또한 불안과 수면 장애, 심혈관계 질환의 환자가 높은 비율로 증가하는 이유도 여기에 있다.

인간의 한계를 실험하듯 점진적으로 증가하던 감정 노동의 질과 양이 미래 사회에서는 AI와 로봇의 역할 수행으로 크게 감소할 것으로 예측된다. 이미 AI고객센터(AICC)의 도입으로 감정 노동의 최전선이라 여겨졌던 콜센터의 업무가 인간에서 AI봇으로 전환되고 있으며, 이는 감정 노동 구조의 변화를 상징적으로 보여준다. 콜센터에서 클레임을 담당하던 인간 상담원은 악성 클레임과 고객의 인신공격성 발언, 친절 강요 등으로 심각한 감정 소모 노동에 시달리고 있었으며 그로 인한 자존감 저하, 심혈관 질환 등 다양한 건강 문제가 발생했고, 상담원의 높은 이직률과 근로자의 정신 건강 회복을 위한 로테이션 근무가 필수적이었다. 서비스업이 발달하면서 콜센터의 필요성이 증가하였지만 그와 동시에 많은 감정 노동에 시달리는 근로자도 함께 양산되었던 것이다.

그러나 고객과의 1차 접점에 AI상담원이 투입되면서 근로자와 고객 모두에게서 변화가 생겨났다. 근로자들은 AI상담원의 상담 내역을 향후에 분석, 대응만 하면 되었기에 고객과의 직접적인 대면으로 인한 스트레스로부터 자유로워질 수 있게 됐다. 악성 클레임을 제기하는 소위 블랙컨슈머들도 감정을 표출해도 원리 원칙에 따라 프로세스대로 처리하는 AI상담원을 경험한 이후로는 소득 없는 감정 표출을 자제할 수 있게 되었다. 최근의 AI봇들은 고객과의 상담 후 음성과 내용을 분석해 고객 성향을 분류하고 그에 적절한 대응 방안을 최적화시켜 나감으로써 고객의 감정까지 살필 수 있는 수준으로 발전하고 있다. AI봇이 종사자의 감정적인 피해만 줄이는 것이 아니라 고객의 감정까지도 조절하게 해 주는 사회 전반의 긍정적인 영향까지 확산하고 있다. AI의 대고객 일선 업무 투입은 감정적인 소모를 줄일 뿐 아니라 절차와 시간을 약 15%

까지 줄이는 것으로 나타나고 있다. 단순히 스트레스만 줄이는 것이 아니라 업무 효율까지 증대시키는 것이다.

미래 사회에서는 지금까지의 콜센터 예시에서 한 걸음 더 나아가 다양한 직군과 직업에서 노동자들의 스트레스를 줄이고 감정 노동의 소지를 없애는 방향으로 일의 방식이 진화할 것으로 전망된다. 호텔과 레스토랑에서는 무인 키오스크 로봇이 고객을 접대할 것이며 병원에서의 고객 접수와 안내, 채혈과 같은 검사와 투약, 진단 결과 통보 등도 모두 로봇으로 이루어진다. 상점에서도 계산원 없이 셀프(자동) 계산이 일상화되면서 일처리가 빨라지고 크고 작은 클레임을 제기할 대상이 사라짐으로 인해 현장에서 벌어질 소란과 갈등도 줄어들게 된다. 접객원이 AI와 로봇으로 바뀐다고 해서 정당한 클레임을 제기해야 할 고객의 불편이 커지는 것도 아니다. AI와 로봇의 적용은 곧 프로세스가 정교화되고 일관성 있는 고객 대응체계의 구축과 궤를 같이하므로 고객이 클레임을 제기할 창구는 온오프라인으로 정형화될 것이며 처리 속도 또한 실수 없이 빠르게 진행된다. 즉 감정 노동이 사라진 상태에서 근로자와 고객 모두 원만하고 신속한 문제 해결의 목적을 달성할 수 있는 사회가 되는 것이다. 고객들은 서비스업에서도 프로세스와 서비스의 질에 집중할 뿐 친절도와 접객원의 말투와 표정, 실수 등을 문제 삼거나 이슈화시킬 이유도 기회도 없게 되므로 인간적이고 사소한 갈등으로 인한 감정 노동 발생의 여지도 확실하게 줄어들게 된다.

고객과의 관계에서뿐 아니라 직장 내 상사, 동료와의 관계에서도 감정 노동의 질과 양은 대폭 개선될 것으로 보인다. 업무를 지시하고 관리하는 것 모두가 로봇화된 프로세스(Robotic Process Automation)로 진행되어 불필요한 감정 소모의 개입을 최소화할 것이기 때문이다. 대면 회의나 대면의 업무 지시는 줄어들고 시스템에 의한 업무 배당과 진척도 관리가 이루어지는 것이 일반화된다. 동료와의 관계도 선후배나 직급에 따른 위계 대신 인공지능 시스템에 의해 배당된 업무를 중심으로 협업 관계만을 지향할 뿐이다. 삭막한 분위기의 직장이 될 것이라 우려하는 사람들도 있으나 미래 사회에서는 일과 사생활의 엄격한 분리가 더욱 강화될 것이고 그것에 불만을 가질 사람도 없어질 것이다. 즉 감정 노동으로 인식될 기회 요인이 사라짐으로써 다소 건조한 분위기의 노동 현장이 될 수도 있겠지만 더 건전한 근무 환경이 만들어진다고 할 수 있다.

감정 노동의 축소는 비단 사무직과 서비스 직종에서만 나타나는 현상은 아니다. 육체적 노동이 중심이 되는 근로 현장에서도 로봇의 도입으로 인한 노동 강도 축소, 프로세스 정립으로 인한 실 노동 시간 단축, AI를 통한 업무 지시 및 관리의 효율화를 통해 상사, 동료와의 갈등과 스트레스 요인이 확고하게 줄어들게 된다.

그동안 우리 사회는 지나친 관계 중심의 업무 문화에 길들여져 왔고 관계 중심으로 일을 진행하면서 불필요한 감정 노동에 시달려 왔던 것이 사실이다. 미래 사회에서는 AI와 로봇의 개입으로 고객, 상사, 동료와의 관계가 수평적인 업무 중심으로 재편되면서 감정 노동이 줄고 노동 현장에서의 정신 건강 또한 개선될 것으로 전망된다.

플랫폼 비즈니스의 장악

초연결 사회의 도래와 디지털 경제의 확산으로 인해 플랫폼 비즈니스의 영역이 빠르게 확대되고 있다. 플랫폼 비즈니스는 공급자와 수요자를 연결해 주는 중개자 역할에 중점을 둔 비즈니스 모델을 말한다.

현재까지는 온라인 쇼핑과 같은 상거래를 중심으로 플랫폼 비즈니스가 활성화되고 있지만, 미래에는 전 산업에서 플랫폼 비즈니스화가 급속하게 진행되어 비즈니스의 구조와 수행 방식에서 커다란 혁신이 일어날 것으로 예측된다.

플랫폼 비즈니스의 확산이 가능해진 배경에는 인공지능과 로봇의 확산에 기반한 플랫폼 테크놀로지의 발달이 있기 때문으로 진단해 볼 수 있다. 플랫폼 비즈니스의 핵심은 공급자와 수요자의 빠른 연결과 서비스 제공이다. 이를 위해서는 공급자와 수요자에 대한 풍부한 데이터 수집과 분석, 그리고 그것에 기반한 판단과 제안이 필요한데 인공지능에 의해 많은 것들이 수월하게 진행될 수 있게 되었다. 인공지능은 수요자가 원하는 것이 무엇인지 수요자가 구구절절 요청하지 않더라도 수요자의 특성과 취향, 환경 등을 고려해 최적의 제품과 서비스를 제안한다. 그리고 방대한 양의 데이터와 서비스 패턴을 고려해 수요자에게 가장 적합한 공급자를 선정하고 둘의 거래를 중재하는 역할을 한다. 물건을 사고파는 상거래에 특화되었던 비즈니스 플랫폼은 콘텐츠, 전문서비스, 금융, 교육, 컨설팅, 인사 등 거의 전 산업 부분에서 활발하게 적용될 것으로 보인다.

플랫폼 비즈니스에서 거래를 더욱 활발하게 촉진하는 데에는 로봇의 역할도 중요해진다. 현재 활발하게 진행되고 있는 플랫폼 비즈니스는 공급자와 수요자 사이의 거래를 직접적으로 수행하는 메신저의 역할이 강조되고 있다. 배민과 요기요 같은 식음료 배송에서부터 쿠팡, 마켓컬리, 지마켓과 같은 일상용품 배송에까지 공급자와 수요자간 거래를 돕는 플랫폼 노동자의 원활한 지원과 수행이 있어야만 플랫폼 비즈니스가 완성될 수 있기 때문이다. 물리적인 수행의 역할을 변수가 많은 인간 대신 로봇이 수행함으로써 오차를 줄이고 서비스의 질을 높일 수 있다. 이미 라스트마일 서비스를 추구하는 배송 로봇이 등장해 기대치를 높이고 있으며 공중을 활용할 수 있는 드론봇의 활용도가 커지고 있다. 미래에는 물건을 보내고 받는 물류는 빠르고 정확한 로봇이 전담해 수행하는 영역으로 정의될 것이 확실시된다.

배송이라는 플랫폼 비즈니스에서만 로봇이 촉진제의 역할을 하지는 않으리라고 본다. 로봇이 공급자와 수요자 사이의 서비스를 중재하거나 매개자의 역할을 하기도 하지만 로봇 자체가 곧 플랫폼 비즈니스에서의 서비스 공급 주체가 될 것으로 예상된다. 다양한 목적으로 개발된 로봇이 제공하는 서비스가 RaaS(Robot as a Service)라는 이름의 플랫폼 서비스 항목으로 등장할 것이기 때문이다.

예를 들어, 건설 현장에서 벽돌쌓기 작업이 필요할 때 현재는 건설사에서 자사 소속 인부들을 투입해 시공한다. 하지만 미래에는 플랫폼 비즈니스를 활용해 벽돌쌓기 로봇을 보유한 서비스 제공사에 단기 서비스를 요청하고 로봇 운영사는 벽돌쌓기 로봇을 현장에 보내 서비스를 제공한 후 수수료를 받는 형태가 일반화할 것이다. 우버나 타다 같이 자동차와 함께 자동차를 이용한 운송 서비스를 받는 것처럼 미래에는 로봇과 함께 로봇이 제공하는 서비스를 요청하고 받는 플랫폼 비즈니스가 보편화될 것이라 전망이 된다.

건설 분야 외에도 호텔, 병원, 공항, 역사(驛舍), 오피스 등 다양한 공간에서의 청소는 기존처럼 청소원을 직접 고용하거나 고비용의 인력업체에 의뢰하는 대신 클리닝 로봇을 보유한 서비스사에 요청해 일정 기간 로봇의 투입으로 해결할 수 있다. 로봇은 인적이 없는 야간과 연휴 기간에도 중단 없이 일할 수 있으며 직접 쐬면 인체에 해로운 자외선

살균 소독과 같이 인간이 할 수 없는 영역의 서비스까지 제공할 수 있어 직접 고용 또는 인력 업체 의뢰보다 효용은 높이고 비용은 절감할 수 있어 장점이 생긴다.

농촌에서 밭을 갈거나 수확할 때에도 자율주행 농업 로봇을 통한 플랫폼 비즈니스가 가능해진다. 인력과 장비가 부족한 농촌에서는 농업 로봇을 보유한 서비스 업체에 단기 서비스를 요청해 밭을 갈아 정비하거나 수확물만을 인도받을 수도 있다. 값비싼 농기계 구입 후 인력이 없어 운용하지 못하거나 매우 짧은 운용 후 오랜 기간 방치해야 했던 관행을 생각할 때 플랫폼 비즈니스로의 이동은 필연적이라 할 수 있다.

아파트나 건물의 보안경비가 필요할 때는 경비원을 고용하기보다 각종 센서와 카메라, 로봇이 한 세트를 이루는 AI 보안경비 시스템에 의뢰해 인간의 투입 없이 로봇 순찰과 드론 감시를 활용할 수 있다.

AI고객센터의 등장으로 직접 고객센터를 구축하거나 인력 회사에 용역을 의뢰하는 기업이 사라지고 있다. 미래에는 고객센터와 같은 기업 활동의 필수 서비스마저 플랫폼 비즈니스를 통한 외부 솔루션의 단기 사용 형태로 굳어져 갈 것이다.

AI를 통한 초연결 시스템의 고도화와 로봇을 매개로 한 거래 지원, 로봇 자체가 서비스 제공의 주체가 되는 RaaS 모델의 확산은 미래 사회에서 AI와 로봇의 발달이 전 산업의 플랫폼 비즈니스화라는 거대한 흐름을 만들어낼 것이라는 확신을 심어주고 있다.

주야간의 경계 소멸

HL그룹이 설립한 로봇 기업 HL로보틱스는 2024년 프랑스의 실외 주차 로봇 기업 스탠리 로보틱스를 인수하고 본격적으로 주차 로봇 시장에 뛰어들었다. 주차 로봇은 건물의 입구에 차를 세워 놓으면 주차 로봇이 차의 밑으로 들어가 4바퀴를 살짝 들어 올린 후 주차장으로 이동시켜 주차를 돕는 로봇이다. 운전자의 탑승을 고려하지 않아도 되니 밀도 있는 주차가 가능하고 주차 시 발생할 수 있는 크고 작은 추돌 사고도 예방할 수 있다. 주차 로봇은 일종의 발렛파킹과 같은 서비스를 제공하는데 차량 입·출차를 위해 별도의 인력이 상주하지 않아도 돼 24시간 서비스의 가동이 가능해졌다.

한편 한화로보틱스에서는 고속도로 휴게소 6곳에 조리 로봇을 투입, 24시간 돈가스, 우동, 라면, 찌개 등을 판매하고 있다. 고속도로 이용자는 야간에도 지속되지만, 기존 휴게소 운영 시간의 제약으로 인한 불편이 컸던 만큼, 이번 조치로 야간 이용자들로부터 높은 호응을 얻고 있다.

주차, 휴게소 서비스의 사례와 같이 로봇의 등장으로 24시간 서비스가 가능해진 업종과 서비스가 늘어가고 있다. 로봇 카페, 로봇 식당은 물론이고 로봇으로 제공되는 청소, 세차, 물류 배송 서비스도 모두 인적이 드믄 새벽에도 가동된다. 24시간 일하는 로봇으로 인한 사회의 변화는 주야간에 구분 없이 24시간 제공되는 서비스가 늘어나는 것과 그에 맞추어 인간의 노동 시간과 생활 패턴도 낮과 밤의 경계가 없어진다는 특징을 보여주고 있다.

전통적인 9 to 6의 근무시간은 인간이 제공하는 서비스의 한계에서 비롯된 일종의 불문율이자 사회 전반의 근로 형태였다. 예를 들어, 대중교통 운전사가 운행하는 시간에 맞춰 출퇴근해야 했고 점심 식사는 식당 종사자들이 주로 준비하는 낮 12시에 이루어져야 했다. 백화점, 마트 등의 쇼핑몰은 주간 근무자가 퇴근하는 밤에는 운영이 중단되었고, 공무원들의 민원 처리, 우편 및 금융 서비스 역시 평일 주간으로 제한되었다. 병원 진료도 의사와 간호사가 근무하는 낮에만 받을 수 있었으며 공공 도서관과 박물관, 미술관의 이용과 관람은 보안·관리 요원이 근무할 수 있는 낮에만 허용됐다. 고객 상담을 진행하는 각 기업의 상담사 근무시간도 평일 주간으로 엄격하게 제한됐다. 주간에 일하고 밤에 쉬는 패턴이 오랫동안 인간의 근로 조건이자 제약으로 작동하고 있었다는 사실을 새삼 인식하게 된다.

그러나 각종 로봇의 등장으로 서비스의 무인화가 진행되면서 낮과 밤이라는 일과 시간의 경계는 허물어졌고 야간에 제공되는 서비스가 늘어나면서 자연스럽게 야간에만 근무하거나 주야에 상관없이 근무하는 형태의 근로도 늘어나고 있다. 유연근무, 자율근무 등 탄력적인 근로 형태의 도입은 미래에 더욱 가속화될 것으로 보인다. 그리고 그것을 가능하게 하는 중심에는 로봇이 있다. 로봇이 운전하는 버스를 타고 출근해 로봇이 경비를 맡은 건물의 로비를 지나 로봇이 배정한 근로를 수행한 후 로봇이 만들어 준 식사를 하고 주간이든 야간이든 퇴근 후에는 로봇이 관리하는 영화관과 미술관, 박물관을 24시간 관람하는 세상. 그런 세상은 이미 도래하고 있으며 미래 사회에서는 일상으로 굳어질 수밖에 없다. 미래 사회는 효율과 속도를 중요시하기 때문이다.

그동안 인간은 획일적으로 동일한 시간에 근로를 시작하고 동일한 시간에 마치는 근로 패턴을 강요받아 왔다. 미래 사회에는 주야간의 경계가 허물어짐과 동시에 근무에 대한 통제도 시간이 아니라 일의 성과와 실적을 잣대로 이루어지는 경향이 더 커질 것으로 예상한다. 따라서 개인의 생체리듬에 맞추어 같은 직장에서도 낮에 근무하는 사람과 밤에 근무하는 사람들이 자유롭게 나뉠 것이다. 주요 미팅이나 회의 시간만 맞추고 그 이외의 시간은 업무 특성이 강제하지 않는다면 밤이나 새벽에도 근무를 채울 수 있다. 로봇의 도입으로 비인간화가 촉진된다는 말이 있으나 로봇의 도입으로 생체리듬에 맞추어 근무 여건을 조절할 수 있으니 오히려 로봇으로 더욱 인간에게 인간다운 근로의 여건이 조성될 수 있는 기회가 주어지는 것이다. 주야간이 사라지는 근로 형식의 변화는 근로자에게만 유리한 것이 아니다. 기업의 입장에서도 제한된 사업장의 공간을 주야간 근무자가 다른 시간대에 교차 사용할 수 있어 효율성을 높일 수 있고 열린 근로 시간으로 야간 수당과 같은 부담을 덜어낼 수 있어 상호 이익이 증대되는 측면이 있다.

평일 주간에만 가능했던 금융과 공공서비스도 무인화된 시스템과 서비스로 아무 불편 없이 24시간 사용할 수 있게 되니 낮에는 운동이나 산책을 즐기고 집중력 높은 야간과 새벽에 근무하는 사람이 오히려 늘어날 수도 있다. 주야의 경계가 사라진다는 것은 글로벌 비즈니스에서도 반가운 일일 수 있다. 시차를 고려하지 않은 커뮤니케이션이 가능하므로 글로벌 비즈니스의 장벽이 하나 사라진 것이다. 커뮤니케이션뿐 아니라 해외로의 화물 운송과 공공 기관의 수출입 통관의 업무 등도 로봇 솔루션의 도움으로 24시간 가동하게 되니 글로벌 비즈니스는 더욱 활발해질 것으로 전망된다.

한여름 뙤약볕에 노출돼 질병과 상해에 시달리던 건설업과 농업 종사자들에게도 주야간의 전환 현상이 가속화될 것으로 보인다. 로봇 기술의 발달로 한낮의 작업은 자동화된 로봇에게 시키고 서늘한 야간에 정비와 점검, 자재 보충, 수확물 처리와 같은 부수적인 일만 처리하면 되므로 한낮의 열악한 기후와 온도에 노출되어 고충이 있었던 건설과 농사 같은 업종에서는 로봇이 아닌 주간 근무자를 찾는 것이 더 어려워질 수 있다.

로봇화된 도시의 인프라도 주야간의 경계를 허무는 일에 일조한다. 친환경 에너지 축적 기술로 야간에도 주간과 동일한 조명, 교통, 공간서비스 지원이 가능해지고 로봇에 의해 24시간 치안과 관제 서비스가 가동되므로 밤이라고 해서 위험하거나 불편할 일이 없어지는 것이다. 야간 할증이라는 개념도 사라져 야간 활동으로 인한 불이익을 받을 이유도 없다. 도시의 로봇화는 일의 방식에서뿐 아니라 도시민들의 생활방식과 공공서비스의 제공 범위와 방법에서도 많은 변화를 가져올 것으로 예상된다.

긱이코노미의 심화

세계경제포럼(World Economic Forum)의 전망에 따르면 향후 AI와 로봇이 전 세계에서 8,500만 개의 일자리를 대체하겠지만 9,700만 개의 새로운 일자리를 창출하게 될 것이라고 한다. 로봇의 등장으로 로봇으로 대체되거나 사라지는 일자리들은 어느 정도 윤곽이 나타나고 있다. 그렇다면 새로 생기는 일자리는 어떤 것들이 있을까? 미래에 새롭게 나타나는 일자리는 대부분 긱이코노미(Gig Economy)의 심화에 따른 긱잡(Gig Job)일 가능성이 점쳐지고 있다.

긱이코노미는 기업들이 정규직 대신 임시직이나 계약직으로 고용하는 현상이 심화되는 경제라고 할 수 있다. 부담스러운 정규직 대신 임시직이나 계약직을 선호하는 현상은 아주 오래전부터 존재했던 관행이지만 현대의 긱이코노미가 주목을 받는 이유는 예전과 달리 피고용자들도 정규직 대신 임시직과 계약직을 선호한다는 사실이다. 기업들처럼 근로자들도 원하는 시간에 원하는 만큼 일하고 출퇴근의 부담을 갖지 않는 근로 형태를 원하는 사람들이 늘어가고 있다. 이런 현상은 플랫폼 비즈니스가 사회 전반적으로 확산되면서 근로의 형태도 그에 맞게 변형, 특화된 것이라 할 수 있다.

미래 사회에는 긱이코노미의 경제 현상이 더욱 심화될 것이고 정규직보다 긱워커(Gig Worker)로 계약을 맺고 일하는 사람들의 숫자가 더 커질 것으로 예상된다. 단순, 반복적이며 많은 시간을 요구하는 근로는 대부분 AI와 로봇이 도맡아 수행할 것이기 때문이다. 인간이 하는 일은 로봇이 작업을 시작할 때와 끝낼 때 재료 또는 필요한 데이터로 세팅을 하거나 이상 유무를 점검하는 일로 집중될 가능성이 크다. 플랫폼 비즈니스와 맞물려 로봇이 투입되는 현장에서 로봇을 작업 조건에 맞게 투입하고 점검(모니터링)하며 수거하는 일들이 새로운 일자리의 대부분을 차지할 것으로 보인다.

로봇 세팅에 대한 일들은 매우 짧은 시간에 이루어지고 모니터링 또한 원격에서 가능해짐에 따라 사람들은 하나의 현장, 하나의 로봇만 대응하는 것이 아니라 시간을 쪼개어 다양한 일들을 동시에 수행할 수도 있다. 따라서 여러 기업 또는 업장과 단기 계약을 여러 건 체결하고 다양한 일을 수행하는 긱워커로 생활하는 사람들이 늘어날 수밖에 없다.

기업으로서도 인건비를 줄이기 위해 로봇을 투입하지만, 로봇 통제와 관리를 위해 인간의 손길을 원천적으로 배제시킬 수 없다. 따라서 잘 정비된 매뉴얼에 따라 정해진 일들을 수행하는 단기 계약직의 인원들을 고용하길 희망한다. 여기에 투입되는 인원들은 전문적인 지식을 가진 고급 인력일 필요도 없다. 수요와 공급이 맞아떨어져 기업과 인간인 근로자의 고용 형태는 단기 또는 초단기의 계약으로 이루어지며 한 사람이 프리랜서처럼 다수의 계약직 업무를 수행하는 일들이 비일비재하게 늘어날 것으로 전망된다.

아직까지는 우리 사회는 경기 침체와 불안정한 고용에 대한 우려로 임시직, 계약직보다 정규직을 선호하는 경향이 높다. 하지만 미래 사회에서는 다수의 비즈니스 모델이 플랫폼화되면서 다양한 단기 일자리들이 양산될 것은 물론이고 워라벨을 중시하는 세대가 경제의 중추를 담당하면서 타의에 의해서만이 아니라 자의에 의해 임시 계약직(긱잡)을 선택하는 근로자가 보편화할 것으로 내다보인다.

긱이코노미의 가동이 임시 계약이라는 불안정한 관계로 이루어지다 보니 여기서 발생하는 부정적인 요인도 간과할 수는 없다. 고용이 쉬워지는 만큼 해고(계약종료)와 대체도 쉬워져 근로자의 의사와 상관없이 실직 상태에 머무는 기간이 길어질 수도 있다. 또한, 플랫폼 비즈니스에서의 긱워커들은 플랫폼에 의해 능력을 평가받게 되므로 지나치게 플랫폼의 알고리즘과 프레임에 종속될 우려가 커지고 있다. AI와 로봇이 주도하는 플랫폼 비즈니스 속에서 긱워커로 존재하는 인간들이 적응해 가다 보면 비인간화가 심화되고 적응 정도에 따라 근로자간의 소득 격차가 더욱 커질 것이라는 부정적인 영향과 우려 또한 무시할 수 없다. 미래 사회를 준비하면서 긱이코노미의 확대에 따른 인간의 소모품화 이슈는 우리가 경계하고 반드시 극복해야 할 과제라 할 수 있다.

임시 계약직의 긱잡에 대한 선호 현상은 비단 단순한 업무를 추구하는 노동자들에게만 해당되는 것이 아니다. 고도의 전문성과 경험을 가진 인력들 또한 특정 기업이나 특정 장소에 얽매이지 않는 경향성이 짙어질 것으로 보인다. 전문서비스의 고부가가치 사업 영역은 AI와 로봇 기업들의 주 타깃으로 진일보한 솔루션의 각축장이 될 전망이다. 발달된 솔루션 덕분으로 전문직 종사자들은 짧게 일하고 다양한 일을 하면서 더 큰 수익을 얻을 기회를 얻게 된다. 플랫폼 비즈니스에서 작동하는 AI의 매칭 알고리즘과 관리툴이 전문직 종사들의 짧지만 고수익을 올릴 수 있는 일들을 주선할 것이며 이를 통해 부익부 빈익빈의 사회 격차를 벌리는 요인으로 부작용 또한 심화될 것으로 보인다.

현재 전문직 종사자가 아니라고 해서 부익부 빈익빈 현상에 대해 낙담할 필요는 없다. 직업의 경계가 모호해짐에 따라 미래의 전문가는 해당 분야 지식을 많이 공부한 사람이라기보다 해당 분야 AI와 로봇 솔루션을 잘 운용할 줄 아는 사람이 될 확률이 높기 때문이다. 학교에서 전공을 하지 않고 관련 자격증을 취득하지 않더라도(많은 수의 자격증이 사라질 것으로 예측된다) 해당 분야에 관심을 갖고 업무를 수행하는 데 필요한 AI와 로봇을 잘 운용할 줄 안다면 그가 곧 전문가이자 고소득자가 될 수 있다.

미래 사회 긱워커의 경쟁력은 전문 지식의 습득보다는 AI와 로봇에 대한 빠른 이해와 활용법을 익히는 것이 될 것이라는 점을 인지하고 지금부터 준비할 필요가 있다.

삶의 방식이 바뀐다

로봇은 일의 방식에서뿐 아니라 우리의 일상에 스며들어 삶의 방식도 바꿀 것으로 전망된다. 가정으로 들어온 각종 로봇기기 덕분에 가사노동은 줄어들고 여유 시간이 많이 늘어날 것이며 지식을 얻기 위해 굳이 학교에 가지 않아도 될 가능성이 커질 것이다. 몸이 불편했던 장애인과 노약자는 로봇의 도움으로 이전과는 비교할 수 없을 정도로 불편 없는 생활을 영위할 수 있다.

또한, 집 안에서 일도 하며 각종 서비스도 원격으로 받게 되면서 바깥 출입 없이 집에서 생활하는 시간이 많아질 것으로 예견된다. 그렇다고 편리하고 좋은 일만 있는 것은 아니다. 사회적 교류의 필요성이 없어지고 AI와 로봇과만 소통하면서 자신도 모르는 사이에 고립된 생활에 빠질 위험성도 커지기 때문이다. 변화하는 삶을 돌아보고 인간관계의 확장과 연계 방법에 대해서도 함께 고민해 보아야 할 시기가 도래하고 있다.

장애 없는 사회

미국의 로봇 기업 글라이던스(Glidance)는 2024년 시각 장애인을 위한 자율이동 보조 로봇 '글라이드(Glide)'를 공개했다. 일명 '하얀 지팡이'라고도 불리는 글라이드는 AI와 센서, 로봇 기술을 사용해 시각 장애인이 잡고 있는 한 손을 이끌며 원하는 목적지로 인도해 주는 로봇이다. 1,499달러라는 비교적 저렴한 가격에 공급되는 글라이드는 2개의 7인치 바퀴와 지지대, 손잡이로 구성되어 있는데 주변을 감지할 수 있는 센서와 카메라로 상황을 인지하여 반응하고 시각 장애인이 안전하게 거리를 다닐 수 있도록 길라잡이 역할을 하도록 설계됐다. 스피커 또는 무선 헤드셋으로 사용자 주변에 대한 경고와 정보에 관한 이야기도 음성으로 들려줄 뿐 아니라, 손잡이에는 햅틱 장치가 내장되어 있어 울림 신호로 위험 등을 알려줄 수 있다.

한편 일본 로봇 기업 바이오닉엠(BionicM)의 로봇 의족 '바이오레그(Bio Leg)'는 전기 모터와 다양한 센서의 결합으로 다리 절단으로 장애를 겪는 이들에게 실제 발과 같은 움직임을 제공해 2025년 CES에서 최고 혁신상을 받기도 했다. 바이오레그는 AI로 인간의 무릎 운동을 모방해 힘과 유연성을 제공하면서 다리를 잃은 사람들이 일상생활에서 불편 없이 다른 사람들과 같은 생활을 할 수 있도록 지원해 주고 있다.

일론머스크가 세운 뇌신경과학 스타트업 뉴럴링크(Neuralink)는 최근 뇌의 신경 세포에서 발생하는 전기 신호를 기록, 컴퓨터로 전송하는 기술을 개발하고 있다. 2024년에는 전신 마비 환자의 뇌에 뉴럴링크의 뇌-컴퓨터 인터페이스 장치인 '텔레파시'를 이식한 후, 뇌파의 움직임으로 마우스 커서를 조작해 체스를 두는 실험을 진행하기도 했다. 뉴럴링크는 향후 기술 고도화를 추진하고 반복 학습을 통해 로봇 휠체어와 일상생활을 돕는 로봇까지 조작할 수 있는 것을 목표로 삼고 있다. 전신 마비 환자도 로봇을 조작하고 그것을 통해 일상생활이 가능해질 것이라는 기대가 곧 현실이 될 것으로 보인다.

글라이던스와 바이오닉엠, 뉴럴링크의 사례가 아니더라도 전 세계의 많은 로봇 기업들이 장애인의 신체장애를 극복할 수 있는 로봇을 앞다투어 내놓고 있다. 팔과 다리를 잃었거나 보행이 불편한 이들을 위한 물리적인 솔루션들은 로봇이 인류의 건강과 행복을 위해 기여할 수 있는 가장 극적인 장면을 연출하고 있다.

미래 사회에는 로봇의 등장으로 많은 이들이 겪고 있는 신체장애가 극복될 것으로 전망된다. 선천적으로 장애를 갖고 태어난 사람들뿐 아니라 각종 사고와 질병으로 기능을 잃게 된 사람, 고령화로 인해 신체 기능이 저하된 사람들까지를 모두 포용하는 솔루션들이 등장해 일반화될 것으로 보인다.

장애를 장애로 인지하지 못할 만큼의 서비스를 제공하는 로봇 솔루션들은 크게 사회 인프라 성격의 ① 공공 로봇과 개인이 소유하고 이용하는 ② 활동 보조 로봇으로 나눠볼 수 있다.

공공 로봇은 공공시설 등에서 장애인들이 불편을 겪지 않는 기반 시설 확충의 하나로 로봇을 들여놓는다는 개념으로 사회 간접 자본 투자의 확장된 형태라고 할 수 있다. 미술관, 박물관, 전시관 등에서 장애인들이 불편 없이 관람할 수 있도록 돕는 도슨트 기능 장착의 로봇체어를 도입하거나 시청각 장애를 겪는 이들에게 로봇이 음성과 수화로 전시 내용을 설명해 주는 로봇 등이 그 예가 될 수 있다. 공항과 역사에서는 의사표현이 어려운 장애인 고객의 티케팅을 로봇이 도와준 후, 좌석이 위치한 플랫폼의 탑승구로 자율주행으로 이동시켜 주며 탑승 후에는 전담 로봇이 불편한 점은 없는지 확인하고, 도착지 안내와 상황을 알려 주며 세심한 커뮤니케이션까지 지원해 줄 수 있다.

활동 보조 로봇은 팔과 다리가 불편한 이들에게 기존의 의족이나 의수로는 해결이 되지 않았던 AI기반 제어 방식을 제공함으로써, 다양하고 심각한 장애가 있는 사람들에게도 혜택을 줄 수 있을 것으로 기대된다. 스마트 센서를 활용해 눈동자의 움직임이나 심지어는 뇌파를 통한 생각을 감지해 로봇팔과 로봇다리를 원하는 대로 미세 조정할 수 있는 로봇들이 양산될 것으로 보인다. 하반신 마비로 일어설 수 없거나 걷지 못하는 사람들도 외골격 형태의 착용형 로봇을 통해 일어설 수 있을 뿐만 아니라, 걷고 뛰는 일들까지 가능해진다. 근력이 떨어지고 관절이 약해진 고령의 시니어들도 착용형 로봇으로 보행에 보조를 받는 것은 물론이고 자율주행 기능이 탑재된 스마트 체어로 원하는 단거리 목적지로의 이동이 훨씬 쉬워질 것으로 예상된다. 장애 때문에 밖으로 나오기 힘들었던 사람들이 로봇 솔루션의 보급으로 바깥 활동을 활발하게 할 수 있는 시대가 성큼 다가오는 것이다.

로봇 솔루션은 신체 기능상의 제약을 극복하는 데에만 적용되는 것이 아니다. 치매와 같은 인지 장애 또는 발달 장애가 있는 사람들의 일상생활을 돕는 로봇들도 활발하게 개발이 진행되고 있다. 조만간 상용화된 솔루션들이 쏟아져 나올 것으로 예상된다. 지금도 치매 환자들의 약 복용 시간을 알려주거나 자폐 스펙트럼을 가진 아동들의 인지, 소통 활동을 가르치는 로봇들이 등장해 있다. 이것이 발달한다면 보호자나 기관의 복지사 또는 다른 사람들과의 소통이 좀 더 원활해질 것으로 예측된다. 발달 장애로 소통이 어려웠던 사람들도 그들의 생각과 표현

방식을 학습한 AI와 음성·텍스트 생성 장치가 연결된다면, 명확한 감정 표현과 의사소통을 할 수 있게 될 것으로 보이기 때문이다.

이처럼 미래에는 인공지능을 활용한 인터페이스의 발달과 더욱 정교해진 로봇들로 인해, 중증 장애인들도 불편을 극복하고 장애를 느끼지 않으며 생활할 수 있는 세상이 전개될 것으로 전망된다. 활동 보조를 위한 추가적인 인력 투입이 필요 없게 됨으로써 기존에 지출되던 가족과 기업, 정부의 사회적 비용들도 상당 부분 절감할 수 있을 것이라 기대되고 있다.

사라지는 자차 문화

현대인에게 가장 필요한 문명의 이기 한 가지를 이야기하라 하면 아마도 자동차가 1순위로 꼽힐 것이다. 전국을 일일생활권으로 만들어 주고, 사람과 함께 각 지역의 생산물들이 신속하게 원격지로 공급될 수 있도록 하는 데는 자동차의 기여도가 가장 크기 때문이다. 자동차는 미래에도 가장 중요한 교통수단으로 여겨지며, 다양한 임무를 수행할 것으로 예상된다. 하지만 소유의 문제는 좀 달라질 것으로 보인다. 지금까지는 차량을 내 마음대로 이용하기 위해서는 차를 온전히 소유해야만 했다. 그러나 미래에는 자동차 소유로 인한 불편함과 부담 개선을 위해 보다 적극적인 움직임이 나타날 것으로 예측된다. 등록비와 보험료, 세금의 문제는 차치하더라도 자동차 소유 시 차고지 마련과 주차장 확보가 소유주에게 늘 골칫덩어리였기에, 소유하지 않고 이용만 하는 모빌리티 생태계가 점차 완성되어 갈 것으로 보인다.

2010년대에 들어서면서 자동차 업계에서는 소유하지 않고 이용만 하는 사업이 조금씩 싹을 틔우기 시작했다. GPS와 스마트폰, 무선 네트워크의 발달과 플랫폼 비즈니스의 융성으로 상업용 택시와 렌터카밖에 없었던 '소유하지 않는 이용'의 개념이 단기 차량 공유 시스템으로 발현됐기 때문이다. 차만을 다른 사람에게 공유하는 카셰어링(Car Sharing)과 운전자와 함께 차를 빌려 원하는 목적지로 이동할 수 있는 라이드셰어링(Ride Sharing)의 형태로 나타난 차량 공유 서비스는 여러 법적인 제재의 난관 속에서도 조금씩 성장하며 확실한 수요가 존재함을 입증했다. 국내외에 유사한 기업들이 생겨났고 개인 소유 차량의 경우는 정서상 자신의 차를 남에게 빌려주기보다는 운임을 받고 이동시켜 주는 서비스(우버, 그랩, 타다 등)로 발전해 나갔고 차량을 단기로 빌리는 서비스는 렌터카의 자회사들이 자사 보유 차량을 이용해 시간 단위 과금 방식으로 대여하는 서비스(쏘카, 그린카 등)로 각각 발전했다.

차량의 공유 서비스는 확장되어 곧 모빌리티 열풍으로 이어졌다. 전동 킥보드와 자전거, 오토바이 등을 시간 단위로 사용한 만큼만 요금을 지불하고 이용하는 공유 플랫폼이 보편화됐다. 공유 플랫폼이 신사업으로 인기를 누릴 수 있었던 이유는 다양하고 혼잡한 도시에서 주차 걱정 없이 이동수단(모빌리티)을 이용할 수 있으며 세금, 수리비, 정기점검 등 소유로 인한 부담을 지지 않아도 된다는 편리함 때문이었다. 특히 젊은 층을 중심으로 소유보다는 이용을 중시하는 풍토가 형성되면서 이러한 트렌드가 자리 잡는 데 큰 영향을 미쳤다.

미래 사회에서는 '소유하지 않고 이용만 하는' 트렌드가 더욱 공고해지고 소유하는 것이 오히려 특별한 취미이자 수집의 대상으로 취급받는 시대가 될 것으로 예견된다. 전기차의 보급과 함께 운전사가 필요 없는 로봇화된 자율주행차가 대중화될 것이기 때문이다. 자차 소유로 인한 불편과 주차 문제 등을 해소할 수 있다는 효율성과 함께 낯선 운전자에 대한 부담을 가질 필요가 없는 자율주행차는 언제 어디서든 호출해서 이용한 거리와 시간만큼만 요금을 지불하는 방식으로 정착될 것이다. 사용자 인식과 이용 패턴을 익힌 AI기반의 플랫폼 배차 및 운용 시스템은 사용자의 주 이용 구간과 시간, 취향 등을 데이터베이스에 저장한 후 최적의 경로와 서비스를 제공할 수 있다. 사용자의 위치에서 가장 가까운 차로 배차가 이루어지고 차의 기종과 크기가 달라지더라도 사용자는 늘 이용했던 차와 같이 동일한 로봇 운전사(실체는 없더라도)의 안내를 받으며 목적지로 이동하게 된다. 차량을 소유하지 않고, 운전기사를 고용하지 않고도 마치 내 차처럼, 내 운전사처럼 호출해 이용할 수 있는 차량이 제공되므로 차를 구매할 필요가 없어지는 것이다. 이용자 급증 시의 미배차 우려는 이용 패턴에 따른 배차 시스템 가동과 사전 예약 시스템에 의해 크게 개선될 것으로 보인다.

미래의 교통수단은 네 개의 바퀴를 가진 자동차에만 한정되지 않기 때문에, 자차 소유 문화의 종식이 더 빨라질 수도 있다. 드론 로봇의 확장된 형태인 UAM(Urban Air Mobility)가 주요 이동수단으로 합류할 것으로 보이기 때문이다. UAM의 기술 발전은 초창기 자동차 기술의 발전만큼이나 급속하게 진행되고 있으며 수직 이착륙이 가능한 소형 UAM 택시는 곧 본격적인 상용화를 앞두고 있다. UAM은 차보다 고가이며 유지보수에 더 큰 비용이 들 뿐 아니라 인간이 직접 조종하기에는 위험하고 어려운 교통수단이라고 할 수 있다. 따라서 자율주행, 즉 자율비행이 필수적인데 운전사가 필요 없는 자율주행 공유 차량처럼 조종사 없이 운행되는 UAM이 상용화된다면 가까운 곳의 공유 UAM을 호출해 목적하는 곳으로 빠르게 이동하는 시대가 곧 도래할 것이다. 향후에는 로봇

(인공지능의 봇)이 운전하는 차와 UAM과 같은 비행체, 때에 따라서는 물 위를 달리는 자율주행 보트와 소형 전동 퀵보드 등을 함께 이용할 수 있다. 하나의 플랫폼에서 가장 효율적인 경로와 교통수단을 설계·제시하며 끊김 없이 교통수단을 바꾸어 타며 목적지로 갈 수 있는 서비스. 이것이 곧 미래의 통합형 교통 플랫폼 서비스다. 가까운 미래의 당신은 이제 택시를 기다리느라 발을 구르지 않아도 되고 차를 몰고 시내로 나간 후 주차할 곳을 찾지 못해 방황하지 않아도 된다. 주유나 충전도 걱정할 필요 없고 정기 검사와 보험, 사고 발생 시 처리를 위해 골치 아픈 과정을 겪지 않아도 된다.

통합 관제 플랫폼에 자신의 일정만 등록하면, 자율주행 차와 UAM, 모빌리티 등을 결합해 최적의 이동수단을 제공하는 미래에는 특정한 차 하나를 소유하는 자차의 개념 자체가 어색해질 수도 있다. 큰돈을 들이지만 구매하는 순간 감가상각이 시작되는 교통수단으로서의 차를 소유하는 일이 오히려 바보 같이 여겨질 순간이 다가오고 있는 것이다.

집 안으로 들어온 유치원/요양원

우리의 삶 속에는 늘 가족과 관련된 두 가지의 이슈가 늘 숙제처럼 주어지곤 한다. 자녀가 있을 경우는 육아가 그 하나고 부양해야 할 부모가 있는 사람들에게는 부모 돌봄이 그것이다. 저출산이라고는 하지만 미래의 주역인 아이들과 고령화 사회를 맞이한 어르신들에 대한 짧지 않은 돌봄에 사회적 시간과 비용이 많이 투입되고 있다. 노동 인력 부족의 문제가 겹치면서 유치원과 요양원에서 일할 사람이 부족해짐에 따라 단순히 비용의 문제를 떠나 심각한 사회 문제로 비화되고 있는 추세다.

가정용 로봇이 발전함에 따라, 미래 사회에서는 유치원과 요양원이 사라질 것이라는 전망도 제기되고 있다. 지금까지의 돌봄 산업은 돌봄 인력과 공간 부족, 오고 가는 교통수단의 확보 등의 문제로 지속적인 어려움을 겪어 왔다. 유치원과 요양원에서 발생하는 각종 사건 사고의 이슈들과 맞물려 가능하다면 원거리의 유치원과 요양원(주야간 방문요양 포함)에 자식과 노부모를 보내고 싶지 않지만, 집에서 그들을 케어할 사람이 없기에 어쩔 수 없이 유치원과 요양원이라는 시설과 시스템에 의존할 수밖에 없는 상황에 처하게 됐다. 유치원과 요양원에 보내고도 안심하지 못해, 늘 마음 한구석에 불안을 지고 살아야 하는 것이 부모와 자식들의 숙명처럼 여겨졌다. 그러나 몇몇 기업들이 돌봄 로봇의 영역에 도전하며 어린 자녀와 노부모를 두고 있는 이들에게 희망적인 소식을 전해주고 있다.

많은 로봇 기업이 어린이(Kid Care)와 노약자(Senior Care)를 대상으로 한 로봇 솔루션 개발로 성과를 내놓으며, 미래 사회의 밑그림을 완성해가고 있다. 유치원과 요양원(주야간 보호센터 포함)을 가야 하는 이유를 대체하기 위해서는 적정한 ① 교육과 ② 식사, ③ 신체 건강 돌봄(안전)의 세 가지가 기본적으로 충족되어야 한다. 어린이들에게는 연령대와 발달 정도에 따른 교육이 필요하고 어르신들의 경우는 치매 예방과 인지력 강화를 위한 훈련 차원의 교육이 필요하다. 이미 많은 로봇이 교육용으로 출시되고 있는데 미래에는 인공지능의 데이터와 학습 능력이 더해져 기존 교육에서는 찾아볼 수 없었던 개인 맞춤형 교육과 수준 측정, 그리고 다시 수준에 맞는 교육 과정 재설계 및 제공이 순환적으로 이루어진다. 집 안에서의 교육은 시간 절약과 맞춤형 콘텐츠의 측면에서 훨씬 유리한 장점을 지닌다고 할 수 있다.

식사 문제의 경우는 조리 로봇과 라스트마일 배송 로봇이 해결할 수 있다. 미래 사회에서는 집에서의 요리 역시 특별한 취미이자 이벤트로 다시 포지셔닝될 가능성이 크다. 조리 로봇에 의해 원가 절감된 주문 음식은 맛과 영양, 가격적인 측면에서 직접 만들어 먹는 것보다 압도적인 경쟁 우위를 가질 것이기 때문이다. 라스트마일 배송 역시 로봇과 드론봇으로 해결됨으로써 비용 절감 효과도 기대할 수 있다. 각 가정에는 집집마다 우편함(Post Box)과 마찬가지로 F&B함(Meal Box)이 설치되어 로봇 배송 전용 수취함이 보편화될 것으로 예상된다. 인공지능의 사이버 영양사가 각 개인의 입맛과 취향, 선호 또는 금기 음식을 파악한 후 조리 로봇이 오더를 받아 최적의 음식을 끼니마다 만들어낸 후 라스트마일 로봇을 통해 각 가정의 F&B함으로 보낸다. 그리고 집 안에서는 F&B함에 수취 된 음식을 각 가정 내 도우미 로봇 또는 컨베이어 프로세싱 장치가 꺼내어 식탁에 차려 놓는 일이 일반화될 것이다. 유치원과 요양원에 가지 않고 집 안에서 교육과 돌봄을 받는 어린이와 어르신들의 식사 문제는, 일상화된 로봇화 프로세스를 통해 해결될 것이다. 인공지능에 의해 파악되는 어린이 또는 어르신의 식사 유무와 섭취량, 이상 유무는 곧 보호자인 부모와 자식들에게 전송되고 필요할 때는 관계기관의 공무원과 시설 담당자, 의료 기관과 정보를 공유할 수도 있다.

신체의 건강과 안전 문제는 집 안 곳곳에 설치된 센서와 돌봄 로봇에 의해 역시 해결이 가능하다. 특정 질환이나 불편을 겪는 사람의 경우, 해당 질환과 불편 해소를 위해 만들어진 의료 로봇의 도움을 받을 수 있음은 물론이다. 보행이 불편하거나 당뇨, 고혈압 같은 질환을 가진 어르신들의 경우에는 복지 시설 방문을 위해 집 밖을 나서는 것보다 훨씬 더 안전하게 생활할 수 있는 장점이 더해질 것으로 보인다. 이상 유무 발생 시는 곧 보호자와 지자체의 복지·의료 담당자에게 연결되어 빠른 조치도 가능하며 집 안에서 발생할 수 있는 크고 작은 사고 역시 관련 기관 출동을 지시할 수 있어 유치원과 요양원의 시설 관리에서보다 더 높은 수준의 안전이 확보될 수 있다.

유치원이 끝나는 시간에 맞춰 부모나 대리인이 유치원과 차량 정차지에 마중을 나갈 필요도 없고 짧은 유치원 시간 종료 후 추가 돌봄에 대해 걱정을 할 필요도 없어지므로 원격지에 있어도 24시간 관찰과 확인을 할 수 있는 가정 내의 돌봄은 유치원과 요양원의 종식을 앞당길 것으로 보인다.

아이들이 유치원에 가야 하는 다른 이유로는 다른 아이들과의 커뮤니케이션을 통해 사회성을 기르기 위한 목적도 있다. 또한, 어르신들 역시 또래 집단과의 교류와 소통이 필요하다. 그러나 미래 사회에서는 이 또한 직접적이고 물리적인 만남을 통해서만 해결되는 것은 아니기에 유치원과 요양원의 필요성을 소환하지는 못할 것으로 전망된다. 고화질의 카메라와 3D 디스플레이, 서라운드 오디오/비디오 시스템이 커뮤니티 활동 지원과 커뮤니케이션을 현실에 가까운 수준으로 제공해 줄 수 있기 때문이다. HMD(Head Mounted Display) 기술의 발달로 HMD를 착용한 사람들이 사이버 공간에서 한자리에 모여 그룹 활동을 할 수 있고 교육과 강연, 공연을 함께 관람할 수 있는 시대가 도래할 것이다. 외출 시 보호자의 동반이 필요한 아이들이나, 몸이 불편한 어르신들 모두 HMD를 착용한 후 4D 효과가 제공되는 공간에서 친구 또는 선생님과 함께 원하는 나라나 장소로 증강현실 여행을 떠날 수도 있다. 사이버 공간이지만 서로 각자의 집 안에서 옆에 앉아 있는 것처럼 이야기를 나누고 교감을 나눌 수 있어 물리적인 공간이 떨어져 있다는 것조차 느끼지 못한다. 로봇과 솔루션의 발달은 커뮤니티 형성을 원활하게 만들어 현대인의 고질적인 질병인 외로움을 해소하는 하나의 방안이 될 수 있다.

진료실 없는 동네 병원

기본적인 의식주가 해결된 이후 인류에게 필요한 것은 건강한 삶을 오래 유지하는 것이다. 일상을 돕는 로봇으로 안락한 생활을 하는 것도 도움이 되지만 발전한 현대의학과 결합된 의료 시스템과 의료 로봇으로 건강하고 활기찬 생활을 오랫동안 영위하는 것이 그 무엇보다 값진 과학 발전의 성과라고 할 수 있다.

미래 사회의 사람들은 병원에 가지 않고도 진료를 받고 치료를 할 수 시스템이 구축됨에 따라, 기대 수명이 높아질 뿐 아니라 신체 건강 지수 또한 급격하게 호전될 것으로 예측되고 있다.

네덜란드는 원격의료(Telemedicine)를 가장 선제적으로 도입하고 있는 나라로 평가받고 있다. 코로나19 팬데믹을 기점으로 네덜란드는 비대면 의료 서비스의 필요성을 절감했다. 현재 네덜란드에서는 의사와의 원격지 화상 상담, 모바일 앱을 통한 커뮤니케이션, 의사의 환자 상태 및 데이터 원격 모니터링, 인공지능 기반의 진단 보조 솔루션 도입 등 다양한 원격 의료 서비스가 도입되어 있다. 전자 건강 기록 시스템과 연계된 디지털 헬스 플랫폼을 국가 주도로 구축하고 본격적인 원격 진료 서비스를 가동중이다. 2023년 기준, 네덜란드에서 원격의료를 이용하는 환자 비율은 전체 환자 중 약 45%에 달하며, 특히 만성질환을 앓는 환자의 약 60%가 원격의료를 통해 질환 관리를 하고 있는 것으로 나타났다. 원격의료로 의료 시스템의 과부하를 줄여 의료 자원을 효율적으로 배분함은 물론 환자에게는 의료 비용과 시간을 줄일 수 있게 하여 건강 관리에 대한 만족도와 즉시 치료의 가능성을 더 높이는 기회를 제공하고 있다. 또한, 의료 시설이 부족한 지방과 도서 지역의 의료 접근성을 크게 향상시켰으며, 저소득층의 접근을 용이하게 만들어 의료 서비스의 불균형 문제마저 완화한 것으로 보고되고 있다.

네덜란드의 사례에서와 같이 미래 사회에서는 원격 진료가 확산되면서 효용이 높아지고 의료 서비스의 질과 불균형도 크게 개선될 것으로 예상된다. 그리고 그런 원격 진료 확산의 기폭제가 될 수 있는 것은 집 안에서 구현되는 로봇과 같은 진단 솔루션의 개발과 보급이라고 할 수 있다. 현재까지는 법적 규제와 안전성의 문제가 제기되고 의료진의 교육과 준비가 아직 미흡하다는 이유로 본격적인 원격 진료가 도입되지 못하고 있다. 하지만 빠르고 정확한 측정·진단 로봇 솔루션이 개발되어 각 가정에 보급되고 인공지능에 의한 분석과 처방이 이루어진다면 원격 진료의 보편화는 곧 일상적인 현실로 자리를 잡을 것으로 전망된다. 사람인 의료진은 정밀하고 짧은 간격으로 측정된 환자의 데이터를 확인하고 인공지능이 권고한 분석과 처방을 검토한 후 최종 처치만 승인하면 되므로 일의 양이 줄어들며 그로 인해 보다 세밀한 의료 서비스의 구현이 가능해진다.

물론 심각한 수술을 받거나 방사선 치료와 같은 고가 장비의 도움을 받기 위해서는 병원을 방문해야만 한다. 이러한 수술과 치료는 권역별로 한두 개의 대형 병원에서 이루어지므로 단순한 진료와 처방이 이루어지는 동네 병원의 위상은 예전 같지 않을 것으로 보인다. 대형 병원의 수술과 고가 장비의 치료 역시 대부분 로봇 시술에 의해 이루어지며 기술이 발전하면서 로봇 솔루션의 가격이 내려간다면 그런 역할마저도 하나둘 각 가정의 의료용 로봇에게 인계되어 하방 평준화될 가능성이 커진다.

미래 사회에서는 동네의 많은 병원이 필요 없어지거나 원격 진료를 하는 의사가 상주하면서 특별한 시술이 필요할 경우만 환자가 방문하는 시술센터의 성격으로 변화될 것으로 보인다. 즉, 진료실은 사라지고 시술만 하는 병원, 그것도 집 안의 로봇들이 시술할 수 없는 심각하고 어려운 시술을 병원에서 보유한 전문서비스 로봇으로 받기 위해 방문하는 병원으로 바뀌는 것이다.

이미 고혈압, 당뇨, 비만과 같은 만성질환을 측정하는 진단 도구(측정 장비)를 장착한 가정용 의료 로봇들이 보급되고 있다. 피를 뽑지 않고 혈당을 측정하는 로봇 솔루션과 같은 기기의 도움으로 측정된 수치를 로봇이 원격지의 의사 또는 인공지능 닥터에게 전송하고 그들의 판단을 보조하고 복용하는 약의 양을 늘리거나 줄이는 조치를 해나가려는 시도들이 전 세계에서 광범위하게 시도되고 있다. 만성 질환 관리를 위해 주기적으로 동네 병원을 방문해야 했던 많은 환자가 원격 진료와 로봇의 도움으로 병원 방문을 하지 않고 집 안에서 진료와 측정을 받으며 복약까지 도움을 받을 수 있는 시대가 오는 것이다.

처방에 따른 약의 수령도 약국을 번거롭게 방문해야 하는 현재의 체계에 많은 변화가 일어날 것으로 예상되고 있다. 정부가 비대면 진료 시 의약품 재택 수령 제도를 함께 검토하겠다고 밝힌 것이 시발점이 될 수 있다. 원격 진료가 활성화되면, 처방 약을 전문으로 배달하는 로봇 또는 드론이 수령자의 생체 정보를 활용해 인증을 거친 후 약을 전달하며 복약 관리 로봇이 약의 복용과 오남용 방지를 위한 각종 알람과 조치를 취할 수 있어 지금보다 더 안전한 약 공급 및 관리 체계가 이루어질 것이다.

미래의 가정 내 로봇의 기능 중에는 인공지능의 학습 데이터에 기반한 이용자의 건강을 살피는 기능이 필수적인 요소로 포함될 것으로 보인다. 혼자 생활하는 고령 환자의 위급 상황 시 집안의 각종 센서와 교신하는 가정 내 로봇의 관찰과 판단으로 긴급 출동 지시를 빠르게 내릴 수도 있고 가족과 의료진에게 해당 사항을 전파할 수 있어 독신자가 많아질 미래에도 스마트한 건강 관리가 가능해질 수 있다. 나아가 로봇 기반 재택 진단 솔루션은 방문을 꺼리는 우울증과 같은 정신의학의 분야에서도 인공지능 로봇의 문답과 상태 점검을 통해 질환 여부를 파악하고 처방할 수 있으므로 노출되지 않는 질환과 질병까지 찾아낼 수 있는 특장점을 가지고 있다.

이에 따라 미래 사회에서는 동네 병원과 약국의 수가 많이 줄어들고 병원이 있더라도 진료가 아닌 전문 의료 로봇을 갖추고 시술만 하는 시술센터로 자리매김할 것이라는 점은 거부할 수 없는 흐름이라 조심스레 예견해 볼 수 있다.

급속하게 줄어드는 범죄

전 세계적으로 강력 범죄의 발생 빈도가 감소하고 있다. 그리고 미래 사회에는 지금보다 훨씬 더 크고 작은 범죄의 발생이 줄어들 것으로 예상한다. 범죄율이 감소하는 이유는 첫째, 범죄 예방이 가능한 감시와 통제가 강화되고 있기 때문이며, 둘째, 범죄를 저지른 후 범인의 검거율이 높아지고 있기 때문이고, 셋째, 방범과 보안을 위한 직접적인 솔루션들이 속속 등장하고 있기 때문으로 해석해볼 수 있다. 이 세 가지를 아우르는 범죄율 감소의 가장 강력한 솔루션을 꼽자면, 그것은 바로 방범, 보안에 사용되는 AI와 로봇의 개발이라고 할 수 있다.

AI와 로봇은 24시간 가동할 수 있고 사람의 눈으로 관찰하기 힘든 곳까지 열화상, 적외선, 투시 카메라 등을 통해 감시할 수 있다. 지능형 CCTV와 쉬지 않고 순찰하는 지상형 순찰 로봇과 드론봇이 시민들의 신체안전과 재산을 지키는 역할을 수행하게 되는 것이다. 전국 곳곳, 골목골목마다 배치된 CCTV와 연결된 인공지능은 단순히 영상을 녹화하거나 증거로 저장하는 수준을 넘어, 실시간 학습 데이터의 판단을 통해 이상 행동과 상황을 감지, 출동 명령을 내릴 수 있는 수준으로 개발되어 있다. 즉, AI기반의 범죄 예측 프로그램이 축적된 범죄 데이터를 활용해 위험 지역과 범죄 사각지대를 파악하고 범죄 현상의 패턴이 보이는 곳을 집중 감시, 예방 활동을 수행할 수 있게 된 것이다.

미국 캘리포니아주립대(UCLA) 연구팀은 범죄 정보를 분석해 10~12시간 뒤 범죄가 발생할 가능성이 있는 시간과 장소를 예측하는 '프래드폴(PredPol)'이라는 프로그램을 개발했다. 해당 프로그램을 시험 적용해 본 LA와 시애틀 지역의 범죄율이 약 20%가량 감소한 것으로 보고되고 있다. IT기업인 IBM 또한 '크러시(Crush)'라는 범죄 예측 시스템을 개발해 워싱턴 D.C.와 멤피스에서 테스트를 진행했으며, 해당 지역 해당 기간 범죄 발생률이 약 30% 줄어든 것으로 나타났다. 이처럼 미래에는 로봇 감시와 통제 솔루션의 고도화로 선제적으로 계획범죄의 발생 가능성을 차단하고 범죄를 저지를 가능성이 있는 사람들에게는 강력한 경고를 하는 예방 활동으로 범죄 발생 빈도가 획기적으로 감소할 것으로 예상된다.

범죄를 저지른 사람들의 체포와 관리에도 AI와 로봇의 활약은 커질 것으로 예상된다. CCTV와 목격자, 지문과 생체 정보로 파악된 범인의 DB를 탑재한 로봇이 순찰하면서 안면·생체인식 기술을 활용해 마스크를 쓰고 모자를 쓴 범인이라도 단번에 인식하고 잡아낼 수 있기 때문이다. 방범 로봇은 테이저건과 그물, 로봇에 부착된 매니퓰레이터를 사용해 직접 범인을 검거할 수 있다. 교통수단을 이용해 달아나는 범인은 로봇 경찰이 운전하는 무인 차량이 추적해 앞을 막아설 수 있으며 장애물을 넘어 달리는 범인은 드론봇이 추적해 역시 테이저건, 고무탄 등을 발사해 제압할 수 있다. 미래에는 CCTV뿐 아니라 고화질의 위성카메라와 RTK GPS를 사용해 범죄 현장과 범인을 발견하고 검거할 수 있는 기술도 확장될 것이라 예측된다.

각 가정과 기업에서 활용할 수 있는 방범, 보안 솔루션 또한 눈부신 발전을 거듭할 것으로 보인다. 지금도 활성화되고 있는 무인 경비 시스템은 보다 적극적이고 확장된 서비스로 발전해, 각종 범죄를 막아주는 임무를 수행하게 된다. 현재의 무인 경비 시스템이 외부의 침입 정도를 감지하고 알람을 주는 형태에 그쳤다면, AI와 로봇에 의해 실현되는 경비, 보안 시스템은 범죄 의도자의 주변 접근까지 파악해 사전 대비하고, 나아가 금융과 사이버 범죄까지 예방, 차단할 수 있는 기능이 제공될 것으로 예상된다. AI 기반의 보안 프로그램은 PC해킹 등을 차단할 수 있는 것은 물론, 스마트폰으로 걸려오는 전화의 발신처와 음성 패턴, 진위 여부를 판단해 보이스피싱과 같은 지능 범죄도 완벽하게 식별하고 차단할 수 있게 된다. 국내 음성 AI 전문 기업 솔루게이트에서는 '보이스피싱 방지를 위한 자연어 처리 기반 통화 모니터링 방법과 이를 위한 장치 및 프로그램'에 대한 특허를 출원하고 상용화에 들어갔는데 해당 솔루션은 95% 이상의 보이스피싱 식별과 차단율을 보여 국제발명전시회에서 수상하기도 했다. 또한 금융권에서는 인공지능 데이터 분석을 통해 비정상적인 출금과 송금의 패턴이 확인될 시 지급을 차단하고 안전 조치를 취할 수 있는 프로그램이 고도화되고 있다. 사기로 의심되는 정황을 총체적으로 분석해 피해를 입기 전에 사전 조치를 취하고, 범인을 추적해 검거까지 이어지도록 지원하는 것이다. 연간 수조 원대의 피해를 유발하는 각종 보이스피싱과 사이버범죄도 AI와 로봇의 활약으로 종식될 날이 머지않은 것으로 보인다.

미래 사회에는 범죄가 모의 단계부터 발각될 확률이 높으며 실행 단계에서 AI와 로봇에 의해 구현할 수 없게 된다면 범죄율은 급격하게 감소할 수밖에 없으며 각종 감시 장비와 사회 관계망으로 범죄자는 반드시 검거되는 시스템이 가동되므로 확실한 예방이 가능해질 것이다. 우발적인 폭행과 살인, 사고를 제외하면, 사전 모의에 의해 발생하는 각종 사기와 절도, 강도, 살인 등의 강력 범죄는 거의 사라질 것으로 예측된다. 설령 우발적인 범행이 발생하더라도 높은 검거율로 인해 도피보다 자수를 선택할 수밖에 없는 환경이 조성되므로 치안 기관의 자원 활용에도 효율성이 높아진다.

로봇을 사용해 범인을 추적하고 체포하는 것에 대해서는 현재도 인권 이슈가 제기되고 있으며, 앞으로도 이러한 논란은 지속될 것으로 보인다. CCTV·위성망과 로봇에 의한 감시가 선량한 시민을 잠재적 범죄자로 간주할 수 있다는 윤리적 문제와 사생활 침해의 논란은 미래에도 계속 이어질 수 있으며 시민 사회의 저항으로 이어질 가능성도 있다. 하지만 범인을 조기에 검거해 추가적인 피해를 막고 시민의 안전이 보장되는 측면에서, 다수의 사람이 로봇 경비와 보안에 대해 대체로 긍정적인 생각을 갖고 있다. 비용 효율적인 측면과 범죄 예방, 피해복구의 실효성 면에서 탁월한 도움을 줄 수 있으므로 일부의 반대 의견이 있더라도 무인 경비, 보안 로봇 솔루션의 개발은 지속적으로 확대되어 보편적인 서비스로 자리를 잡을 것임은 분명하다 하겠다.

03 추구하는 가치가 바뀐다

로봇에 의해 바뀌는 일과 삶에서의 변화는 곧 인간의 가치관에도 큰 영향을 미치게 된다. 직업과 하는 일이 달라지고 일상생활에서도 몸을 쓰는 일과 이동하는 일이 줄어들면서 어떻게 남은 시간과 여생을 보내야 할지 고민에 빠질 수밖에 없다. 나름 전문가라고 생각하던 분야의 일들을 로봇이 대체하면서 어떤 일을 어떻게 해야 할지 고민하게 되고, 적성과 진로에 대해 다시 되돌아보게 되기도 한다.

AI와 로봇에 의한 변화는 인간에게 지금까지 주류라고 여겨졌던 가치관들이 절대적이거나 고정된 것이 아니라는 사실을 새삼 깨닫게 하며, 가치관 형성에도 많은 변화를 가져올 것으로 예상된다. 예전에는 무의미했던 것이 가치 있는 것이 되고 최고의 가치라 여겨졌던 것들이 무의미해지는 시대가 도래하고 있다. 미래를 준비하면서 우리가 가진 가치관의 재정비도 함께 이루어져야 한다.

싱글라이프의 확대

2024년 3월 기준으로 우리나라의 전국 1인 가구의 수가 1,000만을 넘어선 것으로 나타났다. 이는 전체 2,400만 가구 중 41.8%를 차지하는 것으로 매우 높은 수치를 보여주고 있다. 1인 가구가 증가하는 요인은 혼자 사는 것을 선호하는 청년층의 조기 독립과 비혼을 선언하는 청장년층이 늘어나는 등 가치관의 변화에 따른 것으로 해석되고 있다.

미래 사회에는 혼자 사는 사람, 즉 싱글라이프가 더욱 확대될 것으로 예상된다. 지금까지의 추이도 그렇고 갈수록 혼자 사는 것이 불편해지지 않는 여건들이 조성되면서 굳이 결혼하거나 가족들과 동거해야 할 필요를 느끼지 않게 되는 것이다. 완벽한 싱글라이프의 여건이 조성되는 데에는 인공지능 AI와 로봇의 역할이 크다는 점도 간과할 수 없다. AI와 로봇이 혼자 사는 사람들에게 물리적인 편의성을 제공해 주는 것은 물론이고 정서적 안정에도 큰 도움을 주고 있기 때문이다.

1인 가구의 증가가 인간을 더욱 소외시키고 고립으로 몰아간다는 부정적인 시각도 존재하지만, 행복을 추구하는 인간의 본성에 비추어볼 때 혼자 사는 것이 더 행복하다는 가치관의 형성을 막을 수는 없다. 청소, 세탁, 설거지와 같은 가사는 이미 로봇화된 기기들의 도움으로 해결하고 있으며 AI의 개인 비서 서비스를 통해 원하는 정보를 쉽게 얻을 수 있어 누군가와 반드시 함께해야 할 이유는 점점 사라지고 있다. 자녀를 가질 것이 아니라면 이성과 연인 관계가 형성되더라도 각자의 삶을 존중하는 싱글라이프가 지속되는 현상이 더욱 굳어질 것으로 보인다. 다른 사람과의 교류가 필요하면 인공지능이 매칭해 주는 상대방 또는 커뮤니티에 가입해 활동하고, 가끔 오프라인 활동에 참여하면 충분하다.

사생활을 보호하고 AI와 로봇의 도움을 받으면서 적당한 사회 교류를 통해 부족한 부분을 채우는 것이 미래 싱글라이프의 새로운 표준이 될 것이다. 정서적 교감과 충족을 반드시 다른 사람들을 통해 채울 수 있으리라는 것도 현재 시점의 선입견이 될 수 있다. AI와 로봇 기술에 의해 진짜 사람이 아닌 '사람 같은 대상'을 통해서도 그런 부분의 충족이 가능해질 것이기 때문이다.

2017년 개봉한 영화 '블레이드 러너 2049'를 보면 LAPD의 일원인 K(라이언고슬링)의 집에는 AI인간인 '조이'가 등장한다. 조이는 홀로그램으로 실제와 유사한 형상으로 이미지화되어 나타나는 것은 물론이고 K의 고민을 들어주고 위로하는 실제의 여자친구와 같은 역할을 소화해낸다. 조이는 K가 소유한 휴대용 저장장치로 프로그램 복제도 가능해 외부로 이동을 하더라도 함께 다니며 보고 듣는 것을 공유할 수도 있다. 알 수 없는 미래 사회를 그린 SF 영화이지만, 영화 속에는 싱글 라이프 생활의 전형을 엿볼 수 있는 많은 힌트들이 담겨 있다.

영화에서와 같이 인공지능으로 만들어진 하우스메이트가 실제로 집 안에서 따뜻하게 주인을 맞아 주며 원하는 시간에 원하는 만큼 대화를 나누고 경험을 공유할 수 있는 시대가 곧 도래할 것으로 보인다. 블레이드러너 2049에서처럼 홀로그램일 수도 있지만 대체로 인간의 관절과 피부, 반사신경까지 재현한 휴머노이드 로봇일 가능성이 크다. 1인가구 생활에서 외로움과 고립으로 인한 정신적 피폐를 불러올 것이라는 우려와 달리, 자신에게 맞는 휴머노이드 하우스메이트와 정서적 교감을 나누며 훨씬 더 긍정적인 정신적 안정 상태를 이룰 수 있을 것으로 전망된다. 사이버 인간이기도 한 인공지능 탑재의 휴머노이드 로봇과는 생활습관이나 생각의 차이로 다투거나, 사소한 의견의 충돌조차 발생하지 않는다. 휴머노이드 로봇은 인간을 위해 만들어진 만큼 한없이 희생하며 언제나 변함없는 모습으로 상대방을 맞이하기 때문이다. 휴머노이드 로봇은 홈 허브를 제어하고 각종 플랫폼과의 연동 기능까지 보유하고 있어 집 안의 가전 기기와 설비를 통제하며 식음료 주문, 차량 호출, 병원 예약과 같은 모든 일을 음성 인터페이스나 데이터 입력을 통해 해결해 주기까지 한다. 나보다도 나를 더 잘 아는 로봇. 가정용 휴머노이드의 유용성이 입증되며 싱글라이프의 장점을 극대화하는 수단으로 확고하게 자리매김할 것으로 전망된다.

동거인에 버금가는 휴머노이드 로봇 외에도 싱글라이프를 지원하는 로봇 솔루션으로는 반려 로봇과 반려동물 케어로봇, 반려식물 케어로봇, 헬스 케어로봇 등이 있다. 사람을 닮은 휴머노이드 로봇이 부담스러운 사람에게는 반려동물을 닮은 반려로봇이 외로움을 달랠 수 있는 좋은 대안이 될 수 있다. 또한 살아있는 동물과 식물로 싱글라이프의 정서적 결핍을 채워보고 싶은 사람에게는 동물과 식물을 잘 키울 수 있도록 도와주는 케어로봇이 실질적인 도움을 줄 수 있다. 혼자 생활하면서 흔들리기 쉬운 건강 관리를 위해서는 휴머노이드 로봇과 집 안의 각종 센서 장치, 원격의료 시스템이 식단과 운동, 복약 프로그램을 제시하고 긴급 상황을 감지해 기본적인 안전망을 제공할 수 있다. 특별한 질환이나 생활 장애가 있는 싱글이라면, 맞춤형 헬스케어 로봇을 도입함으로써 문제의 해결이 가능해진다.

독신주의에 기반한 싱글라이프를 경계하는 사람들은 노년의 돌봄 문제를 싱글라이프 철회의 논리로 자주 내세운다. 젊고 건강한 시절의 싱글라이프는 자유롭고 멋있게 보일지 몰라도 노년에는 배우자나 자식이 있어야 한다는 주장이다. 하지만 이미 우리의 사회는 높은 이혼율과

딩크족(DINK:Double Income No Kids)의 확산으로 노년의 삶은 혼자 준비해야 한다는 방향으로 사회 인식과 가치관이 변화하고 있으며, 많은 이들이 그것을 받아들이고 있다. 나이가 들어서도 멋있고 건강하게 살기 위해서는 젊은 시절 결혼과 육아로 경제적 지출을 감수하는 것보다 저축을 통해 노후를 대비하고 고성능 로봇 시스템을 구축하는 것이 오히려 더 나은 선택이라는 인식이 미래 사회에는 더욱 공고해질 것으로 예상된다.

싱글라이프의 확산에 대비한 국가의 인구, 주거 정책과 시스템 마련이 필요하며 개인들도 자식 세대의 가치관 변화를 수용하고 노년의 독립적인 삶을 위한 준비를 해나가야 할 것으로 보인다.

미술, 음악은 완전한 취미의 영역으로

2024년, 오픈AI의 인공지능 동영상 생성 솔루션인 '소라(Sora)'를 이용해 제작된 뮤직비디오들이 전 세계에서 봇물 터지듯 쏟아져 나오기 시작했다. 처음에는 음악과 어울리지 않는 기괴한 장면이나 어색함이 있어 인공지능 생성 영상의 한계에 대한 지적이 많았지만 불과 1년여 만에 완성도가 높아져 거액을 투자해 촬영과 편집한 기존 뮤직비디오들과 거의 차이를 느끼지 못할 정도의 수준에 도달한 작품들이 등장하고 있다. AI의 활약이 이루어지는 범위가 단순한 콘텐츠성 정보 제공을 넘어, 상업적인 음악과 영상을 제작하는 영역으로까지 빠르게 확대되고 있다.

국내에서도 최초의 AI 작곡가 '이봄(EvoM)'이 2020년에 등장한 이래, AI가 작곡하고 AI가 연주, 편곡한 음악들이 영화와 드라마의 OST에 쓰이고 백화점과 카페 같은 상업 공간에서 저작권의 이슈 없이 배경 음악으로 쓰이는 사례가 급증하고 있다.

이처럼 인공지능(AI)의 발전은 국내외의 상업 음악이라는 생태계에 커다란 파장을 불러일으키고 있다. 음악을 필요로 하는 사람들이 음악 장르와 사용처, 분위기, 가수의 음성 등을 입력만 하면 생성형 AI가 수집한 데이트를 바탕으로 불과 몇 분 만에 멋진 음악을 원하는 만큼 빠르게 만들어낼 수 있게 된 것이다. 음악을 만들어내는 생성형 AI의 위협은 작곡가와 같은 상업용 음악의 창작자들에게만 위협이 되는 것이 아니다. 음악을 연주하는 악기 연주자와 가수, 곡을 녹음하고 편집하는 프로듀서, 음반을 제작하고 유통하는 유통사, 공연 기획사, 저작권 등록 및 관리 기업 등 음악과 관련된 전 산업군이 하루아침에 무용지물이 될 수 있는 수준의 충격을 맞이하고 있는 것이다. 저렴한 비용과 빠른 생성 속도, 원하는 음악이 나올 때까지 반복 생성할 수 있는 유연성 덕분에, 생성형 AI의 음악은 곧 상업용 음악계를 장악할 것으로 예상된다.

생성형 AI의 영향은 음악계뿐이 아니다. 2022년 노블AI(Novel AI)라는 스타트업에서 최초 출시한 이미지 제너레이터(그림 생성 인공지능)는 주제어와 원하는 내용의 텍스트만 입력하면 고퀄리티의 일러스트를 생성해 세상을 놀라게 했다. 또 미국 콜로라도의 한 미술대회에서는 생성형 AI가 그린 그림이 인간을 제치고 수상하기도 했다. 미술계에서도 생성형 AI의 거센 물결이 인간 고유영역을 침범하고 있는 것이다. 기업에서 광고하고자 하는 제품의 사진과 핵심 정보를 입력하기만 하면, 멋진 카피를 비롯해 수십 종의 카탈로그와 브로셔, 광고 이미지 및 동영상을 고객이 만족할 때까지 실시간으로 생성해 제공하는 서비스는 이제 더 이상 놀라운 일이 아니다. 광고와 마케팅에 사용되는 거의 모든 이미지는 이제 인간인 디자이너가 아닌 생성형 AI가 만드는 것으로 전환되어 가고 있으며, 뮤지컬과 오페라의 무대 디자인, 기업의 CI·BI, 상품의 포장과 로고, 실내 인테리어 및 외장 설계 등에서도 고객 맞춤형의 AI가 경쟁력이 있는 것으로 입증되어 가고 있다.

한때는 음악과 미술이 컴퓨터가 만들어낼 수 없는 인간 고유의 창작 영역으로 여겨지던 때가 있었다. 아무리 고도화된 생성형 AI라도 창작은 하지 못하고 수집된 데이터를 기반으로 모방만 할 뿐이라는 믿음, 즉 인간 창작성에 대한 막연하고 확고한 신념이 존재했던 것이다. 하지만 기수집된 데이터를 바탕으로 AI가 모방해 낸 음악과 미술 작품을 인간이 온전히 구별해 내지 못하게 되면서, 그런 논쟁은 무의미한 것이 되고 말았다. 상업적으로 쓰이는 음악과 미술에 대해 고객들이 인간의 것과 AI의 것을 구분해내지 못한다면, 해당 작품을 쓰고자 하는 입장에서는 비용과 시간 측면에서 효율적인 AI 생성 결과물을 선택하는 것이 당연하고 합리적일 수밖에 없다. 그런 시대는 이미 도래했고, 가까운 미래에는 인간 창작자가 기존 방식으로 만들어내는 상업용 음악과 미술은 사라질 가능성이 크다. 미래에는 필요한 음악과 미술을 만들어내기 위해 요구 사항을 잘 정리해 입력하고 AI를 조정하는 전문 기술자가 그 역할을 대신할 것으로 보인다.

상업용 음악과 미술의 분야를 생성형 AI가 도맡아 하게 된다는 말은 곧 그림을 그리거나 디자인하고 음악을 작곡하거나 연주하고 노래를 부르는 일이 온전한 인간의 취미 영역으로 분류될 것임을 의미한다. 취미 활동의 일환으로 정물화와 풍경화를 그리거나 미학적 관점에서 컴퓨터 그래픽을 다루는 일은 계속 되겠지만, 미술관에 판매하거나 제품을 디자인하고 색상을 입히는 상업적 목적으로 미술을 하는 사람은 점점 사라지게 될 것이다. 또 음악을 좋아해 오케스트라와 같은 커뮤니티 팀을 만들어 악기를 연주하고 음악을 작곡하는 사람은 여전히 존재하겠지만, 영화와 드라마의 OST를 작곡하고 상업적 판매를 목적으로 노래를 부르고 음반을 발매하는 사람은 급격히 줄어들 것이다. 클래식한 방법으로 음반을 만들어 좋은 반응을 얻더라도 곧 유사한 음악이 더 좋은 편곡과 목소리로 생성되어 대중 매체로 송출될 것이기 때문에 상업적으로 성공을 거두는 일은 점점 더 어려워질 수밖에 없게 된다.

최근에 발매되는 음반은 이미 AI의 편곡과 목소리 보정을 거쳐 세상에 나오는 경우가 많아지고 있다. AI의 손길을 거친 음악이 범람하는 가운데 인간의 개입 없이 생성된 음악과의 차이가 사라지고 있으며, 이로 인해 가수라는 직업도 연예인으로 활동은 하겠지만 자신만의 목소리로 경쟁력을 갖기는 점점 더 힘들어지는 것이다.

단기 성과를 내야 하고 저비용과 고효율을 요구하는 상업 미술과 음악 분야에서 인간이 설 자리가 점점 줄어들고 있는 것은 사실이지만, 인간 고유의 창작 활동의 산물로서 미술과 음악의 가치가 완전히 사라지지는 않을 것이다. 주로 취미 활동의 영역에 머물 것으로 보이긴 하지만 인공지능이 쉽게 모방할 수 없는 원조(Originality)는 여전히 인간의 것이며 그로 인해 상상 이상의 높은 가치를 인정받는 사례는 미래에도 꾸준히 등장할 것으로 예상된다. 이는 마치 튼튼하고 실용적인 고기능의 공장제 물병이 대량 생산되고 있음에도 불구하고, 전통적인 방법으로 만든 청자 물병이 골동품이나 예술품으로 인정받아 고가에 거래되는 것과 같은 이치라고 할 수 있다. 단, 청자 물병은 물병이라는 실용적 기능이 아니라 예술적 가치라는 전혀 다른 기준으로 평가된다는 점을 유념해야 할 것이다.

창의력이 최고의 경쟁력

인공지능(AI)의 알고리즘은 수집된 데이터를 이해하고 학습하며, 판단하고 예측하는 구조의 반복으로 이루어진다. 즉 기존의 데이터를 토대로 해체와 재조합, 모방과 응용을 통해 새로워 보이는 결과물을 만들어낸다는 의미다. 인간이 의도를 갖고 주입한 것이든, 스스로 탐색을 거친 것이든 인공지능은 반드시 참조할 기존 데이터가 있어야 하며 데이터가 없는 영역에서 전혀 새로운 것을 창조해내는 것은 사실상 불가능에 가까운 일이 된다.

기존의 데이터가 존재하지 않는 영역에서 무언가를 새롭게 만들어내는 일을 우리는 '창작(Creation)'이라 한다. 그리고 그것은 아주 먼 미래에도 오직 인간만이 할 수 있는 일로 남아 있을 가능성이 있다. 상업적인 음악과 미술 분야에서는 생성형 AI가 인간을 100% 대체한다고 하더라도 순수 창작의 음악과 미술 영역은 여전히 생성형 AI가 넘볼 수 없는 영역으로 남게 된다는 말이다. 다만 그런 순수 창작의 산물이 상업적인 가치를 인정받을 수 있을지는 여전히 미지수일 뿐이다.

지금도 여러 논란이 있으나 AI와 로봇은 어디까지나 인간의 도구일 뿐, 결국 창작의 주체는 인간이어야 하고, 또 그렇게 되어야 한다. AI와 로봇이 특이점(Singularity)을 지나 인간보다 더 뛰어난 물리적, 계산적 능력을 갖추게 되더라도 인간만이 해결할 수 있는 창의적인 가치 창출은 인간만이 해결할 수 있는 고유한 영역으로 남아야 하며, 그것이 AI와 로봇을 지배하는 근본 원리로 작동해야 한다. 만약 AI와 로봇이 인간의 창의적인 생각까지 구현할 수 있게 된다면, 그 순간부터는 무서운 SF 영화에서처럼 AI와 로봇이 인간을 지배하고 심지어 말살하려는 상황으로 이어질 수밖에 없다. 인간이 창의력마저 AI와 로봇에게 빼앗긴다면 그것은 곧 AI와 로봇에 대한 제어권 상실을 의미하며, 나아가 인류의 멸망을 초래할 수도 있다.

AI와 로봇의 시대에 인간의 존엄을 지키고 AI와 로봇을 통제할 수 있는 유일한 힘은 창의력뿐이라고 할 수 있다. 미래에도 창의력이 빛을 발할 수 있는 이유는 다음과 같은 몇 가지로 정리해볼 수 있다.

첫째는 기존에 존재하지 않았던 새로운 문제에 대해 해결책을 제시할 수 있다는 점이다. 인공지능은 과거의 데이터에 의존하므로 예측 불가한 미래 사회에서 새롭게 발생한 문제를 해결할 때에도 기존의 데이터를 근거로 답을 도출할 수밖에 없다. 그런데 아이러니하게도 기존 데이터로 해결이 가능한 문제였다면 애초에 발생하지도 않았을 것이라는 점에서 인공지능의 한계가 드러난다. 미래 문제의 새로운 해석과 해결 방법을 내놓기 위해서는 인간의 통찰력과 창의력이 필요하며 기존의 틀을 벗어나 아이디어를 내놓는 사람이 어느 조직에서든 리더의 역할을 맡게 될 것이다.

둘째는 윤리적, 도덕적 판단의 순간에 인간의 창의력이 반드시 필요하다는 점이다. AI는 학습된 데이터를 통해 판단을 한다. 동일한 안건이라도 사람의 생각과 윤리적 관점에서는 전혀 다른 판단의 결과가 나올 수 있으나 AI의 직관적인 데이터 기반 판단은 이러한 복합적인 요소를 반영하기 어렵다. 예를 들어 자율주행으로 도로를 주행하던 중 브레이크 고장이 발생했다고 가정해보자. 이때 건널목에는 두 명의 행인이 건너고 있고, 차량을 멈출 수 없는 상황이라면 두 가지 선택이 존재한다. 하나는, 행인을 피하려 핸들을 급히 꺾는 것으로, 이 경우 운전자가 크게 다칠 수 있고 차량도 파손될 가능성이 크다. 다른 하나는, 핸들을 꺾지 않고 직진해 차량과 운전자의 피해를 최소화하는 것이지만, 그로 인해 행인의 생명을 앗아갈 수 있다. 이 상황에서 자동차에 탑재된 AI의 판단에 맡긴다면 차량과 운전자를 보호하기 위해 직진을 해야 한다고 결론을 내릴 가능서이 크다. 하지만 인간의 윤리적 판단은 자신이 다치거나 손해를 보더라도 핸들을 꺾는 것을 선택할 가능성이 크며 이는 사회적 파장과 양심의 문제에서도 도덕적인 판단이라 할 수 있다. 이성적인 계산이 아니라 종합적인 양심의 문제까지 감안할 수 있는 결정은 인간만이 내릴 수 있는 것이다.

인간의 창의력이 필요한 세 번째 이유는 인간과의 감성적 교류를 통해 새로운 가치를 창출할 수 있다는 점이라 할 수 있다. 인공지능은 효율성과 생산성을 향상에 초점을 맞춰 작업을 수행하지만, 인간은 비록 생산성이 다소 떨어지고 효율이 낮다고 하더라도 더 나은 가치 추구를 위해 때론 그것을 포기할 줄도 안다는 것이다. 이 부분에서 인간과 인공지능과의 차이가 분명해진다. 효율성을 생각한다면 인간은 모두가 똑같은 디자인의 옷을 입고 똑같은 공간에서 똑같은 생필품과 가전을 쓰며 차별 없이 획일적인 삶을 살아가는 것이 정답처럼 여겨질 수 있다. 인공지능에게 맡겨둔다면 미래 사회에는 아마도 모든 사람이 감옥 같이 획일화된 공간에서 비슷한 일과를 반복하며 살아가는 삶이 될지도 모른다. 하지만 사람들은 서로 다른 옷을 입고 서로 다른 기호를 갖고 살아가는 것을 원하고 있다. 인공지능은 최고급 소재와 가공 시간이 오래 걸리는 옷을 가장 비싼 옷으로 판단하겠으나 인간은 그렇지 않다. 단순한 티셔츠 하나라도 누가 그림을 그려 넣었고 어떤 의미와 가치를 가졌느냐에 따라 높은 비용을 지불하고도 만족한다. 인공지능의 합리적 관점에서는 도저히 받아들일 수 없는 일인 것이다.

미래 사회에는 뛰어난 계산 능력과 암기력, 학습과 적용 능력이 인간의 가치나 직업을 결정짓는 경쟁력이 될 수 없다. 그런 것들은 모두 인공지능을 다룰 줄 아는 사람들에게는 매우 쉽고 평범한 일들이 되기 때문이다. 따라서 인간으로서의 존엄을 지키고 고부가가치의 직업을 갖게 되는 사람 대부분은 높은 창의력을 가진 이들이라고 할 수 있다. AI가 판단하기에는 10원의 가치를 가진 물건을 100원의 가치로 거래되도록 만들고, 또 다른 10원의 가치를 지닌 새로운 물건을 다시 만들어내는 일들은 비합리적일 수 있지만, 이러한 일은 오직 인간의 창의력으로만 가능하다.

우리의 아이들에게 좋은 직업과 삶을 얻기 위해 두꺼운 책을 암기하거나 빠른 계산법을 익혀 자격증을 따내는 공부를 하라고 강요하는 것이 이제는 의미 없는 시대가 되어가고 있다. 미래의 윤택한 생활과 인공지능을 지배할 수 있는 주도권을 쥐기 위해서는 무엇보다 가장 강력한 무기인 창의력을 키우는 교육과 연습에 집중해야 할 것으로 보인다.

탈도심화 러시

산업화가 한창 진행되어 온 지금까지는 이촌 향도(농촌을 떠나 도시로 이동하는 현상)가 일반적인 인구 이동의 흐름으로 여겨졌다. 사람들이 도심으로 몰리는 이유는 소득이 높은 일자리를 찾기 위한 경제적인 요인과 교육, 문화, 의료의 인프라 설비가 도시를 중심으로 발달해 그것을 누리기 위한 사회적 요인, 정부의 도시 중심 개발 정책으로 그에 소외되지 않기 위해 도시를 찾는 정치적 요인 등을 들 수 있다. 그러나 지나친 도시 인구의 과밀화로 여러 문제가 동시에 나타나고 있다. 주택 부족과 교통 혼잡, 오염된 환경, 빈부격차 심화 등이 대표적인 문제들이다.

미래 사회에는 기술과 사회 변화로 인해 도심을 벗어나려는 탈도심화 현상이 가속화될 것으로 보이며 오히려 탈도심화가 여유롭고 윤택한 삶을 추구하는 하나의 트렌드로 자리를 잡아갈 것으로 전망된다. 탈도심화가 가능하게 되는 것은 무엇보다 인공지능과 같은 시스템과 플랫폼의 발달로 직업의 개념과 일하는 방식 자체가 변화하고 있기 때문이다. 그리고 도시에 살지 않더라도 교육, 문화, 의료 등의 편의를 누릴 수 있는 로봇 디바이스와 서비스 인프라가 보급됨으로써 이러한 흐름을 더욱 뒷받침하게 된다. 도심에 살지 않아도 일과 삶 모두에서 소외당하지 않는다면 높은 물가와 집값, 혼잡한 교통과 주차 문제, 소음 스트레스를 겪으면서 도심에 남아있을 이유가 없게 된다.

먹고 사는 문제인 물질적인 불평등이 어느 정도 해소된 현대 이후에는, 사람들의 가치관이 '더 많이 버는 것'을 중시하는 것에서 '더 행복한 삶'을 추구하는 방향으로 변화될 것으로 보인다. 현재는 워라벨(일과 생활의 밸런스)을 맞추는 것이 최대 화두로 떠오르고 있지만, 미래에는 AI와 로봇의 도움으로 물리적인 일의 양이 줄어들면서, 여유 시간을 어디에서 어떻게 활용할 것인가가 훨씬 중요한 과제가 될 것이다. 도심에 사는 사람이 더 빈곤하고 교외에서 넓고 쾌적한 주거지를 마련한 사람이 더 부유하고 안락한 삶을 누리는 새로운 공식이 성립될 것으로 예측된다. 실생활의 변화로 인해 추구하는 가치도 변화하는 것이다.

탈도심화가 가속화되는 조짐은 코로나19 팬데믹 이후 두드러지는 일의 방식 변화로도 나타났다. 유무선 인터넷 네트워크와 원격지 근무 솔루션의 발달로 재택 또는 하이브리드 근무제가 도입되면서, 직장과 주거지의 물리적 거리는 더 이상 중요하지 않게 되었다. 이런 흐름은 플랫폼 비즈니스가 확장되고 단기·비정기적으로 일하는 긱워커가 증가하는 미래에는 더욱 가속화될 것으로 예상된다. 가까운 시일 내에 기지국 기반의 LTE, 5G 대신 스타링크와 같은 위성 통신이 저렴한 가격으로 보급되면서, 산간 오지나 도서지역에서도 통신 인프라 역시 도심과 다를 것 없이 제공될 것이다. 원격 회의와 협업 솔루션 덕분으로 비즈니스를 이유로 도심을 고집할 이유는 완전히 사라질 것으로 전망된다. 지금도 수도권을 제외한 지방 도시의 경우 인구가 줄어들고 있으며 도심의 상업, 주거 공간에는 공실률이 꾸준히 증가하고 있다는 것이 이를 입증하고 있다고 할 수 있다.

도시에 살지 않아도 불편함 없는 생활이 가능해지는 이유는 원격 근무, 분산형 플랫폼 일자리의 영향도 있겠지만 도심 접근성에 해당하는 교통과 물류의 혁신 덕분이기도 하다. 낮과 밤의 구분이 없어진 미래에는 정시 출근, 정시 퇴근의 개념이 사라져 출퇴근 시간의 교통체증은 먼 과거의 이야기로만 회자할 것이 분명하다. 도심으로 이동을 해야 한다면 자율주행차 또는 자율주행 UAM으로 대변되는 대중교통을 간헐적으로 이용할 수 있다. 운전과 주차에 대한 스트레스가 사라지는 스마트 모빌리티의 지원으로 이동 중에도 다양한 일을 할 수 있어 1~2시간 거리의 탈도심 생활로 인한 큰 불편은 겪지 않게 된다. 앞으로는 AI 기반으로 수요에 맞춰 최적의 이동 경로와 교통수단을 제공하는 수요 응답형 교통 DRT(Demand Responsive Transport) 체계가 마련될 것으로 보여 탈도심화의 교통환경 지원에 큰 도움이 될 것으로 보인다.

또한 라스트마일 배송 로봇(또는 드론봇)으로 제공되는 물류 시스템의 혁신은 도심을 벗어나 외딴 지역에 살더라도 물류에서의 소외감을 제거해 생활 편의성도 크게 향상될 것으로 예상된다. 즉 도심에서나 가능했던 당일배송, 새벽배송을 산간지역이나 도서지역에서도 동일하게 이용할 수 있으며 외부로 택배를 보내는 일도 드론봇 호출 등으로 손쉽게 해결할 수 있게 된다.

교육과 의료 서비스 분야에서도 AI와 로봇은 탈도심화의 이점을 강화시키고 있다. 온라인 교육과 가상(Virtual) 커뮤니티를 기반으로 한 교육은 그 위치와 상관없이 네트워크 인프라가 갖춰져 있다면 균등한 서비스를 받을 수 있다. 아이들을 위한 오프라인의 커뮤니티가 필요하다면 미래에는 오히려 도심을 벗어난 생활을 해야 가능해진다. 많은 이들이 탈도심화를 감행하므로 또래의 교육 연령층은 도심이 아니라 교외에 더 집중될 가능성이 크기 때문이다. 탈도심화라고 해서 고립화를 의미하는 것은 아니다. 살기 좋은 곳을 중심으로 스마트 빌리지 또는 자급자족형의 친환경 마을들이 생겨날 것이고 그곳을 중심으로 자연과 함께하는 살아있는 교육과 커뮤니티 활동이 가능해져 더욱 활기차고 인간다운 삶이 가능해진다.

의료 서비스 역시 원격의료와 진단 로봇기기의 발달로 집 안에서 진단과 처방을 받을 수 있고 필요할 때 대형 병원에서 보내주는 도심항공교통(UAM)을 타고 시술을 받으러 가거나 가정 내 진단 솔루션과 데이터를 공유하는 전문서비스 로봇이 왕진 형태의 방문을 할 수도 있다. 도심에 산다고 해서 특별한 교육과 의료의 혜택을 받는다는 생각은 옛말이 되고 만다.

일과 의료, 교육, 문화 인프라의 문제로 반드시 도심에 살아야 한다는 생각은 점차 희미해지고 있다. 저출산과 1인 가구의 증가와 맞물려 도시를 떠나 쾌적한 곳에 살면서 로봇과 플랫폼 인프라가 제공하는 풍족함을 똑같이 누리는, 진정한 삶의 가치를 추구하는 세상이 바로 우리

앞에 와 있는 것이다.

은퇴 없는 삶

긱이코노미의 확대로 인해 일자리에서의 '정년'의 의미가 희미해져 가고 있다. 정년 있는 정규직이라는 고용 형태 자체의 구분이 사라지고 있는 것이다. 정년이 없으니 자연스럽게 정년 퇴임이나 은퇴라는 말도 곧 사라지리라 전망된다. 하던 일을 그만두는 것을 은퇴라 표현하기도 하지만 번복 가능한 은퇴는 사실상 은퇴라고 보기 어렵다. 사회 구성원의 고령화가 급속히 진행되고 평균 수명이 늘어남에 따라 기존에 관념적으로 생각해 오던 은퇴라는 개념은 없어지고 건강이 허락하는 한 어떤 일이든 생산적인 일을 해야 하는 시대가 다가오고 있다.

국민연금의 수령 시기를 은퇴 시기라 구분하도 하지만 현재 65세로 상향된 연금 수령 연령은 앞으로 70세 이상으로 계속 상향될 것으로 보인다. 그러나 턱없이 부족한 연금으로 100세 시대를 대비할 수 없기에 경제력 확보의 측면에서도 고령자의 노동 공급은 앞으로 확장, 지속될 것이다. 수요의 측면에서도 절대적인 노동 인구의 감소와 함께 숙련된 노동력을 수행 능력과 상관없이 단지 고령이라는 이유만으로 퇴출할 정당한 근거는 점점 사라지고 있다. 결국 노동의 수요와 공급이 고령자 고용이라는 지점에서 만나게 되면서 나이를 기준으로 한 은퇴의 경계는 무너질 것이다.

젊은이들은 취업의 기회가 많고 열심히 일해야 하며 나이가 들면 취업이 힘들지만 쉬어야 한다는 전통적인 관념도 사회 변혁과 함께 큰 변화를 겪으리라 전망된다. 미래에는 나이와 성별로 업무에서의 위계와 역할을 구분짓는 것이 불가능해질 가능성이 크기 때문이다. 실무 현장에서 육체적 활동이 필요한 생산과 물류, 배송은 로봇 비즈니스로 대체되고 인간은 원격으로 관리 및 감독만 하면 된다. 판매와 마케팅 역시 온라인으로 진행되어 독립적인 업무를 나누어 수행할 뿐 동료들과 직접 대면을 하거나 사적인 교류를 할 필요가 없어진다. 매일 온라인 회의를 함께 하는 동료라도 그들의 나이와 성별을 알 수도 없고 알 필요도 없는 시대가 오게 되는 것이다.

미래의 온라인 직장에서는 화상 회의를 하더라도 자신의 얼굴을 직접 드러내는기보다 자신을 나타내는 캐릭터나 로봇으로 대체하는 것이 일반화될 것으로 예상된다. 목소리 또한 AI로 정제된 듣기 좋은(캐릭터에 어울리는) 목소리로 변환하거나 해외 동료와의 소통에는 실시간 통역 음성으로 대체될 가능성이 크다. 사이버 공간에서 매일 마주하며 대화를 나누는 동료라 하더라도 그가 10대의 소년인지 70대의 할아버지인지 외형적 정보가 드러나지 않는 비대면 시스템이 미래의 협업 플랫폼의 표준으로 자리를 잡을 것으로 예견되기도 한다. 나이와 성별, 인종, 국적의 선입견이 오히려 본원적인 임무의 수행에는 불필요한 장애 요소가 될 뿐이기 때문이다.

조금은 삭막하다 할 수 있을지 몰라도 함께 일하는 같은 직장 동료의 나이와 성별을 아는 것은 미공개를 전제로 하는 자신의 연봉을 공개하는 것과 같은 수준의 보안 사항이 될 수도 있다. 갈수록 연령차가 나타나는 개인의 사생활을 보호하기 위한 수단일 수도 있고 연령과 성별에 따라 선입견이 작용하지 않도록 하려는 기업의 사회적 장치일 수도 있다. 심지어 고민을 털어놓고 대화를 나누던 동료가 사람이 아닌 인공지능 캐릭터였다는 사실이 뒤늦게 밝혀질 수도 있는, 그런 미래 직장의 모습도 충분히 상상해 볼 수 있다.

곧 도래할 미래 사회에서는 많은 직종의 업무가 온라인 기반으로 전환될 것이며, 인공지능 플랫폼에 요청 사항을 입력하고, 생성된 성과를 모니터링하거나, 로봇이 수행하는 작업을 감시·통제하며, 이상 유무를 점검하고 문제가 발생할 경우 또 다른 로봇 플랫폼에 조치를 요청하는 일로 귀결될 것이다. 이러한 업무처리 방식들이 디지털 노마드를 양산하며 사회의 비인간화를 촉진한다는 비판의 대상이 될 수도 있겠지만 원하는 시간에, 원하는 만큼만 일하며 개인의 사생활을 중시하는 미래 세대에게는 더없이 적합한 시스템이자 트렌드가 될 수 있다. 이는 곧 나이가 들어서도 할 수 있는 일들이 많아지며 젊은 세대 역시 나이로 인한 역차별을 받지 않고 개인의 노력과 역량에 따라 능력을 인정받아 성공할 수 있기 때문이다.

최근 파이어족(FIRE: Financial Independence, Retire Early)이라는 말이 유행하고 있다. 경제적인 자립을 이른 나이(30~40대)에 이루고 일찍 은퇴해 평온한 삶을 누리겠다는 말로 모든 근로자의 염원이기도 한 가치관이자 목표라고 할 수 있다. 여기서 말하는 은퇴는 자발적으로 일을 중단할 수 있을 정도의 경제적인 자립을 의미하는 말로 강제적 또는 완전한 경제 활동 중단을 의미하는 은퇴와는 다른 의미로 사용된다. 꿈을 이룬 파이어족도 길어진 기대 수명으로 인해, 또는 무료한 일상의 개선을 위해 어떤 일이든 다시 일을 재개할 수밖에 없을 것으로 보인다. 파이어족처럼 어린 나이에 일찍 일을 그만두고 쉴 수도 있고 원한다면 언제든 다시 진입이 허용되는 사회, 나이와 성별과 상관없이 능력과 경험을 인정받을 수 있는 사회가 곧 미래 사회다.

미래에는 은퇴가 없는 삶을 살아야 한다고 해서 일을 그만두지 못한다는 말은 아니다. 파이어족처럼 이른 나이에 일을 그만둘 수도 있고 100세가 되어서도 일을 할 수 있는 시스템이 갖추어지고 서로 용인할 수 있는 사회가 될 수 있다는 말이 된다. 모두가 개인의 선택에 달린 문제이며 고도화된 미래 사회의 인공지능과 로봇 시스템은 그 선택을 수용할 수 있는 기반이 된다는 의미다. 개인을 시스템 뒤에 숨기고 익명성이 난무하는 비인간화된 사회를 촉발하는 것 아니냐는 우려를 제기할 수도 있다. 하지만 시각을 바꾸어 일과 생활이 명확하게 구분되는 미래의 삶을 생각한다면 의외로 쉽게 답을 구할 수 있다. 일에서는 은퇴 없이 여력이 닿는 한 일을 할 수 있고 개인의 나이, 성별 등으로 불이익을 받지 않으며 사생활에서는 나를 아는 가족과 친구, 커뮤니티에서 활동하는 사람들과 여가를 즐기는 삶이 가능해진다. 결국 인공지능 플랫폼과 로봇으로 인해 우리가 오랫동안 꿈꿔왔던 이상적인 삶의 가치 추구를 실현하는 열쇠가 될 것이다.

CHAPTER

4

로봇시대, 비즈니스의 기회를 잡아라

인공지능(AI)과 로봇이 곧 도래할 미래 사회의 일과 삶, 그리고 인간의 가치관까지 바꿀 것이라는 사실을 부정할 사람은 없다. 그렇다면 우리 개개인이 미래 사회를 대비해 준비해야 할 것은 무엇일까?

인공지능을 활용한 다양한 플랫폼과 서비스가 쏟아져 나오고 산업 현장과 서비스업, 일상 속에서 로봇이 인간을 도와 성과를 이루어가는 시대가 도래하고 있다. 로봇에게 활용당하는 존재가 아니라 로봇을 활용하기 위한 주체가 되기 위해서는 AI와 로봇이 만들어낼 비즈니스의 기회를 발견하고 선제적으로 대응해 나갈 필요가 있다. 남들이 모두 뛰어든 시장에 뒤늦게 합류해 파이를 나누어 먹으려는 전략은 더 이상 통하지 않는다. AI와 로봇 시장만큼 선두 업체가 거의 모든 것을 독식하는 승자 독식의 논리가 적용되는 시장도 없을 것이다. 우후죽순 생겨난 인공지능 챗봇 시장은 몇몇 선두 기업에 의해 빠르게 재편되고 있으며 로봇 시장은 카테고리가 세분화되면서 카테고리별 강자들이 투자와 대중의 관심을 독점하는 양상이다.

로봇 비즈니스에서는 지금까지 로봇이 존재하지 않았던 산업의 카테고리 또는 로봇이 있더라도 발견하지 못했던 수요와 기능을 발굴하고 발전시켜 특별한 가치를 부여하는 전략이 필요하다. 아직 AI와 로봇 시장은 서막에 불과하며 무수한 기회와 시장 잠재력이 남아있기 때문이다. 미래 로봇 상품과 적용을 기획한다면 기존과는 다른 원칙을 고수할 필요가 있다. 몇 가지를 소개하자면 다음과 같은 것들이 있다.

로봇 비즈니스에서의 기획과 마케팅

로봇 비즈니스에서 이야기하는 기획과 마케팅은 산업과 서비스에 필요한 로봇 자체를 상품으로 기획하고 마케팅하는 '① 로봇 상품 기획 및 마케팅'과 우리의 상품과 서비스가 로봇은 아니지만, 로봇을 활용해 상품과 서비스의 질을 높이고 고객들에게 기존과 전혀 다른 차원의 경험을 선사하고자 하는 '② 상품과 서비스에의 로봇 솔루션 도입과 마케팅 활용'으로 나누어 생각해 볼 수 있다. 전자를 상품으로서 로봇의 유용성을 발굴하고 경쟁력을 확보해야 하는 로봇 산업 종사자들의 영역이라고 한다면 후자는 로봇이 진출할 수 있는 다양한 이종 산업과 서비스군의 기획자, 마케팅 종사자들이 검토하고 수용해야 할 영역이라 할 수 있다.

상품으로서의 로봇 기획은 외형적인 하드웨어뿐 아니라 내부 구성과 소프트웨어까지 함께 고려해야 하는 고난도의 작업이다. 로봇 상품은 현존하는 최신 기술 및 AI와 같은 인공지능을 총망라한 현대 기술의 결정체이므로 결코 간단하거나 쉬운 일은 아니라고 할 수 있다. 어렵게 로봇을 기획하고 상품화했더라도 실시간 공유되는 정보들로 인해 유사한 로봇 상품이 바로 등장할 가능성이 크다. 따라서 우리만의 차별성을 확보할 수 있는 기술에 대한 권리 확보, 선제적 마케팅 활동이 함께 고민돼야 하고 기획에도 투영되어야 한다.

로봇을 상품으로 기획하기 위해서는 가장 기초적인 질문, 즉 '어떤 산업과 서비스에 유용한 로봇을 만들 것인가'를 먼저 결정하는 것이 중요하다. 그것은 곧 '어떤 고객들에게 어떤 가치를 제공할 것인가'를 규정하는 과정이며, 새로운 사업을 시작하려는 신생 기업부터 활발하게 기존 사업을 영위하는 가운데 새롭게 로봇 분야에 진출하려는 대기업에까지 매우 중요한 출발점이자 사업 성패를 좌우하는 변곡점이 될 수 있다.

고도의 기술력을 요하는 로봇 사업에서는 다양한 기능의 다품종 로봇을 동시에 개발하고 생산하는 것이 불가능하다. 따라서 하나의 카테고리에서 성공적인 제품 한 개를 먼저 만들어내는 것이 중요하고 앞서가는 로봇 기업들을 살펴보면 특정 분야에서 전문화를 이루어낸 기업들이라는 것도 알 수 있다. 대중들이 특정 카테고리에서 하나의 로봇만 떠올릴 수 있어도 그 기업은 성공했다 할 수 있다. 한 개의 인지도 높은 로봇을 토대로 사업 영역을 조금씩 확장해 나갈 수 있기 때문이다. 하지만 특정 분야에서 전문화가 인정되었다고 해서 외연을 확장한다는 명분으로 막대한 개발 비용을 투입해 전혀 다른 분야의 로봇 시장으로 진출을 시도하는 것은 매우 위험할 수 있다. 한 우물을 깊이 파고 넓혀 가는 것이 로봇 사업의 성패를 좌우하는 본질이자 특징이라는 것을 잊어서는 안 된다.

기존 사업을 진행하고 있는 기업에서 로봇 상품을 개발하고 새로운 사업에 진출하고자 할 경우, 보유하고 있는 사업 도메인의 기술과 네트워크를 활용하고 서비스의 방향 또한 인접한 분야에서 시작하는 것이 유리하고 성공 가능성도 크다. 자동차 기업에서는 모빌리티에 중점을 둔 운반, 배송 로봇을 기획하고 식음료 기업에서는 식음료 조리와 접객 서비스용 로봇을 기획하며 미용 제품을 생산·판매하는 기업에서는 미용 개선과 피부 관리용 로봇을 기획하는 방식이 이에 해당한다.

로봇의 카테고리를 정했다면 그 다음 단계에서는 해당 사업군에서 로봇 수요자들이 원하는 확실한 니즈를 파악하는 것이 진행되어야 한다. 어떤 부분에서 인력 운영의 한계와 어려움을 겪고 있는지 파악하고 로봇의 기능과 형상에 대한 밑그림을 그려보는 것이다. 니즈 충족을 대체할 만한 잠재적 경쟁제품과 경쟁사의 유무도 확인해 보는 것도 도움이 될 수 있다.

로봇 상품의 구매자가 1차 수요자의 니즈도 중요하지만, 로봇 수요자들이 로봇을 구매해 활용하는 목적이자 대상이 될 수요자들의 고객까지 함께 고려해야 한다. 즉 수요자들이 그들의 고객에게 전달하고자 하는 가치가 무엇인지를 파악하고 이를 로봇 기획에 반영해야 한다. 이를테면 음식점에서 사용되는 서빙 로봇의 경우 로봇을 구매하는 직접적인 1차 수요자는 음식점의 업주들이지만 그 업주들이 로봇을 사용해 서비스를 제공하고자 하는 대상은 음식점을 방문하는 고객들이다. 따라서 음식점 업주의 니즈도 파악해야 하지만 음식점을 방문하는 고객들에게 업주가 제공하고자 하는 서비스와 그 가치가 무엇인지 깊이 있게 파악하고 정리해 두어야 한다.

로봇을 구매하는 수요자와 그 로봇의 효용을 체감할 수요자의 고객 니즈를 파악했다면 그 니즈에 부합하는 구체적인 기능들을 나열해 보는 작업을 진행한다. 이 단계에서는 수요자와 수요자의 고객들이 필요로 하는 기능과 효용 중 최상위에 놓이는 핵심 기능 한 가지를 정의하는 것이 중요하다. 로봇에서 고객들이 무엇을 좋아할지 몰라 가능한 많은 기능을 제공하고 다기능을 장점으로 홍보하는 것만큼 최악의 기획은 없다. 다양한 기능을 제공하려면 개발과 구현에 큰 비용이 투입되는 로봇 사업의 특성상 이는 가격 상승으로 직결된다. 또한, 소구 포인트가 분산되어 마케팅 메시지가 약화되고, 고객의 주목도 역시 흐려질 위험이 크다. 고객들은 필요하지도 않은 부가 기능을 위해 지갑을 열 만큼 어리석지 않다. 로봇은 해당 사업군에서 가장 핵심적인 페인포인트(Pain Point) 한 개만 확실히 해결해도 충분히 성공했다는 평을 받을 수 있다. 현재 로봇 마케팅의 최대 허들인 가격의 인하를 위해서도 방만한 기획은 지양되어야 한다.

핵심 기능이 정해졌다면 현실적인 단계로 접어들어 그것을 구현할 기술과 구성품들이 상용화할 수준인지를 점검해야 한다. 미래 기술을 다루는 수많은 매체와 정보 중에는 실제 상용화와 거리가 먼 기술을 당장 적용 가능한 것으로 묘사한 것들이 너무도 많다. 실제 상품에 투입되는 기술 수준을 확인하고 그것이 불가능하다면 기획 방향을 수정하거나 대체 방법을 모색해야 한다. 복잡다단한 로봇의 기능 구현을 위해 모든 기술을 직접 개발해야 한다는 생각은 가질 필요가 없다. 대부분의 요소 기술과 구성품들은 전문 업체들로부터 충당하고 핵심적인 기능에 대한 아이디어를 도출해 패키징하는 능력이야말로 로봇 상품을 빠르고 성공적으로 시장에 출시하는 핵심 역량이 된다. 특정 로봇의 핵심 기술을 직접 보유하는 것이 큰 경쟁력으로 인정받던 시대가 있었고 지금도 그 기조가 일정 부분 유지되고 있다. 하지만 이제는 다른 기업에 의해 상용화된 요소 기술과 솔루션을 가져다 고객들이 필요로 하는 형태의 가치를 창출하고 최적의 효용으로 조합해 내는 기업이 성공하고 있다. 그리고 그런 경향은 향후 더 심화될 것으로 예상한다. 완성체 로봇의 상용화로 성공하는 기업은 연구, 개발 중심의 기업보다 기획과 마케팅에 강한 기업이 유리한 시대가 되었기 때문이다.

기술 수급 가능성과 방법을 충분히 검토했다면, 해당 기술로 우리가 구현하고자 하는 핵심 기능을 구현할 때까지의 시간과 비용을 산정해 볼 수 있다. 핵심 기능에 대한 니즈가 존재하고 실제 구현이 가능하다고 할지라도 개발 기간과 소요 비용이 과다하다면 더 이상의 상품 기획은 무의미한 것이 되기 때문이다. 우리는 핵심 기능 몇 가지를 구현해 낸 후 시장에서 통용되지 않을 고가의 가격으로 로봇을 출시한 기업들을 보곤 한다. 해당 기업이 국내외 투자사들로부터 막대한 금액의 투자를 받았다는 기사도 심심치 않게 접할 수 있다. 그러나 만약 그 기업이 상용화를 통해 노출된 중대한 약점들을 단시간 내에 극복하지 못하거나 고가의 가격을 누구나 인정할 만한 합리적인 수준으로 낮추지 못한다면 그 많은 투자금은 고스란히 매몰 비용으로 소진될 뿐이다. 불행하게도 실제 전 세계의 많은 로봇 기업들이 그와 같은 경로를 밟고 있다.

타깃시장에서 인력과 기존 솔루션들을 대체할 만한 핵심 기능을 제공하고 적정한 가격으로 출시할 수 있다는 견적이 산출되면 다음 단계로 마케팅의 소구 포인트에 대해 점검을 해볼 필요가 있다. 마케팅과 상품 기획의 관계는 최초 기획 단계부터 영향을 주고받는 상호 보완적인 관계에 있음을 강조한 바 있다. 마케팅은 단순히 상품이 완성된 이후의 판촉 활동만을 의미하지 않는다. 상품의 타깃 수요자들이 원하는 정량적인 기능 이외의 정성적인 포인트와 경쟁사 제품들과의 차별화를 위해 도입해야 할 요소들은 상품의 기획 단계부터 투입되어야 한다. 그것은 때로 부가적인 기능이 될 수도 있고 외관 디자인과 같은 UI/UX가 될 수도 있다. 때론 로봇 상품이 표방하고자 하는 가치와 슬로건이 될 수도 있다. 마케팅의 테마와 소구 포인트를 전제로 기획과 개발이 이루어지는 것과 그렇지 않은 것과는 큰 차이가 있으며 그것은 결국 상품이 만들어진 후 본격적인 마케팅을 해야 할 단계에서 뚜렷한 차이와 성과를 만들어낸다. 즉 상품의 기획과 마케팅은 동시에 설계되고 마케팅을 전제로 한 상품이 기획되어야 한다.

핵심 기능과 요소 기술, 마케팅 소구 포인트들이 명확하게 정의되었다면 이제 비로소 도면과 같은 구체적인 제품 설계와 디자인이 진행될 수 있다. 설계와 디자인은 프로토타입 제작 이후, 상용화가 진행되기 이전까지 끊임없이 수정될 것이지만 로봇 상품에서는 가장 중요하면서도 본격적인 단계라고 할 수 있다. 이 과정에서는 엔지니어들만 참여할 것이 아니라 기획과 마케팅 부서의 인원들도 필히 참석하여 의견을 주고받아야 한다. 기능 구현의 난이도를 중심으로만 설계가 진행되면 결국 핵심 기능조차 제대로 반영되지 않거나, 고객에게 매력을 전달해 줄 포인트를 잃고 마는 경우가 너무도 많다. 시간과 비용을 절감하기 위해서라도 설계를 엔지니어와 디자이너들에게만 맡기지 말고 사업, 영업, 디자인 담당자들이 함께 진행해야 하는 이유가 여기에 있다.

설계와 디자인은 1차적으로 프로토타입 제작을 위한 과정이다. 로봇 상품은 챗봇과 같은 온라인상의 봇류를 제외하고 기술적이고 기계적인 작동이 되어야 하며 편의성은 물론이고 내구성과 안전성이 담보되어야 한다. 따라서 프로토타입을 정교하게 만들어 테스트를 진행하고 레드팀을 만들어 결함을 찾아내 개선해 내는 작업이 필수적으로 동반된다. 때에 따라서는 프로토타입을 수차례에 걸쳐 업데이트 버전으로 만

로봇 상품 기획 시 검토 사항 및 절차	
타깃 카테고리 분류	산업용(전통산업용/협동로봇), 서비스용(전문서비스/개인서비스) 분류 및 목적 타깃군의 특성 파악
수요자 니즈 파악	해당 산업, 서비스업에서 로봇이 해결해 주기를 원하는 일, 문제, 이슈 파악
로봇의 전달 가치	로봇을 구매하는 수요자가 로봇을 통해 그들의 종사자, 고객에게 전달하려는 가치 정립
로봇의 핵심 기능	로봇 수요자의 니즈를 충족하고 가치를 전달하기 위해 로봇이 제공해야 할 핵심 기능 리스트업
구현 소요 기술	기획하고자 하는 핵심 기능 구현을 위한 기술의 현 기술 수준 및 상용화 여부, 수급 가능 여부 확인
개발 가능성/기간	해당 로봇의 자체 또는 주문 개발 가능성 및 예상 개발 기간 산출
비용 및 가격	로봇 상품화에 필요한 총 소요 비용과 그를 토대로한 판매가 산정, 비용 대비 효용(판매 가능성) 검토
마케팅 소구 포인트	핵심 기능 외 부가 기능, 디자인, 이용 시 특장점 등 차별화된 소구(강조) 포인트 도출
제품 설계, 디자인	기능+소구 포인트 반영 설계 및 디자인, TRM(Technology Road Map)/PRM(Product Road Map) 작성
프로토타입 제작	프로토타입(시제품) 제작 후 테스트 → 보완 요소 발굴 및 적용 → 상용화 진행 여부 결정

들어 비교, 개선하고 개선이 어려울 때는 상품화 가능성을 다시 생각해 보아야 하기도 한다. 실물을 만들어 사용해 보는 프로토타입 제작과 검토는 상품화 결정의 마지막이자 결정적인 단계다. 이 고비를 넘지 못한다면 상품화를 중단하거나 기획의 첫 단계로 되돌아가야 할 수도 있다.

최근 많은 식당과 카페에서 서빙 로봇을 도입하고 있다. 혹자들은 식당에 서빙 로봇을 들여놓는 이유가 인건비 절약, 위생과 같은 로봇의 효용성에 있다고 이야기한다. 하지만 그러한 설명만으로는 로봇 도입의 이유를 전부 설명하지 못한다. 서빙 로봇을 도입한다고 해서 홀을 책임지는 직원을 줄일 수 있는 것은 아니기 때문이다. 홀에서 직원이 해야 할 일은 서빙만 있는 것이 아니다. 테이블 닦기, 손님 응대하기, 수저와 냅킨 준비하기, 계산하기 등과 같은 많은 일을 한다. 하지만 일정 구간 서빙만을 담당하는 서빙 로봇은 다른 일들을 전혀 할 수 없으니 결코 비용 효율적이라 할 수 없다. 그렇다면 식당을 운영하는 업주들, 특히 신장개업하는 업주들은 왜 서빙 로봇을 앞다투어 홀에 배치하는 것일까? 그것은 서비스 효용보다 마케팅에 그 목적이 있기 때문이다. 즉 서빙 로봇 도입 비용은 고객 응대용 인건비 절감이 아니라 매장 홍보를 위한 마케팅 비용이라고 보는 것이 맞다.

매장에서는 로봇 도입으로 인해 고객들에게 본 매장이 다른 매장보다 앞서간다는 인상을 줄 수 있다. 최첨단, 과학적, 위생적이라는 로봇의 이미지를 매장에 입히고 그것을 고객들에게 마케팅하는 목적으로 서빙 로봇 한 대를 매장에 배치하는 것이다. 이것은 코로나19 시대에 더 위력을 발휘하는 마케팅 방법이 되곤 했다.

서빙 로봇의 사례와 같이 로봇의 수요처라 할 수 있는 기업과 개인 사업자들이 반드시 업무 효율 향상을 위해서만 로봇을 도입하는 것은 아니다. 주로 공장에서 쓰이던 로봇이 서비스업에 진출하면서 로봇은 새로운 사업을 전개하는 기업과 매장이 고객들과 소통하는 하나의 매개이자 아이템으로 자리를 잡아가고 있다. 로봇이 전달하는 가치와 이미지를 통해 서비스의 개선뿐 아니라 매장에 대한 인식을 바꾸고 있다. 편차가 심한 대면 서비스에 불편과 불안감을 느끼는 고객들에게는 편안함을 전달해 줌으로써 소기의 마케팅 성과까지 얻고 있다. 서빙 로봇과 함께 사용되며 테이블 위의 작은 로봇이라 불리는 테이블 오더가 각광을 받는 것은 사업주로서 번거로움을 해결하는 방식이기도 하지만 고객의 입장에서 종업원 호출에 대한 심리적 부담감을 해소해 줌으로써 해당 매장을 자주 찾게 하는 마케팅적인 효과도 크다고 할 수 있다.

우리가 잘 알고 있는 개 로봇의 경우, 경비와 순찰 등에 활용된다고는 하지만 실제 그 기능과 효과는 미비한 수준이다. 하지만 순찰용 로봇이 거리를 활보하면 멋진 기마병들이 말을 몰고 거리에 등장하는 것만큼이나 사람들의 이목을 끈다. 이는 단순한 안전성 전달을 넘어 색다름, 신기함, 재미까지 함께 제공한다. 실무에 배치되기보다 관광객을 유치하고 각종 행사에서 이벤트성으로 개 로봇이 활용되는 경우가 많은 것은 이러한 사실을 입증해 주고 있다. 경비업과 건설업체, 리조트 등에서 개 로봇을 도입해 향후 서비스를 제공하겠다며 PoC(Proof of Concept)를 진행하고 이것을 대대적으로 보도자료를 통해 배포하는 것 역시 자사의 이미지를 최첨단으로 끌어올리기 위한 마케팅 전략의 일환이라 할 수 있다. 실제 배치 및 유용성을 입증하는 데까지는 시간이 필요하지만 단기간의 시범사업 또는 과제 진행, 한두 번의 시연 행사 등을 통해 고객과 소통하는 스토리텔링 마케팅의 방법으로 로봇을 활용하는 것이 일반화되고 있는 것이다.

로봇 솔루션의 발달로 인해 로봇을 활용하는 분야와 업종에 제한이 없어지고 있다. 새롭고 다양한 로봇을 기획하고 개발하는 스타트업도 많이 생겨나고 있다. 상용화 이전의 로봇이라도 그들과의 제휴를 통해 서로에게 Win-Win할 수 있는 프로젝트를 수행하고 그 효과를 알린다면 그 어떤 마케팅보다 큰 효과를 거둘 수 있다. 고객에게 노출되는 새로운 로봇의 도입과 콜라보 시도는 곧 고객들의 손에 의해 언론과 SNS로 확산되며 바이럴 효과를 창출하고, 결과적으로 곧 우리 기업과 서비스의 이미지를 미래 지향적 브랜드로 끌어올리는 데 매우 효과적인 수단이 된다. 특정 공간에서 구현되는 물리적인 로봇이라면 그것은 온라인상에서만 통용되는 그 어떤 최신의 마케팅 기법보다 더 강렬한 인상을 전달할 수 있다.

어떤 상품과 서비스라도 이제 기획과 마케팅에서 AI와 로봇 솔루션과의 연계를 반드시 고려해야 한다. 그 방법은 이미 상용화된 로봇의 도입부터 새로운 로봇을 만들어낸 기업과의 협업, 로봇을 연구하는 대학과 연구기관과의 콜라보, 출시된 로봇의 새로운 사용처(활용도) 발굴에 이르기까지 무궁무진하게 생각해 볼 수 있다.

설문이 아닌 데이터에서 답을 찾아라

상품이나 서비스를 처음 시작할 때 우리는 고객 조사를 해보았는지부터 먼저 묻고는 한다. 하지만 로봇처럼 전에 없는 획기적인 상품을 기획할 때 설문과 같은 고객 조사는 오히려 앞으로 나아가는 데 도움이 되기보다 방해가 되는 경우가 많이 있다.

세계 최초로 상용 자동차를 세상에 내놓은 포드모터컴퍼니(Ford Motor Company)의 창업자 헨리 포드는 '내가 만약 사람들에게 원하는 것이 무엇이냐고 물었다면 그들은 단지 빠른 말을 원한다고 답했을 것이다'라고 했다. 마차가 유일한 운송 수단이라 생각하던 사람들에게 말이 끌지 않는 자동차라는 물건은 필요하지도 상상할 수도 없는 것이었기 때문이다. 헨리 포드의 말처럼 자동차를 기획하면서 고객 설문을 해보았다고 하자. 고객들은 '자동차에 들어갈 가솔린은 어디서 구하란 말이냐?'라는 불평에서부터 '말은 새끼를 낳지만, 자동차는 새끼를 낳을 수 없어 비생산적이다', '마차보다 저렴해야 경쟁력이 있다'는 등의 불만을 늘어놓을 것이다. 기존의 것에 완벽하게 익숙해져 있는 사람들에게 새로운 것은 늘 약점과 모순을 지닌 모험가들의 무모한 시도쯤으로 여겨질 가능성이 매우 크다. 헨리 포드가 사람들에게 묻고 그들의 말에 귀를 기울였다면 아마도 오늘날의 자동차는 탄생조차 하지 못하고 사라졌을 것이다.

로봇 기획은 헨리 포드 시대의 자동차 기획과 같은 처지에 놓여 있다. 구하기는 어려워졌지만, 아직 일할 사람들이 있고 값싸고 실용적인 수동식 기구들이 있는데 구태여 비싸고 오작동이 우려되는 로봇을 구매해야 할 이유가 없는 것이다.

새로운 것은 늘 기존의 것에 익숙해져 있는 사람들에게
비판과 비난의 대상이 되곤 한다
진정한 혁신과 창의는 대중의 의견(설문)이 아니라
그 반대인 역발상이 이루어질 때 가능하다는 점을 명심하고
과감하게 도전해 볼 필요가 있다

고객들이 로봇과 같은 새롭고 유용한 상품에 대한 질문에 제대로 된 답을 주지 않는 이유는 다음의 세 가지로 들 수 있다.

첫째는 새로운 기능과 효용에 대해 정확하게 이해하지 못했기 때문이다. 새로운 상품이 대중화되지 못한 상태에서 머릿속 설명만으로 100% 이해하고 그것의 효용에 대해 떠올린다는 것은 대단히 추상적인 일이 아닐 수 없다. 정확하게 이해하지 못한 상품에 대한 질문을 통해 고객들로부터 어떤 의향에 대한 답을 얻는다는 것은 마치 눈을 가리고 코끼리를 더듬는 것과 같은 일이다. 설사 답변을 받더라도 그것이 정말 제대로 이해하고 한 답변인지 검증해 보아야 하지만 세상에 존재하지

않았던 신상품으로서는 그것마저도 쉽지 않다.

제대로 된 답변을 얻지 못하는 두 번째 이유는 사람들이 일반적으로 큰 불편을 겪어 왔더라도 익숙한 것을 더 선호하기 때문이다. 자동차가 나와도 마차를 타는 것이 더 편하고 워드프로세스가 나와도 타자기가 더 편하다고 말하는 사람들의 심리가 그렇다. 만약 새로운 것이 기존의 것에 비해 편리하지만, 월등히 높은 가격을 지급해야 하는 상황이라면 그 경향은 더 커질 수밖에 없다. 세상이 새로운 것을 수용하더라도 끝까지 옛것을 고수하는 사람들이 있다는 것은 이런 심리적인 요인에 기인한 사람들의 행태를 잘 보여주고 있다.

세 번째로 신상품 기획에서 고객들로부터 원하는 답변을 얻지 못하는 이유는 일부의 얼리어답터들을 제외하고 대중은 자신이 첫 번째 시험자가 되는 것을 두려워하기 때문이다. 특히 로봇과 같은 미지 영역의 상품이라면 그 경향은 더 두드러진다. 필요해 보이는 상품이라 하더라도 대부분의 사람들은 다른 사용자들에 의해 충분히 검증된 뒤에야 비로소 수용하려는 성향을 지닌다. 선뜻 신제품을 사용하겠다거나 시도해 보겠다는 진취적인 의사 표현에 인색할 수밖에 없다. 남들이 하지 않는 새로운 시도가 곧 리스크라 생각하므로 세부적인 기능과 사용에 대해 숙고할 여유도 답변할 이유도 못 느끼는 것이다.

농업 로봇 기획을 예로 들어보자. 농업 로봇을 기획하기 위해 농민을 찾아가 로봇에 필요한 기능이 무엇이며 로봇이 출시되었을 때 구매할 의향이 있는지를 묻는다. 그러나 농민들은 이미 기계화된 영농을 운영하고 있으니 기존의 농기계에서 수행하던 기능을 로봇에서도 그대로 필요하다고 말할 것이다. 또 구매 의향을 묻는 질문에 대해서는, 유사한 기능을 갖추고 있으므로 기존의 농기계 대비 가격이 높다면 구매하지 않을 것이라고 답변을 할 것이다. 그렇다면 "진정 농업 로봇은 필요 없는 것인가?"라는 질문을 되풀이하게 된다. 그렇게 해서 결국 농업 로봇의 기획은 답보 상태에 빠지고 만다.

그러나 데이터를 기반으로 접근하면 이야기가 달라진다. 농촌의 인구 통계에 대한 데이터를 들여다보면 인구절벽과 급속한 노령화로 일손이 부족하다는 점을 확인할 수 있다. 외국인 근로자들을 영입하곤 하지만 농촌에서 오랫동안 버티는 숙련 근로자들은 많지 않다. 그리고 벼 재배면적이 급속히 줄어들고 밭농사와 과수 중심으로 농촌 지형이 변화되고 있다는 통계도 데이터로 얻을 수 있다. 밭과 과수 농사에 많이 쓰이는 농기계는 트랙터, 관리기, 스피드스프레이어(방제기)이며 2019년 이래 파종기, 정식기, 수확기의 수요도 꾸준히 증가한다는 것을 알 수 있다. 수작업을 포함해 농기계를 활용해 가장 많이 하게 되는 작업은 운반과 방제(제초)이며, 방제 작업에 사용되는 농약 성분으로 인해 건강을 해치고 농촌을 떠나는 경우도 많다는 데이터가 존재한다.

추출·수집된 데이터 분석을 통해 농촌에서 필요한 니즈 중 하나가 사람이 농약을 뒤집어쓰지 않고도 꼼꼼하게 농약을 살포할 수 있어야 한다는 것임을 확인할 수 있다. 그리고 자율주행 로봇이 그러한 비대면 방제(농약 살포)에 최적의 솔루션이 될 수 있다는 결론에 이르는 것은 어렵지 않다. 좀 더 깊이 들어가면 방제 작업에서의 페인포인트는 정량의 농약을 물과 희석하는 과정의 번거로움과 농약 살포 시 흡입 및 피부 접촉으로 인해 인체에 미치는 폐해, 인간의 눈대중에 의존하여 농약을 살포함으로써 조밀하고 정확하게 약제를 작물에 적용할 수 없는 문제들을 데이터로 확인할 수 있다.

이런 결과로 예상 수요에 부합하는 농업용 자율주행 로봇의 기획

신사업 추진 시 범하기 쉬운 오류 | 고객에게 묻고 답을 찾아라

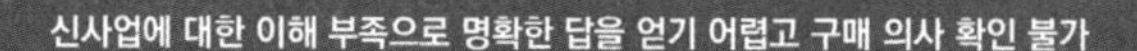

신사업에 대한 이해 부족으로 명확한 답을 얻기 어렵고 구매 의사 확인 불가

관여 고객(관계자 및 거래 관계 고객)은 지나치게 낙관적인 대답을,
무관여 고객(무관심 고객)은 지나치게 비관적인 대답을 할 가능성이 높다

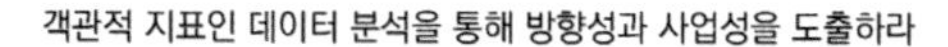

객관적 지표인 데이터 분석을 통해 방향성과 사업성을 도출하라

이 가능해진다. 물과 농약의 정확한 배합으로 방제용 약물을 만들어내는 스테이션(약제 탱크)에서 농약을 내려받아 스스로 밭과 과수 사이를 누비며 농약을 살포하는 로봇, 비전 센서(카메라)로 작물의 잎과 줄기를 구분, 세밀하게 약제를 도포하며 작물이 없는 곳에서는 약제를 절약하는 스마트한 기능의 로봇, 인간이 멀리 떨어진 실내에서 카메라를 통해 작업 상황만 모니터링하면 되는 로봇의 설계와 상품화가 이루어질 수 있다. 전동화를 통한 소음 제거와 화석연료 절감은 부가적인 장점이다. 적정한 가격만 책정된다면 방제에 애로를 겪고 있는 다수의 농민이 로봇을 마다할 이유가 없다. 그리고 그것은 곧 데이터가 입증해 줄 것이다.

데이터로 로봇을 기획해야 하는 이유는 비단 농업용 방제 로봇에만 해당하는 것이 아니다. 모든 로봇은 전에 없던 신사업의 영역이므로 기존의 레거시 솔루션에 적응 또는 만족하고 있는 사람들에게 질문을 던진다고 해서 수요를 발견할 수는 없다. 로봇 사업에서는 사람들의 답변에 낙담하거나 고무될 필요가 없다. 데이터를 통해 수요를 확인한 후

상품을 기획하며 데이터를 통해 마케팅을 뚝심 있게 진행해 나간다면 분명 소기의 성과를 거두어나갈 수 있을 것이다.

고객에게 전달할 핵심 가치를 파악하라

로봇 기획자들은 로봇을 통해 고객들에게 가능한 한 다양하고 많은 가치를 전달하고자 한다. 하지만 가짓수만 많은 가치 전달은 오히려 독이 될 수 있다. 고객에게 전달할 핵심 가치를 발굴하고 그것을 통해 고객과 소통해야 한다. 그 외의 부가적인 가치들은 강조하지 않아도 고객들이 느낄 수 있기 때문에 그것들 모두를 한꺼번에 반영하고 알리고자 하는 시도는 지양하는 것이 좋다.

많은 이들에게 로봇을 통해 고객에게 전달할 수 있는 가치가 무엇인지를 묻는다면 비용 절감, 노동력 절감, 편의성 증진, 피로 감소, 빠른 속도, 생산성 향상, 효율성 증대, 삶의 질 개선, 안전성 보장, 부상 및 사고 방지, 균일한 품질, 신사업 창출 등 다양한 것들을 나열하곤 한다. 그리고 로봇 기업들이 자사는 로봇이 가져올 수 있는 유용한 가치들을 모두 또는 다수 투영해 제품을 개발하고 상품화하고 있다고 표방한다.

어떤 로봇이든 인간을 대신해 일하는 로봇의 특성상 위에서 열거한 다수의 편리성과 가치를 동시에 전달해 주는 것이 맞다. 하지만 자사의 로봇과 유사한 기능, 외형을 가져 비슷한 가치를 제공하는 경쟁사 로봇과 차별화를 꾀해야 한다면 경쟁 기업에서 강조하고 있지 않은 핵심 가치를 발굴하고 그것을 통해 고객과 소통하는 방법이 거의 유일하다고 할 수 있다.

이미 경쟁이 치열해진 로봇 상품군에서
서로 비슷한 형태와 기능으로 차별화가 어려워졌다면
가장 핵심적이고 차별적인 가치 한 가지를 발굴해
마케팅으로 승부 보는 것이 돌파구가 될 수 있다

핵심 가치라고 해서 어렵게 생각할 필요는 없다. 핵심 가치는 우리의 로봇이 타깃으로 삼고자 하는 고객을 심도 있게 관찰하면 도출될 수 있는 것들이다. 그것은 이미 널리 알려진 보편타당한 가치들 중 하나가 될 수도 있다. 알려진 가치들이라도 그것을 핵심 가치로 삼느냐의 여부에 따라, 또는 그것을 중점으로 마케팅과 고객 커뮤니케이션을 전개하느냐에 따라 시장에서의 성과는 천차만별로 달라진다. 핵심 가치를 정의하게 되면 상품 기획과 기술 개발 단계에서도 그것에 집중하게 되므로 결국 상품 자체의 차별화에도 큰 영향을 미치게 된다.

로봇 기업이 제품 개발과 마케팅에 쏟아부을 역량과 재원은 한정되어 있는 만큼, 기업이 가진 역량을 여러 가치의 추구와 홍보에 분산시키기보다는 하나의 가치에 집중하는 것이 내부 리소스의 운영에도 효율적이며 설정해 둔 목표의 달성도 단기간에 완성할 수 있다.

다빈치 수술 로봇을 개발한 미국 기업 인튜이티브 서지컬(Intuitive Surgical)은 핵심 가치를 정의하고 그것을 중심으로 제품 개발과 마케팅

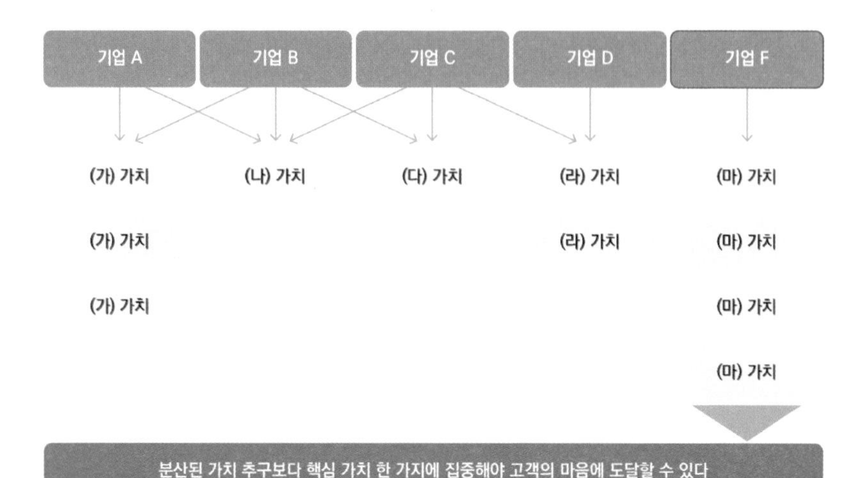

을 진행해 성공한 대표적인 사례라 할 수 있다. 의료용 로봇이 고객(의사 또는 환자)에게 주는 가치는 여러 가지를 꼽아볼 수 있다. 의료인들에게 로봇을 통해 수술 인원을 줄이고 피로를 경감할 수 있는 경제적인 가치가 첫 번째일 것이고 환자들에게는 감염을 줄이고 24시간 수술이 가능한 빠르고 안전한 시스템 구현의 가치가 매력적으로 다가올 수 있다. 이 가운데 인튜이티브 서지컬은 자사 로봇의 가치를 '수술 정확성을 높이는 로봇'으로 정의하고 제품 개발과 마케팅의 전면에 내세웠다. 의료의 여러 분야 중에서 수술, 그리고 수술의 가치와 효용 중에서 특별히 정밀도를 높이는 가치에 집중한 것이다. 인튜이티브 서지컬은 의료 그리고 수술에서 의료진과 환자 모두에게 가장 중요한 핵심 가치가 바로 '정확함(정밀함)'이라는 것을 간파하고 그것에 부합하는 최소 침습 로봇을 개발, 상품화하고 판로를 개척했다. 로봇 수술로 기존 개복 수술 대비 절개 크기를 대폭 줄일 수 있는 점을 강조했다. 이로 인해 환자의 출혈량을 줄이고 감염 위험도 감소시킬 수 있었다. 로봇팔로 손 떨림 오차를 없애고 3D 고화질 영상 제공으로 의사의 판단 오류와 수술 부위 손상 최소화를 실현할 수 있는 것은 덤이었다. 의료진들은 다빈치 수술 로봇이 제공하는 정밀함의 가치에 찬사를 보냈고 그 정밀함을 이유로 로봇을 구매하고 있다. 인튜이티브 서지컬은 전 세계 병원에 7,500대 이상의 다빈치 로봇을 설치했으며 현재 수술용 로봇 시장에서 70% 이상의 압도적인 점유율을 보이고 있다.

인튜이티브 서지컬의 사례를 통해 알 수 있듯이, 핵심 가치는 로봇이 타깃으로 삼는 시장과 해결하고자 하는 불편의 성격에 따라 다를 수 있으며 그것은 면밀한 조사와 관찰을 통해 도출될 수 있다.

음식 조리 로봇의 사례를 살펴보자. 조리 로봇의 경우 인건비 절감, 조리 시간 단축, 위생적인 음식 제공, 사람보다 뛰어난 맛 구현 등 다른 산업의 시장과 구별되는 특별한 가치들을 꼽아볼 수 있다. 이 중에서 우리의 로봇으로 구현하고자 하는 핵심 가치는 무엇이 될 수 있을까? 핵심 가치의 선정에는 정답이 없다는 점도 유의해야 한다. 조리의 핵심이 결국 음식의'맛'에 귀결되므로 우리 로봇이 제공할 핵심 가치를 '기복 없이 균일한 맛'이라 정의할 수 있다. 하지만 모든 조리 로봇 기업들이 맛을 핵심 가치로 삼을 필요는 없다. 또 차별화를 위해서도 반드시 그래야 할 이유는 없다. 어떤 로봇은 맛보다는 '빠른 조리와 저렴한 가격'을 핵심 가치로 삼을 수 있으며 이 또한 성공 포인트가 될 수 있는 것이다. 이는 바리스타가 내려주는 고품질의 커피 시장이 있지만 값싸고 빠른 서비스를 제공해 주는 자판기 커피도 큰 규모를 유지하는 것과 같은 이치라고 할 수 있다.

반려 로봇이 인간에게 주는 가치에도 여러 가지가 있다. 어떤 로봇은 실내에서 거동이 불편한 사람의 활동을 돕는 것에 가치를 두고 물리적인 보행보조에 기능을 집중하는 반면, 어떤 로봇은 인간의 외로움 해소가 핵심 가치가 되어 정서적 공감과 대화 같은 소프트웨어에 중점을 두어 상품화가 이루어진다. 어떤 가치를 핵심으로 삼을 것이냐에 따라 하드웨어, 소프트웨어의 개발 비중도 크게 달라질 수 있다는 것을 알 수 있다.

특정 분야에서 서비스를 제공하는 로봇의 성공 여부는 어떤 가치를 핵심 가치로 선정하느냐도 중요하지만, 선정된 핵심 가치에 얼마나 집중하느냐에 따라 달라질 수 있다. 즉 핵심 가치를 선정하는 것도 중요하지만, 한번 선정된 핵심 가치가 상품 개발과 마케팅에서 얼마나 일관성 있게 반영되고 유지되느냐도 매우 중요하다는 의미이다. 서비스의 품질은 평균적인 수준이지만 빠르고 간편함의 가치에 중점을 두어 개발하던 로봇이 있었다. 하지만 해당 기업은 상품화 도중 고품질에 대한 욕심으로 품질을 소폭 올리는 작업에 치중했다. 그러다 보니 최초 기획과 달리 핵심 가치라 여겨졌던 속도와 편의성은 줄어들고 가격은 올라갔다. 곧 해당 기업의 로봇은 이도 저도 아닌 로봇으로 전락할 수밖에 없었다. 이와 유사한 사례들이 실제 현장에서는 무수히 발생하고 있다.

핵심 가치가 최고의 가치를 의미하지는 않는다. 작은 부분에서의 효능 제공 또는 개선으로 핵심 가치를 정했다면 그에 따른 로봇의 설계와 기획, 개발을 일관성 있게 진행하고 마케팅도 그것에 중점을 두어 진행하면 된다. 고객들은 일반적으로 생각하는 최고의 가치가 아니더라도 로봇이 제공하고 해당 기업에서 일관성 있게 이야기하는 가치가 있다면 결국에는 그것을 받아들이고 로봇의 특별함으로 인정할 것이기 때문이다. 그리고 꾸준한 가치의 전파에 뒤따르는 결과로 곧 새로운 수요들도 생겨나기 마련이다.

산만함을 버리고 선택 후 집중하라

애플(Apple)의 설립자 스티브 잡스(Steve jobs)는 '무엇을 하지 않을지 결정하는 것은 무엇을 할지 결정하는 것만큼이나 중요하다'(Deciding what not to do is as important as deciding what to do)고 했다. 이 말은 스티브 잡스가 1997년 애플로 복귀한 직후 애플에서 생산하고 있던 수많은 컴퓨터와 주변기기들을 검토한 뒤에 핵심 제품을 제외한 모든 제품군을 과감하게 정리해야 한다는 주장을 펼치며 외친 것으로 알려졌다. 스티브 잡스의 성공방정식은 과감한 정리의 결단과 집중의 결과라고 할 수 있다.

많은 로봇 상품 기획자와 기업의 오너들이 착각하는 대표적인 사례 중 하나는 로봇이 갖추고 있는 기능이 많으면 많을수록 좋고, 각각의 사양도 높을수록 유리하다는 생각이다. 그러나 기능이 많고 기능을 구현하는 구성품의 스펙이 높아질수록 가격 역시 상승하기 마련이다. 그리고 각각의 개별 기능을 원하는 수요자들의 수를 모두 합쳐 타깃 시장이 넓다고 주장하곤 하지만 그런 얇고 넓은 타깃은 중점 타깃이 없다는 것을 실토하는 것이나 다름없다. 지나치게 많은 기능을 가진 로봇은 유용한 기능 하나를 가진 로봇보다 사업에서 유리할 것이 없다.

로봇 기획에서도 선택과 집중이 필요하다
잡다한 기능과 복잡한 설명은 과감하게 정리하고
타깃 고객이 원하는 기능 하나의 완성도에 집중해야 한다

최악의 상품 기획은 '고객이 무엇을 좋아할지 몰라 모든 것을 다 준비했다'고 하는 것이다. 일견 고객을 위하는 것처럼 보일 수도 있고 다양한 수요에 반응하는 고객을 수용해 범용성이 큰 상품처럼 보이기도 한다. 하지만 그런 상품은 특정 기능 하나에만 집중해 만들어진 경쟁사의 제품에 고객을 모두 빼앗기는 무색무취의 상품에 머물 가능성이 크다. 특정 고객, 특정 기능에 집중한 상품으로 확실한 타깃 고객을 확보하고 외연을 조금씩 확장해 나가는 전략이 더 주효하다 하겠다.

2006년, 마이크로소프트(Microsoft)는 애플의 아이팟(iPod)에 대응하기 위해 준(Zune)이라는 MP3 플레이어를 출시했다. 하지만 아이팟을 넘어서려는 지나친 의욕은 오히려 큰 실수로 이어졌다. 기능을 과도하게 탑재한 결과, 사용이 복잡해졌고 MP3 플레이어로서의 정체성에도 혼란을 불러일으켰기 때문이다. 준은 FM라디오 기능을 내장하고 Wi-Fi를 통해 PC와 무선으로 동기화하는 기능을 제공했다. 그리고 음악, 사진, 비디오까지 공유하는 기능을 혁신적이라고 자화자찬하며 출시했다. 하지만 모든 기능의 구현을 위해 크기는 커지고 무거워져 아이팟보다 휴대성이 떨어졌다. 그리고 본질인 음악 감상을 위한 UI는 복잡해졌다. 또 MP3 플레이어의 핵심인 콘텐츠에서도 애플의 아이튠즈 스토어에 비해

제공하는 음원의 수가 절대적으로 부족했다. 마이크로소프트가 다양한 고사양의 기능 구현에 얽매여 서비스의 본질에 집중하지 못함으로써 나타난 실패의 결과였다.

삼성전자가 2014년 출시했던 갤럭시 S5 역시 경쟁사를 넘어서겠다는 과도한 의욕으로 다양한 기능을 탑재했다가, 기대에 미치지 못한 성적을 받아든 사례로 남았다. 삼성전자에서는 새로운 스마트폰을 출시하면서 당시로는 파격적이었던 지문인식, 심박수 측정, 방수, 터치 민감도 조절 같은 새로운 기능들을 대거 추가했다. 하지만 인터페이스의 개선이 이루어지지 않은 상태에서 기능만 늘어나다 보니 사용 설명서는 복잡해졌고 UI 역시 직관적인 서비스와는 거리가 멀어졌다. 그리고 해당 기능을 구현하느라 제품의 가격은 경쟁사 대비 높아졌다. 아이러니한 것은 정작 고객 대부분은 그런 복잡한 기능을 원하지도 않았고 실제 쓰지도 않았다는 것이다. 갤럭시 S5는 삼성전자에 큰 교훈을 안겨준 채 기대에 못 미치는 저조한 판매량을 기록했다. 이후 갤럭시 S6부터는 불필요한 기능을 줄이고 UI/UX를 개선하는 선택과 집중의 계기를 마련할 수 있었지만 실패의 결과는 쓰라린 것이었다.

한때 휴대폰 업계의 거물로 군림했던 노키아(Nokia)의 몰락도 선택과 집중의 문제와 관련이 있다. 휴대폰 업계의 선두를 달리던 노키아는 2003년 야심에 찬 제품 엔게이지(N-Gage)를 출시했다. 엔게이지의 특징은 휴대폰과 게임기의 결합이었다. 당시로서는 파격적인 기획이었고 게임을 좋아하는 휴대폰 유저들의 선택을 받을 것으로 기대됐다. 하지만 폰도 아니고 게임기도 아니라는 냉정한 평가 아래 2년 만에 단종되었고 휴대폰 업계의 거물이었던 노키아의 몰락을 가져오는 단초가 됐다. 무리하게 게임기를 하나로 구현하려다 가격도 높아졌을 뿐 아니라 게임과 휴대폰 이용자 모두에게 불편함을 제공하는 어정쩡한 제품이 되어 설 자리를 잃고 만 것이다.

마이크로소프트, 삼성전자, 노키아의 사례는 로봇은 아니지만 너무 많은 기능을 추가하려다 정작 핵심 가치를 잃어버린 전형적인 사례라 할 수 있다. 주기능이 무엇인지 헷갈리게 할 정도로 주력으로 내세우거나 주기능은 하나지만 너무 많은 부가 기능 추가로 주기능의 매력이 희석되어 버리는 경우는 로봇 사업에서도 많이 나타나고 있다. 이는 곧 정체성의 모호함으로 이어지고 정체성의 모호함은 고객과의 커뮤니케이션에서 전달할 핵심 가치의 초점이 흐트러진다는 것을 의미한다.

로봇 사업에서도 유사한 사례들이 많이 있다. 실내에서 운용할 안내 로봇을 기획, 개발하는 기업이 있었다. 해당 기업에서 개발한 로봇은 큰 기업체의 로비나 박물관, 전시관 같은 곳에서 로봇의 전면에 설치된 커다란 터치스크린의 디스플레이를 통해 고객에게 정보를 주고 길 안내를 수행하는 로봇이었다. 로봇은 라이다(LiDAR)를 활용해 실내 맵(Map)을 그리고 일정한 주행 경로를 따라 순회하는 기능이 탑재되어 있었다. 그런데 해당 기업은 개발한 안내 로봇을 안내용으로만 쓰기에는 시장이 한없이 좁아 보였다. 로봇을 구매하는 수요자가 다양한 곳에 로봇을 쓸 수 있게 하면 더 큰 시장을 기대할 수 있고 수요자들 역시 좋아할 것이라는 생각을 하게 됐다. 전면부를 차지하고 있던 디스플레이의 크기를 절반 이하로 줄이고 하단부에 잠금장치가 달린 서랍장을 넣어 물건 배송용 로봇의 기능을 추가했다. 그리고 후면부의 디자인을 바꿔 선반을 달았다. 간단한 서빙까지 가능하도록 기능을 추가한 것이다. 이제 로봇은 안내용으로도 쓸 수 있을 뿐 아니라 실내배송, 서빙까지 가능한 다목적 로봇으로 재탄생했다. 과연 고객들은 만족했을까? 이 로봇은 안내 로봇을 원하는 로비 운영부서에서도, 실내 운반 로봇을 원하는 서비스 부서에서도, 서빙을 원하는 식음료 매장에서도 만족하지 못하는 애매하고 쓰기 불편한 물건이 되어버렸다. 해당 로봇은 얼마 안 가 기존의 주 사업 영역인 안내 로봇에서도 경쟁력을 잃고 기업의 존립도 위태롭게 되고 말았다.

로봇에서의 선택과 집중은 하나의 로봇이 하나의 주기능에 집중해야 한다는 것을 의미한다. 다른 기능이 주기능과 비슷할 정도로 중요하게 느껴진다면 공통모듈을 함께 쓰는 전용의 별도 모델을 개발해 라인업을 늘리는 것이 낫다. 다목적이라는 이유로 하나의 로봇에 많은 기능을 무리하게 덧붙이는 실수를 범해서는 안 된다는 뜻이다. 집중에 앞선 선택을 위해서는 시장과 고객을 분석하고 기획, 개발하고자 하는 로봇의 핵심 가치가 무엇인지를 정의할 필요가 있다. 핵심 가치 구현을 위한 기능을 나열하고 그중 우선순위를 정해 가장 높은 순위에 있는 기능을 집중해야 할 주기능으로 선정하면 된다.

선택과 집중은 로봇의 기획과 개발 단계에서만 필요한 것은 아니다. 로봇 기업의 브랜딩과 마케팅 전략에서도 선정된 주기능을 중심으로 스토리텔링을 풀어가야 성공 가능성이 커진다. 너무 많은 정보와 기능을 열거하기보다는 한 가지의 강력한 메시지를 반복적으로 전달하는 것이 훨씬 더 효과적이라는 사실을 잊어서는 안 되겠다.

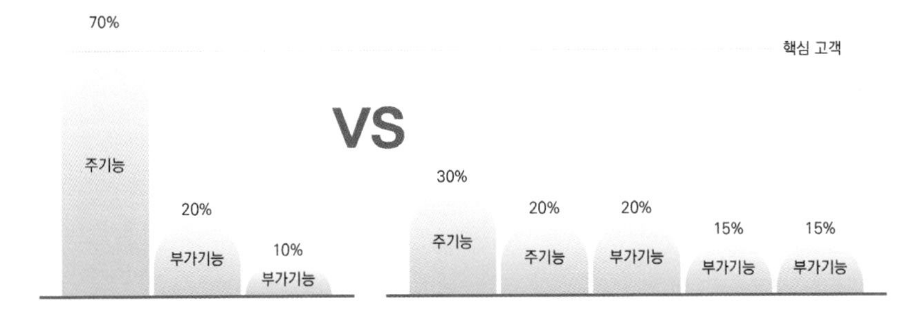

비용과 효용의 함수관계를 고찰하라

로봇을 비롯한 상품과 서비스를 기획하는 기획자와 마케터가 흔히 하는 착각 중 하나가 최고의 품질을 구현하면 고객들은 가격이 아무리 비싸더라도 구매를 할 것이고 시장이 열릴 것이라는 믿음이다. 그리고 이런 사고방식은 아직 경쟁 체계가 구현되지 않은 신흥 시장에서 흔히 등장한다. 그러면서 명품이나 고가의 가격 정책을 펼치는 프리미엄 브랜드들의 사례를 정당화의 논리로 들곤 한다. 하지만 이것은 소비자인 고객이 늘 합리적인 판단을 추구한다는 점을 간과한 관념적인 생각일 가능성이 크다.

많은 로봇 기업들이 전에 없던 새로운 개념의 로봇을 세상에 선보이면서 관심을 끌다가도 시장에서 인정받는 상용화에는 실패하는 사례가 늘고 있다. 투자금만 소진한 채 사업을 종료하거나 짧은 시간에 다른 기업에 매각되어버리기도 한다. 자사 상품에 집중되는 과도한 관심과 기대에 고무된 나머지 지나치게 낙관적인 시각으로 준비가 덜 된 채로 섣부른 상용화에 나섰기 때문으로 풀이해 볼 수 있다. 상용화를 위한 준비에는 여러 가지가 있겠으나 대부분의 실패 기업들이 간과하는 요소는 적정 가격의 책정이다. 기술과 유통 구조 혁신을 통해 시장에서 쉽게 받아들일 수 있도록 가격을 낮추는 전략이 필요하지만, 가격 요소를 과소평가한 채, 우선 시장에 선을 보인다는 명분으로 높은 가격대의 출시를 감행하는 패착이 일으키는 것이다. 상용화를 서두르게 되는 근본적인 배경에는 이런 기업들이 제품 출시의 주요 대상을 실제 고객이 아니라 대주주, 투자 기관과 같은 투자자와 기업 소유주인 오너 등을 의식한 행보로 삼고 있다는 점이다.

로봇이 상품으로 실패하는 대부분의 이유는
준비되지 않은 품질과 가격으로 출시를 서두르기 때문이다
가격 책정의 기준은 투자자나 상급자의 시각이 아니라
고객과 시장의 관점에서 이루어져야 한다

고가 정책을 표방하는 기업들은 로봇이 아직 초기 시장에 머물러 있고 인공지능, 라이다(LiDAR) 같은 구성품이 높은 가격을 유지하고 있으므로 고객의 눈높이에 맞는 가격 산정 자체가 불가능한 사업군이라 항변할 수 있다. 그리고 가격을 낮아지길 기다리다가는 기업의 입지를 다질 수도 없을 뿐더러 기술력을 뽐낼 기회조차 얻지 못할 수 있어 팔리기 어려운 가격이라도 우선 출시한 후 기회를 엿보는 전략을 추진하는 것이라 말한다. 이는 투자자들은 언제까지나 기다려주지 않기 때문이다. 그러나 투자자 또는 오너만 바라보고 진행되는 로봇 사업은 시장성이라는 기대에 미치지 못하고 종료될 가능성이 커진다. 언론에서 떠들썩하게 이야기되었던 로봇 아이템들이 슬그머니 자취를 감추거나 사

업을 중단했다는 이야기가 반복되는 이유가 여기에 있다.

우리는 2001년 미국에서 출시된 세그웨이(Segway) 열풍을 기억한다. 세그웨이는 자이로스코프(Gyroscope)와 각종 센서, 전기 구동장치를 활용해 자동으로 균형을 유지하며 직관적인 몸의 움직임만으로 조작이 가능한 개인 이동 장치였다. 개인용 전동 모빌리티가 등장하기 이전이었으므로 세그웨이는 친환경적인 미래 이동수단으로 전 세계 언론의 찬사를 받으며 등장했고 관공서와 호텔, 쇼핑몰 등에서 경찰의 순찰수단으로까지 활용되며 B2B, B2G 영역으로 확대해 나갔다. 개발자 딘카멘(Dean Kamen)은 세그웨이를 '자동차를 대체할 혁신적인 교통수단'이라고 소개했고 실제로 그의 주장이 현실이 되는 듯 보였다. 하지만 기대와 달리 세그웨이는 대중화에 실패했고 결국 역사 속으로 사라진 기업이자 브랜드가 되어버렸다. 세그웨이의 실패는 무엇보다 지나치게 높은 가격 때문으로 풀이된다. 세그웨이는 2001년 출시 때부터 5,000달러(650만원)의 높은 가격을 책정했다. 당시 5,000달러는 웬만한 중고 자동차보다 비싼 가격이었고 일반 소비자들이 접근하기에는 매우 부담스러운 가격임이 분명했다. 가격 장벽으로 세그웨이는 실패했고 기술이 혁신적이어도 상용화된 가격이 적정선을 넘어서면 시장에서 외면받을 수 있다는 사례로 지금도 자주 인용되곤 한다.

가격의 문제를 해결하지 못해 대중화에 성공하지 못한 사례는 세그웨이 이후의 로봇 시장에서도 찾아볼 수 있다. 일본 소프트뱅크(Soft Bank)에서 야심 차게 내놓았던 인간형 로봇 페퍼(Pepper)가 그 주인공이다. 페퍼는 사람과 대화를 나누며 소통할 수 있는 최첨단 로봇으로 상대방의 감정까지 인식하며 안내와 엔터테인먼트 등까지 수행할 수 있었다. 가정뿐 아니라 교육과 돌봄, 고객 응대의 현장에서 사용될 수 있는 전천후 로봇으로 세계 언론과 전시회를 들썩이게 했다. 하지만 페퍼의 발목을 잡은 것은 역시 가격 대비 효용의 이슈였다. 페퍼는 출시 당시 1,800달러(약 250만 원)의 높은 기기 비용과 월 사용료 360달러(약 50만 원)의 구독료까지 청구했다. 3년 사용을 가정할 때 유지비까지 2,000만 원을 넘기는 비용으로 일반 가정에서 수용하기는 어려운 가격이었다. 각종 전시회와 관공서, 서비스 업종에서 얼굴을 내비치던 페퍼는 결국 2021년 생산 중단 발표로 사라지게 됐다.

페어 이외에도 가정용으로 출시되었던 각종 반려 로봇과 서비스 로봇, 이와 유사한 솔루션들이 가격 장벽에 부딪혀 좌초된 사례들을 많이 볼 수 있다. 여기서 우리가 눈여겨보아야 할 점은 가격과 효용 사이에는 함수관계가 존재한다는 점이다. 영국의 가전제품 회사 다이슨(Dyson)은 싸이클론 기술을 적용해 먼지 봉투 없이도 강력한 흡입력을 유지하는 진공청소기를 개발해 선보였다. 다이슨의 진공청소기 역시 출시 초기에는 기존에 존재했던 진공청소기의 가격 대비 지나치게 높은 가격이라는 혹평을 받으며 소비자들의 외면을 받을 처지에 놓였었다. 하지만 다이슨 진공청소기의 성능과 디자인, 품질은 곧 '높은 가격을 지급하고도 구매할 만큼 충분한 효용을 가진 제품'이라는 인식이 퍼지게 되었고, 결국 '프리미엄 제품'으로 포지셔닝하는 데 성공했다. 즉 고객들의 합리적인 지성이 기존 청소기보다 서너 배 비싼 가격이지만 그 이상의 효용과 품질이 있다고 판단했기에 높은 가격에도 불구하고 대중화에 성공할 수 있었다. 가격이 장벽으로 작용하느냐 프리미엄의 가치로 인정을 받느냐는 결국 그에 합당한 효용의 여부에 달린 것이다.

로봇제품의 원가가 지나치게 높다면 그 구성품과 기능의 효용에 대해 검토해 보아야 한다. 로봇이 가진 여러 기능 중 효용이 상대적으로

낮은 기능에 고가의 기술과 부품이 들어간다면 과감하게 해당 기능을 제거하는 결단이 필요하다. 핵심적인 효용만 유지하고 불필요한 기능을 제거해 가격을 낮춘다면 그만큼 진입 장벽도 낮출 수 있다. 핵심 가치와 기능 한 가지를 제외하고 가격을 낮출 수 있는 것이라면 무엇이든 시도해 보아야 한다. 그리고 높은 가격의 원인이 핵심적인 가치와 기술이라면 그것의 원가를 낮출 수 있는 개발과 부품 공급선 다변화에 역량을 집중할 필요가 있다.

상품의 가격 책정은 단순히 구성품의 수급 원가와 이윤만을 생각해서 결정하는 것이 아니다. 앞서 기술한 바와 같이 고객이 해당 상품을 통해 얻게 되는 효용에 대한 지불 의사가 무엇보다 중요하며 이것은 곧 경쟁 상황에 놓은 대체재 또는 경쟁재의 가격과도 비교해 판단해야 한다. 지나치게 높은 가격이 책정되어 있다면 가격구조를 재검토해 핵심 기능 외의 효용을 줄이더라도 적정 가격으로 맞추어야 한다. 단, 제공가치가 경쟁재에 비해 월등히 높은 것이라면 굳이 가격을 낮출 필요는 없다. 그 외 유통 구조와 브랜드의 포지셔닝 전략에 따라서도 가격 정책은 달라질 수 있으므로, 유통 구조 슬림화와 포지셔닝 전략의 재설계 등을 통해 고객이 이해할 만한 효용 대비 가격을 만들어내는 것이 중요하다 하겠다.

남들이 가지 않은 길을 개척하라

로봇 사업에서는 과열로 치닫는 경쟁에서 벗어나기 위해, 또는 독자적인 영역의 개척을 통해 수익성과 확장성 확보를 위해 남들이 진입하지 않은 카테고리에서 기존에 없던 서비스를 제공하는 로봇을 기획, 개발할 필요가 있다.

1992년 미국에서 설립된 보스턴 다이내믹스(Boston Dynamics)는 네 발로 걷는 로봇 스팟(Spot)을 개발해 하나의 장르를 개척한 기업으로 평가받고 있다. 4족 보행 로봇 스팟은 개처럼 걷거나 뛰는 동작을 하는 것은 물론이고 외부의 충격에도 쓰러지지 않는 균형 복원 능력을 지녔고 다양한 부속 기기들을 창작해 산업 현장과 건설, 군사용 목적으로도 쓸 수 있다. 두 발로 걷는 휴머노이드 로봇에 대한 기대가 크지만 두 발 균형의 기술적 문제가 완벽하게 해결되지 못했고 바퀴 기반 로봇은 계단이나 장애물 극복에 한계가 있다. 이러한 기술적 한계를 보완하며 등장한 4족 보행 로봇은 참신함과 기능성에서 높은 점수를 받을 수 있었다. 비록 대중화에서는 아직 갈 길이 멀다고 할 수 있다. 하지만 4족 보행 로봇은 늘 로봇 산업계에서 화제의 중심에 서 왔고 기업의 가치 또한 치솟아 구글(2013년), 소프트뱅크(2017)를 거쳐 현대자동차(2021년)에 거액으로 인수됐다. 4족 보행 로봇은 지나치게 높은 가격 등 여러 측면에서 상용화되기엔 아직 많은 난제를 가지고 있다. 그러나 4족 보행 로봇 분야에서 독보적인 1위 개척 기업으로 상징적인 지위와 기술력 우위는 상당 기간 영향력을 계속 발휘할 것으로 보인다.

경쟁 가도의 로봇 산업에서 1위가 되기는 매우 힘들다
하지만 경쟁이 존재하지 않는
새로운 분야, 새로운 기능의 로봇을 개척해낸다면
누구나 1위 기업이 될 수 있다

과열 양상의 경쟁 구도에서 벗어나 새로운 분야, 새로운 수요처에서 새로운 로봇 장르를 개척하는 것에는 여러 이점이 있다. 우선 언론의 관심을 끌어내 기업과 브랜드, 상품 홍보에 유리할 뿐 아니라 신사업에 적극적인 기관, 개인 투자자들로부터 거액의 투자를 끌어낼 수도 있다. 로봇을 개발하는 것은 다른 소비재 상품을 개발하는 것에 견주어 상당한 투자금과 시간, 인력이 소요되는 작업이다. 사람들의 관심을 끌고 가능성을 보여줘 투자를 받는 것은 로봇 비즈니스에서 매우 좋은 출발이 될 수 있다. 현재의 수요는 많지만 유사한 기능들로 우열을 가리기 힘든 시장에서 경쟁하는 것보다 새로운 분야를 개척한다면 투자를 받을 확률과 가능성이 커질 수밖에 없다.

다른 기업들이 참여하고 있지 않은 로봇 시장을 새롭게 개척하기 위한 단계는, 무엇보다 시장 상황에 대한 면밀한 조사와 관찰에서 출발한다. 시장조사를 통해 인력이 많이 투입되어야 하고 피로도가 높은 고강도의 작업이 이루어지는 곳에서 기회를 발굴할 수 있다. 전혀 새로운 영역에서 전에 없던 로봇을 만들어내는 것이 가장 이상적이지만, 그것이 어렵다면 기존의 활성화된 사업 영역에서 시장을 다시 쪼개어 세분화한 다음 아직 주목을 받고 있지 않은 수요의 기능들에 초점을 두어보는 것도 하나의 방법이 될 수 있다. 또는 같은 기능을 제공하더라도 전혀 다른 방식의 도입으로 독자적인 길을 개척하는 방법도 있다. 이를테면 모두가 고가의 장비인 라이다(LiDAR)를 이용해 실내배송 로봇을 구현할 때 저가의 카메라만을 활용한 비전(Vision) 방식으로 실내배송 로봇을 구현해 내는 것이다. 이 역시 새로운 길을 개척하는 활동이 될 수 있으며 경쟁에서 벗어나 자기만의 길을 닦아가기 위한 초석이 될 수 있고 부품 사업 등 다양한 파생 비즈니스 모델도 만들어 갈 수 있다.

남들이 가지 않은 길을 가기 위해서는 시장조사를 통해 독자적인 로봇에 대한 아이템을 발굴한 다음, 해당 분야 고객들의 요구 사항 즉, 페인포인트(Pain Point)를 구체적으로 도출하고 분석할 필요도 있다. 고객들이 느끼는 크고 작은 불편과 어려움을 산출해 리스트업 할 수 있다면 어느 부분으로 시장 진입을 해야 할지 좀 더 명확하게 들여다볼 수 있게 된다.

고객 분석 이후엔 고객 요구 사항 해소를 위해 우리 로봇이 갖추어야 할 기능에 대해 정의하는 과정이 필요하다. 새롭게 접근하는 로봇의 기본 개념과 동작 원리, 구성 요소들을 나열하고 고객에게 전달한 가치와 기능에 대해 구체화하는 것이다. 구체화한 기능 정의는 곧 상세 설계의 밑그림이 된다. 상세 설계에서는 실제 로봇의 구조와 구성품들을 명확하게 정리하고 하드웨어와 소프트웨어 설계, 인공지능(AI) 도입과 같

은 알고리즘과 데이터 처리 방식, 제한 사항 등을 규정하는 작업을 진행한다. 이 과정을 무리 없이 완수한다면 곧 프로토타입(Prototype)의 시제품을 제작할 수 있다. 시제품은 제품 상용화 여부를 결정짓는 최종 단계로 도면상으로만 존재하던 추상적인 개념의 로봇을 실제로 만들어본 후 유용성을 검증해 보게 된다. 상용화 결정 이전이므로 외관인 하드웨어의 경우 값비싼 금형을 만들기보다 3D 프린터 등을 활용해 간단한 목업(Mock-up)으로 테스트를 진행하는 것이 일반적이다.

시제품 제작을 통해 제품의 장단점을 파악하고 수정하며 사업성에 대한 판단이 내려진다면 비로소 양산을 위한 설계와 공정의 최적화를 진행하게 된다. 이때 상품 패키지를 디자인하고 마케팅과 유통 전략도 세부적으로 수립하게 된다.

이전에 존재하지 않던 새로운 개념의 로봇을 만들어낸다는 것은 유통 판매 채널과 수요처 또한 아직 존재하지 않는다는 말이 된다. 어떤 방식으로 마케팅을 진행하며 유통 채널을 발굴해 활용할 것인지를 기획하는 것도 로봇 사업의 성패를 좌우하는 요인이 된다. 때로는 고객들조차 해당 수요를 깨닫지 못하는 경우가 있으므로 수요를 일깨우고 홍보하는 활동에 많은 리소스를 투입해야 할 필요가 있다.

새로운 분야를 개척하는 기업 앞에는 적지 않은 도전과 난관, 나아가서는 무관심을 넘어선 비난까지 도사리고 있기 마련이다. 좌절하지 말고 위기를 기회로 바꾸어가는 노력이 곧 성공의 지름길임을 깨닫고 매진해야 한다. 위기는 곧 기회가 될 수 있고 비난은 곧 관심과 패러다임 전환의 신호탄이 될 수 있다.

온전한 나만의 것 한 가지를 도출하라

앞서 열거한 '핵심 가치를 파악하고 그에 중점을 두어 개발과 마케팅을 진행하라'라는 요청이 기술과 기능의 평준화 가정 속에서 독창적인 차별성을 도출해 내야 한다는 것이었다면 '온전한 나만의 것 한 가지를 도출하라'는 것은 다른 기업이 보유하지 못하고 쉽게 모방할 수 없는 로봇의 핵심 기술과 기능 한 가지 이상을 확보해야 한다는 근본적인 주문이라 할 수 있다.

특허 또는 저작권 등으로 보호받을 수 있는 핵심 기술과 기능은 미래 로봇 기업으로서 지속 가능한 발전과 존속을 위해 필히 갖추어야 하는 요소다. 완성체인 로봇 상품 전체가 독보적인 기술력과 성능으로 인정을 받으면 더없이 좋겠지만 그렇지 않더라도 요소 기술과 부분 기능에서만이라도 특별한 기술과 기능을 확보해야 한다. 그것만으로 다른 로봇 기업들 대비 확고한 경쟁 우위를 확보할 수 있기 때문이다.

미국의 로봇 기업 아이로봇(iRobot)은 1990년 매사추세츠 공과대학(MIT) 출신들이 설립한 기업이다. 처음에는 군사용 로봇 개발로 시작했지만, 이 과정에서 장애물을 감지하고 회피하는 기술 등을 습득한 후 해당 기술을 활용해 실내용 로봇청소기를 개발해 냈다. 아이로봇에서 만든 로봇청소기 룸바(Roomba)는 출시 직후 큰 인기를 끌며, 전 세계에서 수천만 대의 판매고를 기록했다. 룸바의 성공에 고무된 많은 기업들이 비슷한 로봇을 출시하며 시장에 진입하려 했지만, 아이로봇이 가진 기술 특허가 진입장벽으로 작용했다. 독보적으로 확보한 기술 하나로 시장 선점은 물론이고 후발 주자들의 추격까지 방어할 수 있는 유리한 고지에 올라설 수 있었던 것이다.

로봇 사업에서
특별한 기술과 기능 한 가지 이상을 확보하는 것은
필수의 생존 전략이라고 할 수 있다.
특별한 것 한 가지는 최초엔 시장 공격의 수단이 되고
최후엔 시장 방어의 보루가 된다

온전한 나만의 것 한 가지를 확보하는 것은 경쟁력 제고는 물론, 기업 가치 상승 등 다양한 순기능을 제공해 준다. 시장이 팽창하는 초기 국면에서는 다른 기업의 히트 상품을 모방해 만든 유사 제품만으로도 일정한 매출과 성장을 보장받을 수 있다. 하지만 시장 공급이 포화 상태에 이르게 되면 생존의 갈림은 온전한 나만의 것 하나를 가지고 있느냐의 여부에 따라 결정된다. 생존을 넘어선 성장까지 생각한다면 더더욱 나만의 것이 필요해진다.

중국 선전에 본사를 두고 있는 드론 제조 기업 DJI는 오직 드론 기술 하나로 장르를 개척해 성공을 거둔 대표적인 사례다. 2013년 팬텀

1(Phantom 1) 드론 모델을 출시하면서 드론의 대중화를 선언한 DJI는 비행 안전화 시스템과 지능형 비행 모드, 고성능 카메라와 짐벌 기술 등 드론에 특화된 기술을 개발, 특허로 등록하고 드론 상품화에 역량을 집중했다. 그 결과 일반 소비자용뿐 아니라 전 세계 산업용과 군사용 드론 시장에서도 1위 기업의 입지를 다질 수 있었다. 드론 개발 과정에서 축적된 카메라 짐벌 기술은 별도의 아웃도어 카메라 시장에 출시할 만한 수준으로 평가받았고 전문가 및 소비자용 짐벌 카메라 시장으로까지 사업을 확장해 호평을 받아가고 있다. 다른 로봇 기업들과 달리 날아다니는 로봇, 드론에 집중하면서 자기만의 기술과 독보적인 지식을 축적해 차별화와 시장 선점이라는 두 마리 토끼를 잡을 수 있었다.

유사 사례는 국내에서도 찾아볼 수 있다. 경기도 안산에 사업장을 가지고 있는 오모로봇(OMOROBOT)은 다양한 자율주행 로봇 플랫폼을 개발하고 있기도 하지만 운반 및 배송 로봇을 조종하는 특별한 유선 추종 기술에 대한 특허를 보유하고 있는 기업으로 알려져 있다. 유선 추종 기술은 TFS(Tether Following Sensor)라고 불리는 유선 추종 센서를 사용해 사용자가 줄을 잡아당기는 정도를 감지한 후, 그 힘의 크기에 따라 로봇이 스스로 모터를 가동해 사용자 뒤를 따라오도록 설계된 기술이다. 오모로봇은 해당 특허로 자사의 로봇을 만들어 상품으로 내놓기도 하지만 TFS를 부품으로 납품하거나 기술 사용 대가를 받는 비즈니스 모델도 만들어 새로운 지평을 열어가고 있다. 오모로봇의 사례는 로봇의 개발이 완전체 전부를 개발하는 것이어야 한다는 선입견을 걷어내고 요소 기술이라도 나만의 것 하나를 가질 때 다양한 비즈니스 모델과 생존 전략을 만들어갈 수 있다는 것을 보여주는 사례라고 할 수 있다.

스웨덴의 벵트일론(Bengt Ilon)이은 1973년 직진 주행과 더불어 좌우 수평 이동이 가능한 바퀴인 메카넘휠(Mecanum Wheel)을 개발해 특허로 등록했다. 메카넘휠은 그 이전부터 존재했던 옴니휠(Omni Wheel) 또는 키네틱휠(Kinetic Wheel)의 좌우 이동 바퀴 개념을 상용화에 맞게 발전시킨 것이다. 미국과 유럽 등지에서는 활발하게 해당 기술을 활용한 산업용 차량과 이동 로봇 개발이 진행되고 있다. 제자리 턴이 가능하도록 설계된 메카넘휠 기술은 현재까지도 기술료와 부품 공급 비즈니스 모델로 특허 보유 기업에게 효자 노릇을 하고 있다.

오모로봇, 벵트일론의 사례과 같이 로봇 기업의 홍수 속에서 다른 기업과 다른 방식 또는 특별한 부품을 개발해 요소 기술에서의 차별화를 가지는 것도 매우 중요한 경쟁력 확보 방안이 될 수 있다. 가격을 낮추고 효율이 높은 레이저 공간 측정 기기 라이다(LiDAR)를 새로 개발하거나 또는 그것을 대체하는 기기, 기술을 개발할 수도 있으며 카메라와 인공지능(AI) 기술을 활용해 수확 전 과수 열매의 당도를 측정하는 기술을 개발할 수도 있다. 이미 로봇 기업 중에는 토크(힘) 센서만을 집중적으로 개발해 납품, 보급하거나 뎁스카메라(Depth Camera)를 개발해 심도를 측정하는 부품을 공급하는 등 요소 기술, 부품으로 나만의 것을 확보해 성공하고 있는 기업들도 다수 존재한다. 완성체 로봇 상품을 만들기 위해 부수적으로 확보한 독보적인 요소 기술과 부품이 오히려 다수의 로봇 업체에 납품이 이루어지면서 본격적인 사업 아이템이 되는 사례도 점점 늘어나는 추세다.

온전한 나만의 것 한 가지를 확보하는 것은 시장 주도권 확보나 부가적인 매출의 증대에만 효과가 있는 것이 아니다. 완성체 로봇, 요소 기술 및 부품, 비즈니스 모델 등에서 독자적인 것 한 가지를 가진다는 것은 그 외에도 다양한 효과가 기능을 발휘하며 앞으로 더 강화될 것으

로 전망된다. 독보적인 하나를 확보해 가진다는 것은 로봇을 만들면서 사용하게 될 타 기업 기술에 대한 기술료를 절약할 수 있을 뿐 아니라 기술을 무기 삼아 유사한 로봇과 부품을 만드는 경쟁사의 공격으로부터 자사를 방어하는 강력한 수단이 될 수 있다. 그리고 자사 로봇이 가진 특장점을 고객들에게 소구할 수 있으며 기술력을 뽐낼 수 있는 훌륭한 마케팅 소재가 되기도 한다.

나아가 온전한 나만의 것 한 가지는 곧 기업의 가치를 제고시켜 투자자들의 관심과 지원을 끌어낼 수 있다. 그것이 확장된다면 글로벌 기업으로서의 경쟁력도 확보할 수 있어 로봇 기업으로서의 성장에 큰 밑거름이 될 수 있다.

사회 변화와 트렌드를 관찰하라

여타의 상품이나 서비스와 마찬가지로, 로봇 또한 상품으로서 사회의 변화와 트렌드를 잘 관찰하고 시류에 부합하는 제품을 만들어내야 한다. 최근의 사회 변화는 로봇에 대해 가졌던 기존의 관념을 바꾸고 있다. 출산율 저하로 인한 인구절벽과 고령화의 급속한 진행은 그동안 로봇 도입을 생각하지 않았던 분야에서까지 수요를 만들어내고 있다. 또 급속도로 발전한 인공지능(AI)은 반복적으로 주어진 일만 하던 수동적인 로봇에서 스스로 학습하고 판단해 움직이는 능동적인 로봇으로의 변화를 부추기고 있다.

2014년 미국에서 설립된 스타십 테크놀로지스(Starship Technologies)는 시대의 흐름을 잘 포착해 성공한 로봇 기업으로 평가받는다. 배송, 물류에 대한 수요가 꾸준히 늘던 가운데 6개의 바퀴를 가진 자율주행 배달 로봇을 출시했던 스타십 테크놀로지스는 코로나19 팬데믹이 발생하자 비대면 수요가 늘어나는 상황을 적극적으로 활용했다. 앱을 통해 로봇을 호출하고 로봇이 도착하면 역시 앱을 통해 잠금 해제 후 물품 수령이 가능한 비대면 배달 서비스를 집중적으로 확장하고 홍보한 것이다. 스타십 테크놀로지스는 이를 통해 2025년 기준 누적 500만 건 이상의 배달을 완료하는 커다란 성과를 거두고 있다. 대면 배달의 부담감과 코로나19의 감염 위험을 줄이면서 안전하고 빠른 배달 서비스를 원하는 사회 트렌드를 잘 간파한 결과였다. 스타십 테크놀로지스는 라스트마일(Last-mile)이 화두로 떠오르는 최신의 트렌드에도 부합하는 서비스로 혁신 로봇 기업의 아이콘으로 지속적인 조명을 받을 것으로 전망된다.

로봇 사업 기획은 사회 변화와 트렌드의 관찰에서 출발한다
시대 흐름의 조류에 부합하는 로봇을
한발 앞서 만드는 것이 최상의 전략이 될 수 있다

사회 변화와 트렌드를 관찰하는 방법은 ① 뉴스와 미디어 모니터링, ② 소셜미디어 분석, ③ 통계 데이터 활용, ④ 전문 컨설팅사 보고서, ⑤ 산업별 협회/기관 자료, ⑥ 전시회 및 컨퍼런스, ⑦ 세미나 참석, 현장 방문 관찰, ⑧ 타깃 고객 인터뷰, ⑨ 영화 및 드라마, 광고 등 매체 콘텐츠 분석, ⑩ 특허 및 기술 동향 파악 등으로 분류해 볼 수 있다. 과거와 달리 성격이 다른 매체들이 다채롭게 등장하고 그것을 통한 정보의 홍수가 이루어지고 있지만, 최대한 다양한 시각의 매체를 통해 정보를 수집하고 공통된 트렌드를 뽑아내는 노력이 필요하다. 소셜미디어라고 하더라도 소셜미디어의 브랜드와 성격에 따라 콘텐츠가 다르고 이용자층이 달라질 수 있으므로 특정 타깃에 대한 최신 트렌드를 입수하고자 할 때는 소셜미디어 같은 채널도 사전에 선별적인 분류를 해 놓는 것이 도움이 된다. 시대 변화의 트렌드를 도출하고 또 그것을 받아들이

기 위해서는 늘 개방적인 태도가 필요하지만, 무비판적인 수용보다는 정보의 출처를 확인하고 논리적인 분석을 통해 타당성을 따져보는 검증의 과정도 늘 마련해 놓고 있어야 한다.

시대의 흐름을 남들보다 일찍 읽어 성공한 몇몇의 단편적인 사례들을 살펴보면 다음과 같다.

1997년에 DVD 대여 서비스를 시작했던 넷플릭스(Netflix)는 인터넷 보급과 함께 DVD 시장이 쇠퇴하고 스트리밍 서비스가 부상할 것을 일찌감치 간파했다. 2007년부터 온라인 스트리밍 서비스를 본격적으로 시작한 넷플릭스는 현재 세계 190여 개국에서 2억 3천만 명이 넘는 유료 가입자를 확보한 OTT(Over the top)업계의 선두주자로 자리 잡았다. 미디어의 변화를 남들보다 앞서 관찰하고 미래 사업의 진화 방향을 예측, 선점해 성공을 거두고 있는 사례다.

2003년 설립된 테슬라(Tesla)는 설립 당시 아직 내연기관 차의 효율이 더 높다는 평가 속에서도 전기차라는 차세대 장르에 주력해 성공할 수 있었다. 테슬라는 친환경 중시라는 시대 변화와 무소음 차량의 트렌드를 잘 파악했고 그것에 집중한 결과 오랜 역사를 지닌 메이저 자동차 회사들을 누르고 세계 최대의 전기자동차 기업으로 성장하게 된 것이다.

2012년에 설립된 중국의 바이트댄스(ByteDance)는, 당시 유튜브와 같은 동영상 서비스가 시장을 장악하고 있음에도 젊은이들이 길고 지루한 영상보다 짧은 영상에 환호한다는 트렌드를 읽어냈다. 이러한 인식을 바탕으로 2017년 틱톡(Tiktok)이라는 이름으로 본격 출시한 숏폼(짧은 동영상) 서비스는 영상 서비스 업계에 파란을 일으키며 유튜브를 뛰어넘어 전 세계적인 서비스로 도약을 이루고 있다.

넷플릭스와 테슬라, 틱톡의 공통점은 그들이 첫발을 내디딘 사업군

로봇 산업에 나타난 최신 트렌드

인공지능(AI) 통합 심화	휴머노이드 로봇 부상	디지털 트윈 기술 적용	5G 및 엣지 컴퓨팅 활용
딥러닝과 강화학습을 활용한 자율로봇 성장	인간형 로봇에 대한 관심과 개발시도 증대	가상 공간 시뮬레이션 최적화 모델링 확산	실시간 데이터 처리의 중요성 부각
에너지 효율성 증대	**저비용 로봇의 등장**	**서비스 분야 확장**	**신개념 매니퓰레이터**
저전력 설계와 배터리 기술로 운영 시간 증가	비용 효율적인 로봇의 등장으로 저변 확대	제조업 외 의료, 농업 등 다양한 서비스로 확장	학습으로 작동하는 매니퓰레이터 발달

에 강자가 없었던 것도 아니었고 기존 서비스 모델에 심각한 문제가 있던 것도 아니었다는 점이다. 그러나 그들은 트렌드의 흐름을 관찰하고 미래를 내다보는 혜안으로 남들이 하지 않는 방식, 남들이 시기상조라며 관심을 두지 않던 서비스에 한 우물을 파 기어이 성공을 일구어낸 산 증인들이라 할 수 있다.

하루가 다르게 성장하는 기술과 확대일로의 서비스군을 가진 로봇은 변화의 속도와 규모가 매우 빠르고 커서 흐름의 관찰만으로는 쉽사리 미래를 예측하기 어렵다고들 한다. 하지만 역발상의 시각과 전에 없던 시각으로 트렌드를 바라본다면 얼마든지 새로운 기회 발굴이 가능해진다.

최근 로봇 사업에 나타난 트렌드는 인공지능(AI)의 발달에 따른 로봇과의 통합 가속화, 인간을 닮은 휴머노이드 로봇에 대한 관심 부상, 가상 공간의 구성과 시뮬레이션을 통해 로봇을 구현하는 디지털 트윈 기술의 발달, 로봇의 반응 속도를 높이기 위한 5G네트워크 통신과 엣지 컴퓨팅의 적용, 배터리 기술과 저전력 설계를 통한 에너지 효율성 증대,

하이엔드급 로봇의 등장과 함께 반대의 값싸고 단순한 로봇 저변 확대, 전통적인 협동 로봇 외 전문/개인 서비스 로봇으로 적용 범위 확장, 수학 공식 같은 계산이 아닌 학습에 의해 움직이고 반응하는 매니퓰레이터(손/팔 관절 기능체)의 등장을 들 수 있다.

시대 변화와 트렌드 관찰을 통해 새로운 로봇 사업을 기획한다는 것은 현재의 트렌드를 있는 그대로 받아들이는 것만을 의미하지 않는다. 앞서 언급한 넷플릭스, 테슬라, 틱톡처럼 현 트렌드 흐름의 끝에 등장할 새로운 트렌드를 예측하고 그것을 준비하는 것까지를 포함한다. 때로는 기업이 트렌드 생성을 주도해 새로운 흐름을 창조하는 일까지 가능해진다. 에어비앤비(Airbnb)가 낯설기만 했던 호스트와 게스트 개념의 민박 트렌드를 현대에 맞게 새롭게 창출해 낸 것, 애플(Apple)이 아이폰을 출시해 스마트폰의 트렌드를 새롭게 주도한 것, 그리고 우버(Uber)의 등장으로 전에 없던 차량 공유 경제가 활성화된 것 등은 기업이 새로운 트렌드를 만들고 시대의 조류까지 바꾼 대표적인 사례라 할 수 있다.

로봇, 특히 서비스 분야에서의 로봇은 이제 막 사업화가 진행되기 시작하는 초기라 할 수 있다. 사회의 변화와 트렌드를 잘 관찰한다면 남들보다 먼저 다가올 미래에 부합하는 로봇을 만들어낼 수 있다. 그리고 그것으로 그 누구도 시도해 보지 못한 새로운 미래의 트렌드까지 주도해 나갈 수도 있다는 점을 잊어서는 안 된다.

컨셉보다 디테일로 승부하라

신은 디테일에 있다(God is in the detail).

'악마는 디테일에 있다'는 말로도 쓰이는 이 속담은 무슨 일이든 성공과 실패의 결정적인 차이를 만드는 것은 아주 작고 세세한 것에 달려 있다는 뜻이다. 유사한 기능과 타깃을 가진 로봇들이 우후죽순으로 만들어져 경합을 다툴 때, 고객의 선택을 받는 것은 결국 디테일의 차이에 달렸다고 할 수 있다.

100여 년간 선풍기는 3~5개의 날개 회전으로 바람을 일으키는 것이 일반적인 기술이자 통념이었다. 하지만 1993년 제임스 다이슨(James Dyson)이 설립한 가전제품 제조사 다이슨(Dyson)에서는 발상의 전환과 디테일에의 집중으로 시장의 판도를 과감하게 뒤바꾸었다. 바로 날개 없는 선풍기 에어멀티플라이어(Air Multiplier)를 만들어낸 것이다. 정확하게는 날개가 없는 것은 아니었다. 내부에 숨겨진 회전체의 회전으로 공기를 빨아들여 증폭하는 방식으로 바람을 만들어냈다. 날개 없는 선풍기는 아이들의 손을 다치게 할 염려도 없었고 소음이 없으며 청소가 간편한 특징 등을 갖추어 높은 가격에도 불구하고 큰 인기를 끌게 되었다. 그리고 디자인에서도 일반 선풍기와 확연히 다른 고급스러운 디자인으로 각 가정의 인테리어 소품으로도 손색이 없다는 평가를 받았다. 다이슨은 에어멀티플라이어뿐 아니라 진공청소기와 헤어드라이어에서도 연이어 다른 기업들과 다른 디테일에서의 변화를 통해 성공을 거두어 가고 있다.

멋진 외관, 강력한 성능도 디테일을 이길 수는 없다
경쟁 일변도의 로봇 시장에서라면 더더욱
고객의 마음을 사로잡을 디테일로 승부를 보아야 한다

상품을 기획할 때 많은 기업이 전체적인 컨셉과 방향성에 대해 먼저 고민하게 된다. 컨셉을 잘 잡고 방향성을 올바르게 정립해야만 상품 기획이 일관성을 유지할 수 있기 때문이다. 그러나 컨셉과 방향성을 잘 세우고도 실행 과정에서 디테일을 놓쳐 실패의 고배를 마신 기업과 상품들의 사례가 무수하게 쏟아지고 있다. 디테일의 작은 차이 하나가 제품을 히트 상품으로 끌어올릴 수도, 실패라는 어둠의 장막 저 너머로 사라지게 만들 수도 있는 것이다.

2014년 일반에게 공개됐던 구글 글래스(Google Glass)의 사례는 좋은 본보기가 될 수 있다. 구글 글래스는 안경의 렌즈를 디스플레이로 만들어 이메일, 메시지, 날씨, 뉴스 등 다양한 정보를 확인할 수 있는 혁신적인 제품이었다. 안경에 부착된 카메라를 통해 사진과 동영상 촬영도 가능하며 마이크로 입력된 외국어를 실시간으로 번역해 주기도 했다. 모든 작동의 명령은 음성으로 진행돼 편리성도 한몫했다. 한마디로 혁신적인 제품이었다. 하지만 구글 글래스는 바로 이듬해인 2015년 판매를 중단할 수밖에 없었다. 표면적인 이유는 다양했으나 가장 큰 이유는 불편한 착용감과 완성도 낮은 디자인에 있었다. 안경 형태였지만 코 부분에 압박감이 느껴지며 잘 흘러내린다는 평가가 높아지면서 결국 소비자들의 외면을 받게 됐다. 만약 구글 글래스가 편안한 착용감의 안경 기능을 수행하며 디자인마저 세련되었다면 진화는 계속되었을 것이다. 하지만 높은 고사양의 기능에만 집중한 나머지 착용감을 간과했던 구글 글래스는 단종이라는 운명을 맞이할 수밖에 없었다.

일을 잘하고 성과를 내는 사람들의 공통점은 디테일에 강하다는 점이다. 그들에겐 디테일이 전부라고도 한다. 컨셉이 숲이라면 디테일은 숲을 구성하고 있는 나무라고 할 수 있으며 나무 하나하나를 세심하게 그려내지 못하면 멋진 숲도 그릴 수 없는 이치와 같다. 카네기 재단을 설립한 미국의 저명한 사업가 앤드루 카네기(Andrew Carnegie)는 '디테일에 집중하면 성공은 따라온다'고 했다. 또 베스트셀러 작가 앤드류 매튜스(Andrew Matthews)는 '작은 차이가 큰 차이를 만든다'며 디테일의 중요성을 강조했다. 로봇 기술과 기능의 격차를 만들어내지 못한다면 디테일에서의 차이를 통해 돌파구를 찾아보아야 한다.

컨셉보다 디테일에 승부를 걸어야 한다고 할 때 어떤 디테일에 집중해야 할지 결정을 내리기 어려울 수 있다. 디테일에의 집중은 하나의 실수도 놓치면 안 된다는 네거티브(Negative)한 디테일의 관점과 특정 디테일을 강조하고 발전시켜 차이를 만들어내는 포지티브(Positive)한 디테일로 구분할 수 있다. 네거티브한 디테일은 일부러 만들어낼 수 있는 것이 아니므로 실수를 줄이고 승부를 걸 수 있는 포지티브한 디테일을 한두 개라도 만들어내기 위한 발굴에 집중해 볼 필요가 있다.

로봇에서의 디테일은 타깃으로 삼는 상품군에 따라 중점을 두어야 할 분야와 대상이 달라진다. 디테일은 외관의 구성과 디자인, 색감, 크기, 높이 등 겉으로 보이는 것에서부터 움직임 또는 처리 속도, 힘(파워), 등판 각도, 관절의 유연성과 같은 기능, 배터리 용량, 인공지능 적용 모델 등의 소프트웨어, UI/UX, 가격과 가격 대비 효용성, 특수한 부가 기능, 이미지 등 다양한 것에 초점을 맞출 수 있다.

소니(Sony)에서 개발한 반려견 로봇 아이보(AIBO)는 로봇이라는 인식을 깨뜨리는 귀여운 강아지 디자인의 디테일로 인기를 끌었다. 반면 유카이 엔지니어링(Yukai Engineering)에서 만든 쿠부(Qoobo) 역시 애완견 로봇이었지만 시장 반응에서 아이보와는 상반된 결과를 보였다. 둘 다 반려견 로봇이었지만 아이보는 큰 성공을 이루고 쿠부가 낮은 인지도에 머물렀던 이유는 바로 디자인의 디테일에서 큰 차이를 보였기 때문이다. 아이보는 실존하는 강아지의 모습과 기능을 그대로 구현했다. 하지만 쿠부는 머리 없이 강아지의 몸통과 꼬리만으로 구성돼 일부 고객들로부터 불쾌하다는 반응까지 나왔다. 각각 같은 반려로봇 컨셉으로 다른 의도에 다른 디자인을 선택했으나 그 차이는 작지 않았다. 기능이 아닌 디테일에서 성패가 갈린 것이다.

아이로봇(iRObot)에서 개발한 로봇청소기 룸바(Roomba)는 기존의 로봇청소기가 랜덤한 패턴으로 작동하던 것에 반해 최초로 빈틈없는 경로 주행이 가능한 청소 알고리즘 적용으로 차이를 만들어냈다. 기존 메이저 가전 브랜드의 로봇제품들이 더 강력한 흡입력을 내세웠지만 로봇청소기의 핵심 가치에서 디테일의 룸바가 승리를 거둔 것이다. 룸바는 내비게이션 매핑 기능을 적용해 빈틈없는 청소를 제공한다는 점이 알려지면서 로봇청소기 시장 1위를 달성할 수 있었다. 아이보와 룸바는 각각

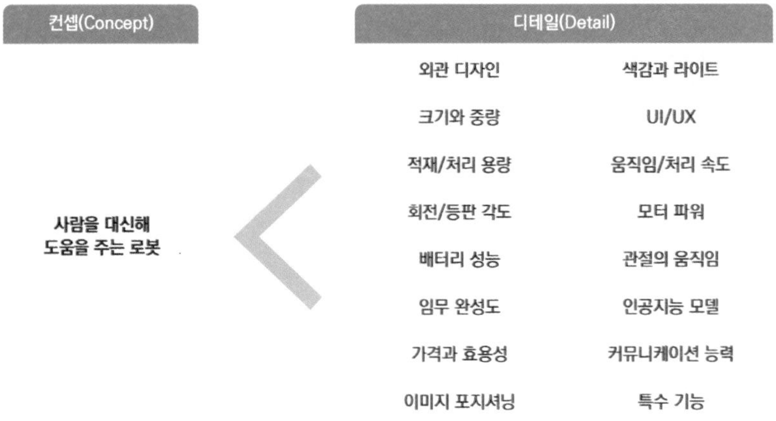

컨셉(Concept)	디테일(Detail)	
사람을 대신해 도움을 주는 로봇	외관 디자인	색감과 라이트
	크기와 중량	UI/UX
	적재/처리 용량	움직임/처리 속도
	회전/등판 각도	모터 파워
	배터리 성능	관절의 움직임
	임무 완성도	인공지능 모델
	가격과 효용성	커뮤니케이션 능력
	이미지 포지셔닝	특수 기능

디자인과 기능의 작지만 큰 차이로 시장을 석권할 수 있었던 사례를 잘 보여주고 있다.

디테일이 강한 기획은 단순한 아이디어가 아니라 사용자의 니즈를 철저하게 분석하고 세밀한 차이점을 만들어내는 과정이라 할 수 있다. 그것을 위해서는 먼저 고객인 사용자의 고충 즉, 페인포인트(Pain Point)를 발견하고 기존 시장과의 비교를 통해 차별화할 수 있는 세부 요소를 찾아내는 것이 관건이다. 찾아낸 세부 요소를 로봇의 구성 또는 기능으로 구현하고자 할 때는 단순히 기능의 추가나 보완이 아니라 사용자가 체감할 수 있는 차이로 극대화하는 것이 중요하다. 또한 극대화 반영 후에는 수차례에 걸친 테스트와 피드백을 거쳐 철저한 검증을 진행하고 작은 차이가 고객들에게 확실한 장점으로 받아들여질 수 있도록 보완 및 수정을 하는 과정을 반복해야 한다.

디테일을 놓치면 전체를 잃는다는 탈무드의 말처럼 디테일에서의 실수는 줄이고 디테일로 부각시킬 수 있는 장점은 극대화하는 것이 로봇 사업에서의 기획과 마케팅 성공 비결이라 할 수 있다.

심리적 가격 장벽을 허물어라

로봇은 최신 기술의 집합체이자 고기능 제품인 만큼, 일반적으로 높은 가격대를 형성하고 있다. 로봇을 구매하는 고객들은 인간을 대신하는 대체재의 성격으로 로봇을 고려하고 있으므로 인건비와 단순 비교를 하는 경우도 많이 있다. 따라서 로봇 사업에서 가장 큰 걸림돌이자 해결해야 할 과제로는 높은 가격으로 인한 가격 장벽(Price Barrier)을 낮추는 것이 1순위로 떠오르고 있다. 하지만 고가의 카메라와 라이다(LiDAR), 각종 센서, 전장, 인공지능 모듈 등 구성품의 가격 자체가 높게 형성되어 있어 완성체인 로봇의 가격을 낮추는 것에는 한계가 있다. 하지만 로봇 구매를 주저하게 만드는 가격에 대한 인식을 완화시키는, 심리적인 가격 장벽을 허무는 기법을 적용함으로써 돌파구를 마련할 수 있다.

심리적 가격 장벽을 허무는 방법으로는 ① 가격을 쪼개어 제시하기(Price Installment), ② 비교 가격 동시 제시로 저렴하게 보이게 하기(Price Framing), ③ 가격 대신 가치를 강조하기(Value Over Price), ④ 혜택과 보너스로 가격 장벽 낮추기(Bonus Effect), ⑤ 큰 할인을 받았다는 인식 주기(Perceived Discounting), ⑥ 홀수 가격 제시로 가격 신뢰 높이기(Odd Pricing), ⑦ 초기 지출 줄여주기(Buy Now, Pay Later), ⑧ 한정 수량과 시간으로 압박주기(Scarcity & Urgency), ⑨ 무료 체험 후 구매 유도하기(Trial Effect), ⑩ 이미지로 가격 상쇄하기(Luxury Positioning)의 열 가지를 생각해 볼 수 있다.

로봇 구매에서 고객이 가장 민감하게 반응하는 것은 가격이다
가격을 무작정 낮출 수는 없다
하지만 낮은 것처럼 보이게 하는 것은 가능하다

위에서 열거한 열 가지의 심리적 가격 장벽 완화 방안은 실제 가격을 낮출 수는 없으나 가격을 나누거나 추가적인 할인, 보상 등을 내세워 작게 보이도록 만드는 기법들이다.

① 가격을 쪼개어 제시하기(Price Installment)는 일시불 구매가 아닌 렌탈, 할부 금융 프로그램을 도입하거나 구독형 상품(Subscription product)으로 만들어 가격에 대한 심리적 충격을 완화하는 방법이라고 할 수 있다. '월 20만 원으로 서빙 로봇을 종업원으로', '하루 1만 원에 온종일 운반 로봇 이용 가능' 등과 같이 월 또는 일 단위 비용으로 환산해 심리적 저항을 줄이는 것이다. 어차피 지급해야 하는 총 금액은 같거나 그보다 커지더라도 고객들은 쪼개어진 가격에 안도하며 로봇을 도입할 수 있다.

② 비교 가격 동시 제시로 저렴하게 보이게 하기(Price Framing)는 로봇 상품에 대한 사양을 조금씩 달리해 최고급형/고급형/기본형 등으로 나누어 소통하는 것이다. 최고급형이 5천만 원, 고급형이 2천만 원,

기본형이 1천 5백만 원이라고 할 때 고객들은 기본형과 5백만 원 차이밖에 안 나면서 기능은 5천만 원인 최고급형과 큰 차이가 없는 고급형이 합리적이라는 생각을 하게 된다. 고급형도 높은 가격이긴 하지만 고객들은 비교를 통해 상대적으로 합리적인 가격으로 받아들인다.

③ 가격 대신 가치를 강조하기(Value Over Price)는 로봇이 주는 가치를 강조해 비싸다는 인식을 불식시키는 것이다. 사람을 고용할 경우 생기는 문제점과 한계를 이야기하며 365일 24시간 불평 없이 일하는 로봇을 구매하는 것이 훨씬 이득이라는 스토리텔링으로 고객의 선택을 유도할 수 있다.

④ 혜택과 보너스로 가격 장벽 낮추기(Bonus Effect)는 로봇 구매 시 무료로 제공하는 혜택이나 덤으로 주는 부가 상품을 통해 매력도를 높이는 방법이다. 로봇을 1대가 아닌 3대 구매 시 1대를 추가로 제공한다든지 AS기간을 2년에서 5년으로 늘려주는 등의 혜택 제공으로 특별대우를 받는다는 느낌을 준다면 심리적 장벽을 허물 수 있다.

⑤ 큰 할인을 받았다는 인식 주기(Perceived Discounting)는 일종의 속임수라는 지탄을 받을 수 있어 적극적으로 추천할 만한 방법은 아니다. 하지만 고객 관심 유도를 위해 많이 쓰이고 있다. 모든 비용을 높은 수준으로 계산해 가격을 책정한 후 주기적 또는 상시 할인을 통해 상대적으로 낮은 가격을 노출하는 방법이다. 정가 3천만 원의 로봇을 신제품 출시 기념으로 2천만 원에 제공하는 식이 될 수 있다.

⑥ 홀수 가격 제시로 가격 신뢰 높이기(Odd Pricing)는 로봇 같은 제품보다 생활 소비재에서 많이 사용되는 가격 정책이지만 로봇에서도 효력을 발휘할 수 있다. 1천만 원의 로봇을 990만 원으로 책정하고 1천만 원도 안 되는 가격임을 홍보하는 것이다. 저렴하다는 인식과 정교한

가격 책정이라는 신뢰를 줄 수 있다.

⑦ 초기 지출 줄여주기(Buy Now, Pay Later)는 구매 후 바로 결제하는 것이 아니라 몇 개월 사용 후 결제하거나 분할 납부로 완납을 일정 기간 유예해 주는 제도로 운영된다. 고객들은 당장 돈이 안 빠져나간다는 인식으로 구매에 긍정적인 태도를 가진다.

⑧ 한정 수량과 시간으로 압박주기(Scarcity & Urgency)는 홀수 가격 제시하기와 마찬가지로 로봇에서는 많이 쓰이는 방법은 아니다. 할인 가격으로 제공할 재고가 얼마 남지 않았다고 하거나 선착순 몇 명에게만 판매한다는 일종의 재촉을 통해 고객의 심리 장벽을 불식시키는 방법으로 활용해 볼 수 있다.

⑨ 무료 체험 후 구매 유도하기(Trial Effect)는 서빙, 호텔 로봇 등에서 많이 활용되고 있는 방법이다. 로봇에 대해 자신감이 있다면 로봇에 대한 유용성을 고객이 터득할 수 있도록 체험 프로그램을 만들어 무상으로 써보도록 유도하는 것이 좋다. 체험 이후 구매가 이루어지기도 하고 체험 기간 로봇 활용에 대한 콘텐츠를 외부에 홍보할 수 있기에 일석이조의 효과를 거둘 수 있기 때문이다.

마지막 ⑩ 이미지로 가격 상쇄하기(Luxury Positioning)는 로봇을 통해 고객들이 로봇의 프리미엄 이미지를 활용할 수 있다는 점을 강조하는 것이다. 예를 들어 서빙 로봇을 활용하는 매장은 그렇지 않은 다른 매장에 비해 프리미엄의 이미지로 홍보할 수 있음을 알려주고 직접 홍보도 도와주는 식이다. 로봇은 첨단, 과학적, 비대면, 위생적이라는 기본적인 이미지를 갖고 있으며 고가의 로봇일수록 희귀성과 프리미엄의 이미지를 덤으로 보유하기 마련이다. 로봇을 통해 매장의 격조를 첨단의 프리미엄으로 끌어 올릴 수 있음을 강조함으로써 로봇 도입을 위한 지

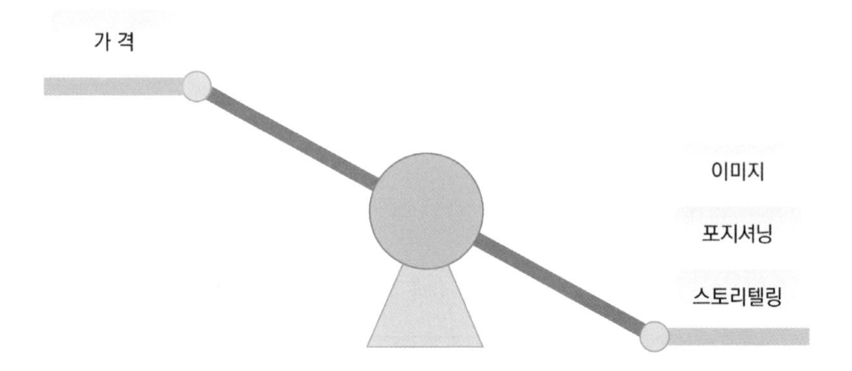

출이 마케팅 비용 지출로 치환되는 효과를 거두게 만들 수 있다.

가격은 분명 눈에 보이는 장벽이며 쉽게 허물 수 없는 결정적인 요인임이 틀림없다. 하지만 다양한 기법을 적용해 로봇이 가격 이상의 가치를 가져다준다는 스토리텔링을 진행한다면 고객들의 인식은 생각보다 쉽게 달라질 수 있다. 가격 이상의 가치를 지녔다는 이미지와 프리미엄의 포지셔닝으로도 심리적인 가격 저항감은 크게 완화될 수 있는 것이다.

마케팅 분야의 세계적인 석학 필립 코틀러(Philip Kotler)는 '가격은 마케팅의 가장 강력한 요소 중 하나이다'라고 했다. 가격은 원가에 이익을 더한 상품의 가치를 나타내는 것 이상의 의미가 있다는 말이다. 같은 가격이라도 어떻게 표현하고 어떻게 소통하느냐에 따라 고객들이 받아들이는 인식(심리적 가격)은 천차만별로 달라진다. 로봇의 절대적으로 높은 가격 때문에 팔리지 않는다며 좌절하고 있을 수는 없다. 적극적인 기법 활용과 커뮤니케이션을 통해 심리적 가격 장벽을 낮추는 노력을 게을리하지 않는다면 언젠가는 큰 성과를 거둘 수 있을 것이다.

기능의 강조보다 스토리를 앞세워라

로봇을 하나의 상품으로 개발해 세상에 내보낼 때는 무엇을 앞세워 마케팅해야 할까? 많은 로봇 기업에서는 자사가 개발한 로봇의 최신 성능을 가장 먼저 내세우고 싶어 한다. 그러나 최신 또 최고라고 내세우는 성능은 곧 경쟁사에 의해 동등해지거나 따라잡히기 마련이다. 지나치게 성능을 앞세운 마케팅은 자칫 그것이 족쇄가 되어 경쟁사로부터 공격을 받을 수도 있고 이후 더 나은 것을 개발해도 고객들에게 잔상이 남아 뒤처진 것으로 오해받을 소지를 제공하기도 한다. 따라서 로봇의 마케팅에서는 첨단 기술과 기능을 앞세우기보다 우리 로봇만의 고유한 스토리를 만들어 전파하고 확산시키는 스토리텔링이 그 어느 사업에서보다 중요하다 하겠다.

스티브 잡스(Steve Jobs)는 '세상에서 가장 영향력 있는 사람은 스토리텔러다. 스토리텔러는 앞으로 다가올 새로운 시대의 비전과 가치, 아젠다를 설정한다'라고 말했다. 스티브 잡스는 성공한 사업가이기도 했지만 그 자신이 뛰어난 스토리텔러이기도 했다. 기술을 설명하기보다 사람들이 공감할 수 있는 이야기로 감동을 전달했고 그를 기억하는 사람들은 지금까지도 애플의 기술력보다 그의 언변과 애플의 철학에 관해 이야기하곤 한다. 사람들은 정교한 데이터의 나열이나 기술에 대한 설명보다 이야기에 집중하며 또 오랫동안 기억하기 마련이다. 새로 나온 로봇을 소개할 때도 기능의 나열보다 로봇이 전달하는 가치와 의미를 이야기로 함께 풀어낼 때 고객의 마음을 움직일 수 있다.

고객의 마음을 움직이는 것은
로봇의 화려한 외관과 최신의 성능이 아니다
감성을 자극하는 스토리텔링만이
우리의 고객을 오랫동안 남아 있게 만든다

애플의 아이폰에 마니아가 많은 것도 뛰어난 기술과 성능 이전에 스티브 잡스가 만들어내고 다양한 방법으로 전달한 스토리텔링의 힘이 있었기에 가능한 일이었다. 사람들은 생각 외로 논리보다 감성에 의존해 구매를 결정할 때가 많다. 특정 브랜드의 팬이 되고 성능과 디자인이 경쟁사의 것에 비해 조금 뒤처지더라도 해당 제품을 고수하는 것은 모두가 스토리텔링에 의해 형성된 감성을 소비할 수 있기 때문이며 그것은 쉽사리 바뀌지 않는다.

2003년 일본에서 설립된 가전제품 제조사 발뮤다(Balmuda)는 감성적인 디자인과 섬세한 기능, 그리고 스토리텔링으로 유명하다. 발뮤다는 토스터기, 공기청정기, 가습기 같은 생활 소품 가전을 출시했는데 '일상 속의 작은 변화'라는 주제로 고급스러운 브랜드 스토리를 만들어 전달하는 데 집중했다. 발뮤다의 스토리는 브랜드 이미지 생성과 차별화된 마케팅 전략에서 빛을 발했다. 스토리텔링을 통해 형성된 고급스러운 이미지는 가전 업계에서의 후발 주자 발뮤다를 프리미엄 브랜드로 각인시켰다. 다른 가전사보다 가격이 높은 제품을 연이어 출시했으나 충성도 높은 고객들은 프리미엄의 이미지를 입은 발뮤다의 제품에 여전히 열광하고 있다.

국내에서는 저조한 성적을 올렸지만 전 세계에서 로봇청소기의 대명사로 불리는 아이로봇(iRobot)의 룸바(Roomba)는 '생활을 편리하게 만드는 로봇'이라는 스토리를 성공적으로 활용한 기업이다. 아이로봇에서는 '더 이상 청소에 시간을 낭비하지 마세요, 룸바가 당신의 삶을 바꿔줄 것입니다'라는 스토리로 공격적인 마케팅을 펼쳤다. 그들의 로봇이 개인의 자유 시간을 늘려준다는 본질적인 가치를 강조하며 다양한 스토리를 만들어냈다. 광고에서는 늘 여유로운 시간을 보내는 고객들의 모습을 소재로 삼아 커뮤니케이션했고 제품 체험을 통해 그들의 스토리를 몸소 체험하게 했다. 고객들은 아이로봇이 룸바를 출시하고 얼마 되지 않아 아이로봇을 로봇 전문 기업으로 인식하고 그들의 생활을 편리하게 만드는 기업이라는 이미지를 갖게 됐다. 판매량은 증가했고 초기의 룸바 사용자들은 여전히 세대를 거듭하며 진화하는 룸바의 사용자가 되고 있다.

발뮤다와 아이로봇의 사례는 제품의 마케팅에 있어 기능적인 측면의 강조도 중요하지만, 고객의 삶에 어떤 가치를 제공하는지를 스토리텔링으로 전달하는 기업이 그렇지 않은 기업보다 성공할 확률이 높으며 그 성공을 오랫동안 유지할 수 있다는 것을 보여주고 있다.

사람들이 제품의 성능보다 감성에 끌리는 이유는 필수재가 아닌 로봇과 같은 서비스 상품에서의 소비가 단순한 비용의 지출이 아니라

경험과 감성을 소비하는 것임을 잘 알고 있기 때문이다. 그리고 그런 경험과 감성의 소비로 느끼게 만드는 것은 오직 스토리텔링에 의해서만 가능하다. 로봇 사업의 성공을 위한 스토리텔링의 단계는 스토리텔링의 재료를 선정한 후 타깃 고객에게 맞는 메시지와 키워드를 생성하는 것에서 시작된다. 그리고 그런 메시지와 키워드가 들어있는 스토리를 만들어 가장 효과적인 채널과 방법으로 고객에게 전달하고 피드백을 받아 강화하는 순서로 진행하면 된다.

스토리텔링의 소재는 우연히 시작된 창업이나 개발의 이야기에서부터 기업이 가지고 있는 고유한 역사와 철학이 될 수도 있고 상품 출시 후 고객의 반응, 로봇과 관련된 에피소드, 로봇이 산업 전체에 미치는 영향 등 무엇이든 스토리의 재료가 될 수 있다. 그것을 우리만의 언어로 쉽고 간결하게 스토리로 만들어 전달한다면 로봇의 성능이나 기술을 나열하는 것보다 훨씬 큰 성과를 거둘 수 있다.

오랜 시간과 자원을 들여 어렵게 개발한 로봇일지라도, 이미 수많은 경쟁자의 상품으로 포화된 시장의 후발 주자로만 인식돼 고전을 면치 못할 경우도 있다. 또는 전에 없던 새로운 로봇 기술로 상품을 만들어 시장을 주도했지만, 거대 자본을 배경으로 밀려오는 후발 주자들의 무서운 추격에 위협을 느끼는 기업도 있다. 하루가 다르게 진화하는 로봇 기술과 아이템 속에서 기술과 제품의 품질, 성능만으로 경쟁한다는 것은 많은 자본이 소요될 뿐 아니라 유통기한도 짧을 수밖에 없다. 이때 우리 로봇의 정체성을 살리고 우리 로봇보다 우수한 성능과 기술의 로봇이 쏟아져 나오더라도 고객들을 머물게 만드는 방법은 우리만의 로봇 스토리를 만들어 공감대를 형성하고 감성으로 연결 고리를 채우는 것이 유일하다 하겠다.

'사람들은 제품을 사는 것이 아니라, 이야기를 산다'는 말이 있다. 우리 로봇만의 이야기가 없다면 지금이라도 이야기 소재를 발굴해 남들이 모방할 수 없는 특별한 이야기를 만들어 마케팅에 나서야 한다. 또한, 로봇의 최초 기획과 설계에서부터 향후의 스토리텔링 마케팅을 염두에 두고 과정과 장치들을 만들어두는 것이 좋다. 그렇게 될 때 우리는 막대한 자본과 인력으로 밀려드는 경쟁사들의 공세 속에서도 우리만의 정체성을 살릴 수 있고 눈부신 미래와 함께하는 지속 가능한 로봇 기업으로서의 위상을 만들어 갈 수 있을 것이다.

AI로봇 비즈니스와 마케팅

초판발행 2025년 6월 10일

지은이 박희선
펴낸이 안종만 · 안상준

편 집 전채린
기획/마케팅 정성혁
표지디자인 BEN STORY
제 작 고철민 · 김원표

펴낸곳 (주) 박영사
서울특별시 금천구 가산디지털2로 53, 210호(가산동, 한라시그마밸리)
등록 1959. 3. 11. 제300-1959-1호(倫)
전 화 02)733-6771
f a x 02)736-4818
e-mail pys@pybook.co.kr
homepage www.pybook.co.kr
ISBN 979-11-303-2326-8 03320

정 가 19,000원